Modelos de análise linguística

Beatriz Daruj Gil
Elis de Almeida Cardoso
Valéria Gil Condé
(organizadoras)

Modelos de análise linguística

editoracontexto

Capa e diagramação
Gustavo S. Vilas Boas

Preparação de textos
Lilian Aquino

Revisão
Daniela Marini Iwamoto

Dados Internacionais de Catalogação na Publicação (CIP)
(Câmara Brasileira do Livro, SP, Brasil)

Modelos de análise linguística / organização
Beatriz Daruj Gil, Elis de Almeida Cardoso,
Valéria Gil Condé. – São Paulo : Contexto, 2009.

Vários autores.
Bibliografia
ISBN 978-85-7244-417-0

1. Análise do discurso 2. Filosofia
3. Linguística 4. Português - Gramática
5. Português - Lexicologia I. Gil, Beatriz Daruj.
II. Cardoso, Elis de Almeida. III. Condé, Valéria Gil.

08-11293 CDD-410

Índices para catálogo sistemático:
1. Análise linguística 410
2. Linguística 410

2009

Editora Contexto
Diretor editorial: *Jaime Pinsky*

Rua Dr. José Elias, 520 – Alto da Lapa
05083-030 – São Paulo – SP
PABX: (11) 3832 5838
contexto@editoracontexto.com.br
www.editoracontexto.com.br

Sumário

Apresentação

Um dos instrumentos mais utilizados no processo de avaliação da maioria das disciplinas é a elaboração de monografia. Além de ter a função precípua de diagnosticar o aluno, informando a ele e ao docente como se deu o processo de aprendizagem, por meio dessa atividade, o professor espera que o aluno exercite, ao longo da graduação, sua capacidade de pesquisar e, mais especificamente, a capacidade de realizar análise linguística ou literária, para que domine recursos linguísticos e literários nos textos que lê e produz. Isso significa que, ao mesmo tempo em que tem o papel de revelar o que foi aprendido, esse tipo de avaliação contribui para a construção de conhecimento. Um outro tipo de monografia que, em muitos cursos de Letras, integra o conjunto de instrumentos de avaliação é o TCC – trabalho de conclusão de curso: uma monografia mais extensa que o aluno realiza no final de sua graduação e que tem como objetivo central o desenvolvimento de uma pesquisa cujo tema se insere em alguma área do conhecimento linguístico ou literário desenvolvido ao longo do curso.

No que concerne às monografias da área linguística, os alunos devem, inicialmente, selecionar um *corpus*. Em seguida, estudar a teoria que fundamenta o domínio linguístico em questão – por exemplo, se estão realizando uma descrição e análise dos fenômenos fonéticos e fonológicos presentes em um texto do português culto, devem apresentar uma base teórica da Fonética e da Fonologia e outra da Sociolinguística. A etapa seguinte é o trabalho de análise do material do *corpus,* que deve ser realizada com base na teoria estudada. Para cada área dos estudos da linguagem, essa análise apresenta-se de forma particular.

Em cada capítulo deste livro, um modelo de análise linguística é apresentado com base em um domínio da linguagem – Gramática, Léxico, Discurso e Filologia –, com o objetivo de auxiliar o discente na elaboração de monografias, de modo que o aluno encontre modelos de consulta que servirão como base para a construção de suas próprias referências.

O livro está dividido em três partes: Gramática e Léxico; Discurso; Filologia.

Na primeira parte, concentram-se os textos sobre Gramática e Léxico. Nos artigos que compõem essa parte, os autores analisam texto oral culto e popular, canção e poesia sob diferentes perspectivas teóricas.

Rosane de Sá Amado apresenta um modelo de descrição e análise contrastando duas variantes fonéticas específicas faladas no Brasil, bem como os processos fonológicos pertinentes a elas. A autora analisa uma entrevista realizada com falante se expressando por meio de uma variante do português não padrão, verificando que o português que se fala no Brasil, a exemplo do que ocorre nas outras partes do mundo, apresenta variedades de sons peculiares às diversas micro e macrorregiões que dividem o país do ponto de vista linguístico.

Alessandra Ferreira Ignez faz uma análise dos adjetivos neológicos de *Memórias sentimentais de João Miramar*, de Oswald de Andrade, mostrando que, ao utilizar sufixos comuns da língua portuguesa, o autor consegue efeitos expressivos.

José da Silva Simões apresenta um modelo de análise que permite identificar e exemplificar estratégias sintáticas de anteposição e posposição dos adjetivos predicativos no português culto falado no Brasil. Como *corpus* de análise, o autor se baseia nos 21 inquéritos (elocuções formais, diálogos entre dois informantes e entrevistas) recolhidos pela equipe de São Paulo do Projeto Nurc (Norma Urbana Culta).

Elis de Almeida Cardoso analisa um texto literário poético, levando em consideração a significação e o valor das palavras nocionais para o estabelecimento dos campos léxico-semânticos. Abordando as teorias da Estilística, o principal objetivo da análise é indicar como se processa a escolha feita pelo enunciador, dentre os elementos linguísticos disponíveis, verificando de que maneira tal escolha determina efeitos estéticos e de expressividade e acenando para uma possível intenção do enunciador a partir de seu estilo.

Beatriz Daruj Gil mostra que a escolha lexical integra o conjunto de propriedades discursivas mais diretamente relacionadas com crenças, atitudes e ideologias. A análise de canções de consumo produzidas na década de 1990 deixa claro que, ao selecionar unidades lexicais e atualizá-las discursivamente, o enunciador revela sua visão de mundo a respeito de um tema – a relação amorosa vista do ponto de vista masculino e, em especial, a visão que o enunciador tem da mulher –, orientando o enunciatário para determinado entendimento da realidade, o que contribui para a produção ou reprodução das ideologias.

Na segunda parte do livro, concentram-se os textos que têm por objetivo a Análise do Discurso. Nessa parte são abordados gêneros discursivos distintos, tais como a canção, a carta familiar, a divulgação científica. São apresentadas análises de textos jornalísticos, textos orais e textos da internet.

Álvaro Antônio Caretta apresenta um modelo de análise discursiva para o estudo da canção. A partir das relações interdiscursivas estabelecidas pela enunciação, o autor observa os elementos que a constituem, como o gênero, a cenografia, as cenas validadas e a imagem do enunciador – o *ethos*. A análise discursiva da canção mostra como estudar esse gênero tão produtivo da comunicação social sem deixar de levar em conta a sua característica fundamental, a relação entre a letra e a melodia, associando-o ao contexto ideológico, social e histórico em que seu discurso se constitui.

Marli Quadros Leite parte do pressuposto de que a carta pessoal é um gênero do discurso que pode ser explorado didaticamente. A autora considera que toda análise linguística tem de partir da compreensão do que seja o discurso, para, depois, se chegar a aspectos mais pontuais do enunciado. Para atingir seu objetivo, são analisados alguns exemplos de cartas pessoais, a fim de mostrar como os professores devem tratar esse gênero discursivo.

Sheila V. Camargo Grillo e Flávia Sílvia M. Ferraz, sob a perspectiva geral do dialogismo, empreendem a análise de um mesmo gênero discursivo – a reportagem de divulgação científica – nos suportes revista e jornal, com vistas a caracterizar as esferas de circulação, os conteúdos temáticos, os estilos e as formas composicionais, elementos responsáveis pela maneira como os enunciados da divulgação científica refletem e refratam a realidade.

Maria Lúcia C. V. O. Andrade parte de ensaios de Roberto Pompeu de Toledo, publicados na revista *Veja*, analisando como as escolhas lexicais feitas pelo enunciador constroem a referenciação e refletem a ideologia, função que esse gênero discursivo exerce na mídia impressa. Embora publicado em revista de grande circulação nacional que objetiva informação, divulgação e entretenimento, a autora mostra que o ensaio continua revelando rigor lógico e coerência de argumentação e, por isso mesmo, exige grande conhecimento cultural e certa maturidade intelectual não só por parte do enunciador (escritor), mas também do coenunciador (leitor).

Zilda G. O. Aquino objetiva discutir questões relacionadas ao discurso jornalístico e à argumentação. A autora observa o gênero debate veiculado pela imprensa escrita, para compreender sua organização e detectar as estratégias argumentativas utilizadas nesse discurso. A perspectiva é criar um modelo de análise significativo para o leitor, que lhe permita compreender o jogo discursivo que o discurso jornalístico encerra.

Karin Gutz Inglez faz uma análise das produções textuais retiradas dos *fóruns de discussão* do Orkut, observando que as redes de relacionamento funcionam como um espaço para manifestação de muitos gêneros híbridos característicos da internet. Nesse estudo, a autora identifica estabilidades estilísticas e composicionais do gênero *fórum de discussão* com base no funcionamento dos conectores de causa e condição.

Luiz Antônio da Silva aponta as características do texto falado, bem como sua constituição. Ao comparar dois diálogos, mostra possibilidades de análise à luz dos recortes teóricos da Análise da Conversação.

Na terceira parte do livro são apresentadas análises do ponto de vista da Filologia.

Manoel M. Santiago-Almeida comenta sobre o trabalho filológico, mostrando que, a partir do texto escrito – objeto de estudo da Filologia –, há dois caminhos (não incongruentes) para a pesquisa nessa linha. O caminho largo, que permite o estudo da língua em toda a sua plenitude (linguístico, literário, crítico-textual, sócio-histórico etc.) no tempo e no espaço; e o estreito, ou o caminho da crítica textual, que trata do texto, primordialmente literário (antigo e moderno, manuscrito e impresso), com o objetivo de editá-lo na sua forma genuína, o mais próximo possível do original.

Valéria Gil Condé, através das cantigas trovadorescas do noroeste da península ibérica, recupera o passado cultural de duas línguas modernas: a portuguesa e a galega. Escritas entre os séculos XIII e XIV, essas cantigas oferecem um manancial de características que permitem estudar o passado dessas línguas, sob o aspecto social e linguístico. A autora apresenta um modelo de análise para essas cantigas, mostrando que tanto o português quanto o galego modernos guardam estreitas relações com o passado.

A reflexão sobre diferentes domínios da linguagem e gêneros do discurso, oferecida pelo conjunto de capítulos da obra, contribuirá, seguramente, para a formação do pesquisador e do professor de língua portuguesa e linguística.

As organizadoras

PARTE 1

GRAMÁTICA E LÉXICO

A entrevista: o sistema fonológico do português falado no Brasil e suas variantes fonéticas

Rosane de Sá Amado

> "Em todas as línguas, existem também diferenças *locais* na pronúncia; é graças a essas diferenças que as pessoas reconhecem com frequência em uma feira do interior qual é o local de origem do sujeito falante. Entre os falantes letrados que falam uma língua literária normatizada, é impossível, baseando-se na pronúncia, indicar de um modo tão preciso o local de origem, mas segundo traços gerais nós podemos adivinhar, mesmo entre tais falantes, de qual parte do meio linguístico eles provêm."
>
> N. Troubetzkoy

O sistema fonológico do português falado no Brasil e suas variantes fonéticas

O português que se fala no Brasil, a exemplo do que ocorre em outras partes do mundo, apresenta variedades de sons peculiares às diversas micro e macrorregiões que dividem o país do ponto de vista linguístico.

Nas disciplinas de Fonética e Fonologia do Português, ministradas nas faculdades de Letras, comumente são exigidos trabalhos de descrição e análise de variantes geográficas, a fim de que o estudante aprenda a perceber a diversidade de sons do português falado no Brasil e os processos fonológicos que os relacionam.

Neste capítulo demonstraremos um modelo de descrição e análise contrastando duas variantes fonéticas específicas faladas no Brasil, bem como os processos fonológicos pertinentes a elas. Para que o estudante perceba as diferenças e semelhanças entre o seu próprio falar e o do "outro", a comparação será feita entre a nossa variante, falada na cidade de São Paulo, estado de São Paulo, e uma variante distinta, no caso, falada em uma cidade do interior do estado do Piauí. O gênero de texto a ser analisado, quanto à variante a ser contrastada com a nossa, será uma entrevista realizada com falante do português não padrão.

O português falado no Brasil: aspectos fonético-fonológicos

As línguas mudam, as línguas variam.

Todas as línguas do mundo são sempre continuações históricas. É a variação sob o ponto de vista diacrônico. O português é uma das continuações do latim, somado a outras línguas de povos que habitaram a península ibérica, como os de origem germânica e os de origem árabe. Ao aportar no Brasil, em contato com outros povos, ainda sofreu influências de línguas indígenas e africanas, sendo um dos fatores, além da distância e do tempo, que diferenciaram a variedade brasileira da europeia.

Qualquer língua, falada por qualquer comunidade, exibe sempre um conjunto de variedades. É a variação sob o ponto de vista sincrônico. Embora estejamos em um mesmo país, que fala a mesma língua (ainda que haja mais de 180 línguas indígenas no território), os falantes reconhecem as seguintes variantes:

- Geográficas ou diatópicas – ocorrem num plano horizontal da língua, sendo comumente chamadas de dialetos ou falares locais;
- Sociais ou diastráticas – ocorrem num plano vertical, dentro de uma comunidade específica. Essas diferenças podem ser devido a:

a) Classe ou posição social;
b) Grau de escolaridade;
c) Idade;
d) Sexo;
e) Situação ou contexto social.

A variação mais facilmente percebida pelos falantes é o chamado "sotaque".

Em grandes centros urbanos como São Paulo, onde há uma expressiva concentração de pessoas advindas de inúmeras localidades do país, é comum se identificar a origem de um falante pelo seu "sotaque". Mas o que é o "sotaque"?

O "sotaque" é um conjunto de diacríticos percebidos como diferentes pelo "outro". Os diacríticos têm a ver com padrão entoacional, variantes alofônicas e processos fonológicos históricos que continuam ocorrendo desde a formação do português. Contudo, há muitos processos que são comuns às variantes em geral e, portanto, passam despercebidos à maioria dos falantes. Como afirma Ferreira Netto,

> não há como se prever quais traços serão realçados e tornados relevantes para o estabelecimento das fronteiras entre grupos, bem como não há como prever o alcance dessas diferenças, que podem permear toda a vida social, ou podem ser relevantes para apenas setores limitados. (2001, p. 15)

Neste capítulo, nossa atenção estará focada na descrição e na análise dos segmentos fonéticos e dos processos fonológicos históricos, não sendo exaustivo, visto não abranger as questões prosódicas (com exceção do acento) que também diferenciam as variantes contempladas.

Para nos orientarmos, utilizaremos o quadro de realizações fonéticas das variantes do português falado no Brasil, proposto por Ferreira Netto (2001, p. 58):

	Bilabial	Lábio-dental	Coronal Dental	Coronal Alveolar	Coronal Pré-palatal	Retroflexa	Dorso-palatal	Dorso-velar	Uvular
Oclusiva	p b			t d			c ɟ	k g	
Africada					t͡ʃ d͡ʒ				
Fricativa	β	f v	θ ð	s z	ʃ ʒ			x ɣ	
Nasal	m			n			ɲ		
Lateral				l			ʎ	ɫ	
Flap				ɾ					
Trill				r					ʀ
Aproximante	w					ɻ	j		
V. alta	(u)				i ĩ			u ũ	
V.m.alta	(o)				e ẽ			o õ	
V.m.baixa	(ɔ)				ɛ		ɜ ɜ̃	ɔ	
V. baixa							a		

Além desses segmentos, consideraremos também as fricativas glotais desvozeada **h** e vozeada **ɦ**, além das vogais ɐ, ɪ, ʊ em posição postônica.

Métodos

O estudo que faremos será uma comparação entre duas variantes *diatópicas*, com enfoque nos aspectos fonético-fonológicos.

Como o objetivo é compararmos o nosso próprio falar, no caso, o português falado na cidade de São Paulo, com outro distinto geograficamente, escolhemos uma falante nascida na cidade de Canto do Buriti, no estado do Piauí.

A conversa foi gravada na cidade de São Paulo, onde a informante reside há cinco anos (à época da gravação),[1] tendo emigrado em busca de melhores condições de vida para si e suas filhas.

A gravação tem duração de seis minutos, mas somente utilizaremos para essa análise um trecho de 1min.05seg., suficiente para o objetivo pretendido. Esse trecho foi escolhido por ser um momento em que a falante estava mais descontraída, contando um dos "causos" de sua vida na cidade natal. Essa escolha é importante, pois, como na maior parte das vezes o informante está ciente de que sua fala está sendo gravada, geralmente há um certo constrangimento no início da gravação, que acaba transparecendo na linguagem utilizada.

Para o estudo, foram feitos dois tipos de transcrição – uma ortográfica e outra fonética.

Na transcrição ortográfica, deve-se seguir a ortografia da língua portuguesa, não escrevendo, por exemplo, "cabô" para "acabou" ou "pexe" para "peixe". Mesmo particularidades da variante em questão como semivocalização da palatal lateral – "fia" para "filha" – não devem ser transcritas ortograficamente. Quanto a problemas de queda de segmentos ou de sintaxe e morfologia, comuns em linguagem coloquial oral, devem ser mantidos, como, por exemplo, "pra" e não "para", "tá" e não "está", "os menino" e não "os meninos", "nós fazia" e não "nós fazíamos".

Na transcrição fonética, devem-se utilizar os símbolos do Alfabeto Fonético Internacional (IPA), disponíveis, na última versão feita em 2005, no site da *International Phonetic Association* – (www.arts.gla.ac.uk/IPA/index.html). As palavras não devem ser separadas morfologicamente, mas sim por blocos fônicos, ou seja, clíticos e/ou monossílabos átonos devem se juntar a palavras acentuadas. As eventuais intervenções do entrevistador não deverão ser transcritas foneticamente, uma vez que não serão objeto de descrição e análise.

Apresentação e contextualização do *corpus*

A escolha do *corpus* para um estudo de Fonética e Fonologia, com enfoque variacionista, apresenta alguns requisitos. Para uma análise contrastiva como a que propomos, é necessário que identifiquemos o informante com a idade, o sexo, o grau de escolaridade e a ocupação. Outros dados também importantes são a trajetória de sua vida, ou seja, os lugares em que viveu e por quanto tempo, e o contato que mantém com falantes de sua cidade natal. Além disso, para melhor situar o leitor, devem-se apresentar dados sobre a cidade natal do informante, tais como posição geográfica, principal(is) atividade(s) econômica(s), número de habitantes etc.

Essas informações nos auxiliarão a interpretar os dados encontrados no *corpus*.

a) Ficha:
Sexo: Feminino
Idade: 60 anos
Escolaridade: analfabeta
Naturalidade: Canto do Buriti, sudoeste do estado do Piauí
Ocupação: diarista
Tempo em que reside em São Paulo: cinco anos
Trajetória de vida: sempre residiu em sua cidade natal até mudar-se para São Paulo
Contato que mantém com pessoas de sua cidade natal: contato frequente com as filhas que se mudaram com ela para São Paulo.

b) Dados sobre a cidade natal:
O município de Canto do Buriti está localizado a sudoeste do estado do Piauí e possui uma área de 4.419,4 km^2. Dista 336 km da capital, Teresina. A cidade foi fundada em 1938 e, de acordo com o censo de 2004, tem uma população estimada em 18.569 habitantes.
Canto do Buriti faz parte da microrregião do município de São Raimundo Nonato, sendo que ambos, além dos municípios de São João do Piauí e Coronel José Dias, abrigam o Parque Nacional da Serra da Capivara, declarado pela Unesco como Patrimônio Cultural da Humanidade, por conter o maior e mais importante sítio arqueológico e paleontológico do Brasil, com pinturas rupestres que testemunham a presença do homem pré-histórico nas Américas.

TRANSCRIÇÃO ORTOGRÁFICA
E – entrevistador
I – informante

E – e onça, você já viu?

I – já, onça já vi demais... tem uma fazenda do meu tio que é da terra... da roça do meu pai pra dele é dois dias a cavalo... aí nós saía pra lá, nós ia a cavalo dois dias... quando chegava numa fazenda a gente dormia... aí quando foi no outro dia a gente saía... quando foi nesse dia, nós ia pra chegar nessa fazenda antes de escurecer que tinha muita onça, só via rastro delas... aí nós escutemos o esturrado de uma, aí nós corremos... quando nós corria os cavalos arribava as orelhas tudo, os burros com as cargas e ela fez o pulo de cima de uma árvore pra cair em cima da gente, mas não deu tempo... aí nós corremos, corremos até chegar na fazenda... os animal tudo correndo, tudo louco gritando... ela queria pegar nós, só não caiu porque enroscou nos galhos, aquela onça vermelha... e outra vez foi uma pintada... iiiii muitas vezes elas corriam atrás da gente... lá no Piauí tem muita onça...

E onça, você já viu?

'ʒa 'õ^{n}sɐ 'ʒa 'vi di'majs 'tẽj 'umɐ fa'zẽ^{j}dɐ dʊ'mew 'tʃiu cj'ɛdɐ 'tɛxɐ dɐ'xɔsɐ dʊ'mew 'pa
j pɐ'delɪ 'ɛ 'dojz 'dʒiɐ ka'valʊ a'i 'nɔj sa'iɐ pra'la 'nojz 'ia ka'valʊ 'dojz 'diɐ 'kɜ̃^{n}dʊ ʃe'g
avɐ 'numɐ fa'zẽ^{n}dɐ a'ʒẽ^{j}tʃɪ duɦ'miɐ a'i' kɜ̃^{n}dʊ 'foj nw'otʊ 'diɐ a'ʒẽ^{j}tʃɪ sa'iɐ 'kɜ̃dʊ 'foj 'n
esɪ 'diɐ paʃe'ga 'nɛsɐ fa'zẽ^{n}dɐ 'ɜ̃tɪs kuɾe'se cɪ'tiɲɐ 'mũjtɐ 'õ^{n}sɐ 'sɔ 'viɐ 'xastɾʊ 'dɛlas a'i
'nojz isku'temʊ istu'xadʊ dɪ'umɐ a'i 'nɔjs ko'xemʊ kɜ̃'nɔjs ku'xiɐ uska'valʊ axi'bavɐ z
o'ɾejɐ 'tudʊ uz'buxʊ kw̃as 'kaɾgɐ i'ɛlɐ 'fe^{j}zʊ 'pulʊ dɪ'simɐ 'dumɐ 'aɾvɾɪ paka'i ĩ^{j}'simɐ d
ɐ 'ʒẽ^{j}tɪ manũ'dew 'tẽ^{m}pʊ a'i 'nɔjs ko'xemʊ ko'xemʊ a'tɛ ʃe'ganɐ fazẽ^{n}dɐ uzani'maw 't
udʊ ko'xenʊ 'tudʊ 'lokʊ gɾi'tɜnʊ 'ɛlɐ ci'ɾiɐ pe'ga 'nɔjs 'sɔ 'nũ ka'iw pu'ce 'ɛlɐ ĩ^{j}xos'ko
nuz'gajʊ a'cɛlɐ 'õ^{n}sɐ veɾ'mejɐ i'otɾɐ 'foj 'umɐ pĩ^{n}'tadɐ iː 'mũjtaz 've^{j}z 'ɛlɐs ku'xia 'tɾas
dɐ 'ʒẽ^{n}tɪ 'lanʊ piaw'i 'tẽj 'mũjtɐ'õ^{n}sɐ

Análise dos dados do *corpus*

Uma vez que se trata do registro linguístico de um informante do português falado no Brasil, além das peculiaridades de sua variante diatópica, encontraremos também realizações comuns a praticamente todas ou quase todas as variantes faladas no país, como 1) monotongação – 'lokʊ; 2) ditongação – 'nɔjs; 3) assimilação do traço de nasalidade – gɾi'tɜnʊ; 4) simplificação do ataque complexo – 'otʊ; 5) simplificação da coda – pu'ce; 6) alçamento da vogal pré-tônica – ku'xiɐ; 7) neutralização do traço de sonoridade da fricativa alveolar em coda silábica – uz'buxʊ, entre outros. O escopo deste estudo, contudo, é contrastivo, não havendo, portanto, razão para nos atermos a esses tipos de processos.

Estudo contrastivo entre a variante falada no interior do Piauí (Canto do Buriti) e a variante falada na cidade de São Paulo

a) Ressonância nasal pós-vocálica

Iniciamos nosso estudo contrastivo, com a análise de um fenômeno observado nas vogais nasais. No *corpus*, encontramos os seguintes casos:

'õ^{n}sɐ
fa'zẽ^{n}dɐ ~ fa'zẽ^{j}dɐ
kɜ̃^{n}dʊ
'tẽ^{m}pʊ
pĩ^{n}'tadɐ
'ʒẽ^{n}tɪ ~ 'ʒẽ^{j}tʃɪ

Percebemos, na amostra descrita, não haver vogais nasais "puras", ou seja, vogais que estejam em um ambiente contrastivo com vogais orais. Em todos os casos, vemos o fenômeno da *ressonância nasal pós-vocálica*.

A nasalidade das vogais do português tem sido um dos assuntos mais debatidos entre os fonólogos. Câmara Jr. (1970) postula não existir vogais nasais no português, mas sim *nasalizadas*, por haver, hipoteticamente, um segmento nasal não especificado após as vogais, segmento este que se realiza na derivação de alguns nomes, como segue a seguir:

lã – / laN / = la**n**ífero
bom – / boN / = bo**n**íssimo

A queda da consoante nasal coronal no processo histórico do latim para o português teria deixado um traço de nasalidade para a vogal que a precedia:

Exemplos:

lāna > lãa > lã
bŏnu > bõo > bom

Esse fato pode ser corroborado pelo fenômeno da ressonância nasal pós-vocálica. Ferreira Netto (2001) analisa as variantes do português falado no Brasil e propõe a existência de dois tipos de ressonância nasal pós-vocálica: a *assimilação progressiva* e a *assimilação regressiva*.

No processo de assimilação regressiva, "a consoante nasal assume o articulador ativo do segmento que se lhe segue" (2001, p. 115). Assim, para consoantes labiais, teremos a nasal **m**, para coronais, teremos a nasal **n**, para dorsais, teremos a nasal **ŋ**. Esse tipo de realização explica a maior parte das ocorrências no *corpus*, como, por exemplo, ˈõ^{n}sɐ, faˈzẽ^{n}dɐ e ˈtẽ^{m}pʊ.

Já no processo de assimilação progressiva,

> a consoante nasal assume o articulador ativo do segmento que a precede, como em [põ^{w}tu], [pẽ^{j}tʃi] e [mɜ̃^{ŋ}ta], isto é, se [o], [e] e [a] têm os articuladores ativos lábio-dorso, coroa e dorso, respectivamente, a ressonância nasal pós-vocálica será [w], [j] e [ŋ], também respectivamente. (Ferreira Netto, 2001, p. 115)

No *corpus*, encontramos apenas dois exemplos – faˈzẽ^{j}dɐ e ˈʒẽ^{j}tʃɪ – ambos alternando com casos de assimilação regressiva.

Notadamente, a variante paulistana apresenta realizações de assimilação progressiva, que se configura também nos chamados ditongos nasais, como percebemos em [vẽj], [bẽj], [tẽj] para *vem*, *bem* e *tem* (Ferreira Netto, 2001, p. 114). Dessa forma, podemos supor que a informante piauiense, cuja variante apresenta ressonância nasal regressiva, está assimilando o traço da ressonância nasal progressiva da variante da cidade de São Paulo, onde reside há cinco anos.

b) Realização da fricativa aspirada em posição de coda silábica

Historicamente, a vibrante alveolar/apical do português vem sofrendo mudanças, tanto no ponto quanto no modo de articulação, desde o final do século XIX. Quanto ao ponto de articulação, de anterior (alveolar/apical) ela tem passado para posterior (velar/uvular/glotal); já quanto ao modo de articulação, de vibrante o segmento tem se tornado fricativo, conforme atestam Monaretto, Quednau e Hora: "No caso do /r/, digamos que a história tenha registrado as seguintes pronúncias: tepe apical > vibrante apical > vibrante uvular > velar aspirada" (1996, p. 219).

A posição de coda silábica (margem direita da sílaba) é a mais suscetível de apresentar mudanças e variações. Encontramos as possíveis realizações nessa posição, em algumas variantes brasileiras:[2]

pɔr.tɐ – variante da cidade de São Paulo
pɔɾ.tɐ – variante da cidade de São Paulo
pɔx.tɐ/kaɣ.gɐ – variante da cidade do Rio de Janeiro
pɔh.tɐ/kaɦ.gɐ – variante da cidade de Belo Horizonte
pɔɻ.tɐ – variante da região oeste do estado de São Paulo
pɔj.tɐ – variante da região do Vale do Paraíba (SP)

A variante da cidade de São Paulo, portanto, apresenta duas realizações possíveis do /r/ em coda silábica: a vibrante alveolar e o tepe alveolar. A variante da informante piauiense apresenta a fricativa aspirada vozeada, seguida da consoante vozeada **m**. Embora se trate de apenas um exemplo – duɦ'miɐ –, é um caso ilustrativo que corrobora outras análises feitas com variantes da região nordestina, como a de Aragão sobre a variante paraibana: "O modelo de realização mais frequente e de distribuição regular na Paraíba foi [h]" (1977, p. 88).

É importante, contudo, lembrar que não devemos generalizar fatos linguísticos. Como vimos nos próprios exemplos anteriores, somente no estado de São Paulo, encontramos quatro realizações possíveis para a vibrante em posição de coda silábica. Assim, estudos mais aprofundados das possíveis variantes do estado do Piauí são recomendáveis para corroborar essa hipótese.

c) Semivocalização da lateral palatal

Um outro fato linguístico descrito na fala da informante piauiense é a semivocalização da lateral palatal.

'gajʊ
o'ɾejɐ
veɾ'mejɐ

Analisando os traços compartilhados pelos dois segmentos envolvidos – [ʎ] e [j] –, notamos que ambos são soantes, vozeados e contínuos e têm os mesmos articuladores envolvidos: lâmina e pré-palato. O que os diferencia, portanto, é o traço de lateralidade de [ʎ] que a semivogal palatal não compartilha.

A própria formação da lateral palatal do latim para o português nos traz pistas sobre a influência da vogal palatal – alliu > alho, palea > palha (exemplos extraídos de Ferreira Netto, 2001, p. 108) –, além do processo de palatalização do ataque complexo [kl], em: apicla > abelha, acucla > agulha (exemplos extraídos e adaptados de Viaro, 2004, p. 138). Em outras línguas românicas, a lateral palatal sofreu semivocalização, como no francês *abeille*, *paille*, *vieil* e no espanhol falado em Cuba e na Argentina, conforme os exemplos *calle*, *caballo*.

Em muitas variantes do português falado no Brasil, tal processo também ocorre, como atesta Ferreira Netto:

> [...] Amaral (1982) registrou as formas do dialeto caipira *burbúia, biête, espaiado, muié* e *fiio* dentre outras, para *borbulha, bilhete, espalhado, mulher* e *filho*. Aguilera (1999) aponta para essa mesma variação no falar rural do norte do Paraná, e Pontes (1999), registra, por exemplo, ['vɛyu], ['paya], [a'guya] para *velho, palha* e *agulha*. Ambos ressaltam que as formas em que não há ponto de contato entre os articuladores são usadas preferencialmente por pessoas idosas, rurais ou "rurbanas", em um conjunto de palavras bastante restrito a esse universo cultural. Na região de Taubaté, em São Paulo, foi possível verificar as formas [mioɻó],[fiju], [tɻabáju], [vẽja] e [tɻ̃íju], entre outras para *melhorou, filho, trabalho, velha* e *trilho*. (2001, p.107)

A informante de Canto do Buriti é a típica falante "idosa e rural", o que confirma o processo de semivocalização da lateral palatal na variante utilizada, em contraste com a nossa variante, típica da cidade de São Paulo, em que tal processo não ocorre.

d) Não-palatalização das oclusivas alveolares

Um fenômeno comum que ocorre em muitas variantes brasileiras é a palatalização das oclusivas alveolares **t** e **d**, processo também chamado de *africação*, já que resulta na produção das consoantes africadas **tʃ** e **dʒ**. O processo é descrito por Cagliari:

> [...] Para produzir uma africada, o articulador ativo, após se separar do articulador passivo, não faz um movimento rápido em direção à posição, por exemplo, da vogal, mas se demora durante um breve tempo tão próximo do articulador passivo que permite um escape de ar pela abertura e a produção de fricção local, ou seja, a produção de uma fricativa muito breve. (2007, p. 108)

Na maior parte das variantes em que o fenômeno ocorre, tal fato se dá pela presença da vogal palatal **i**, estando, inclusive, em distribuição complementar, com as outras vogais do português. É o caso da variante falada na cidade de São Paulo.

Na fala da informante piauiense, atestamos casos em que esse fenômeno não ocorre, alternando com casos em que ele ocorre:

diˈmajs

dɪ

ˈdiɐ ~ dʒia

ˈtiɲɐ

ˈʒẽ^{n}tɪ ~ ˈʒẽ^{j}tʃɪ

ˈʒ̃tɪs

ˈtʃiu

A palatalização dessas oclusivas também não é relatada em Aragão (1977) para o falar paraibano, mas parece estar sofrendo uma mudança diastrática em outras variantes nordestinas, como aponta Hora (1990) citado por Monaretto, Quednau e Hora:

> No dialeto falado da comunidade de Alagoinhas (Bahia), segundo Hora (1990), a palatalização das oclusivas dentais manifesta-se acentuadamente entre as classes sociais alta e média, na faixa etária entre 15 e 47 anos e nos estilos mais formais, independentemente do sexo, constituindo a forma de mais prestígio. (1996, p. 217)

A alternância na fala da informante de Canto do Buriti talvez não se constitua uma preferência para uma forma de mais prestígio, mas somente a assimilação de um processo muito difundido na cidade em que ora ela reside.

e) Simplificação de proparoxítona

O último caso que analisaremos é atestado em apenas um exemplo do trecho do *corpus*, mas é significativo, por se tratar de um fenômeno típico de regiões rurais, o que opõe à nossa variante da cidade de São Paulo.

ˈaɾvɾɪ

Na formação do português, ocorreu um processo de queda das vogais póstônicas não-finais de palavras do latim, que tinha como um dos padrões acentuais o proparoxítono, dando origem ao padrão mais comum do português atual, o paroxítono. Tal processo é chamado de *síncope*, como nos explica Viaro:

> A *síncope* é um dos fenômenos mais comuns. Sobretudo vogais átonas em palavras proparoxítonas tendem a cair: o adjetivo *cál.id.u.m,* "quente", de raiz √cal (como em *cal.or*), transforma-se em *caldo*, que continua significando "quente" em italiano, mas muda para substantivo no português no sentido de "sopa quente" [...]". (2004, p. 147)

As palavras proparoxítonas que existem no léxico do português são decorrentes de empréstimos do latim e do grego introduzidos na língua, a partir do período renascentista, devido ao interesse de artistas, escritores e pesquisadores pelo período clássico.

No português falado no Brasil, o processo continua ocorrendo em regiões rurais, tidas como "conservadoras" da língua que aportou no país, no século XVI, representando uma preferência pelo padrão paroxítono. É o que atesta Ferreira Netto:

> [...] é possível verificar que esse padrão acentual, proparoxítono, não se mantém na fala coloquial do português ou, como assinalou Vasconcelos (s.d.: 254), que "o povo transforma-os [os esdrúxulos] em graves, dizendo, por ex.: arve, arvre, em vez de árvore, e combro, numbro, cambra, em lugar de cômodo, número, câmara", ou, ainda, como notou Pereira (1918: 41), que o "povo repele o esdrúxulo". (2001, p. 177)

É o caso do falar da informante de Canto do Buriti. É importante, contudo, ressaltar que tal fenômeno também se relaciona a questões sociais, já que, por ser tido como indício de uma forma de menos prestígio, associando-se à fala de pessoas com baixo grau de escolaridade – o que coincide com o caso da informante, que é analfabeta –, há uma tendência a que esse processo se perca com a convivência com falantes que pronunciem as formas proparoxítonas, diminuindo os efeitos do chamado *preconceito linguístico*.

Considerações finais

Nesse pequeno estudo, pudemos, de forma breve, fazer a descrição e a análise de processos e fenômenos fonético-fonológicos típicos de uma variante diatópica, de uma pequena cidade do interior do Piauí, Canto do Buriti, em contraste com a variante de uma grande cidade, São Paulo. Em virtude da idade (60 anos) e do grau de escolaridade (analfabeto) da informante, não pudemos nos furtar também em analisar os dados considerando a variante como diastrática.

A par deste capítulo focar particularidades em nível fonético-fonológicos, utilizando-se de termos próprios da ciência linguística como *palatalização, ressonância nasal, síncope*, entre outros, é importante lembrarmos que todo estudo de língua não tem fins exclusivamente acadêmicos, mas sim se propõe, em última instância, a descortinar formas novas de vermos e ouvirmos a língua que falamos, derrubando os *pré*-conceitos que trazemos há tanto tempo arraigados em nosso íntimo.

Associarmos a fala do "outro" à condição de inferior, por esse estar "deturpando o bom português", é simples resultado da ignorância e do comodismo de não procurarmos conhecer e entender a fala do "outro" como diferente, como uma das muitas possibilidades de se falar o português no Brasil, e que faz dele um país privilegiado em termos multiculturais, acabando com o mito de que aqui se fala uma única língua, homogênea e invariável.

Convém ressaltar que aprendemos a variedade a que estamos expostos, dando continuidade à herança linguística que recebemos e nada há de errado ou de inferior com essas variedades. O contato com outras variantes pode nos fazer mudar traços de nosso próprio falar, mas a motivação é sempre social, não sendo condicionada por fatores linguísticos.

Finalmente, é importante lembrarmos que existe um número muito maior de processos e fenômenos fonético-fonológicos partilhados por todas ou quase todas as variantes faladas no Brasil do que o número daqueles em que as variantes se diferenciam. Ou seja, entre o falar de Canto do Buriti, no interior do Piauí, e o falar da megalópole de São Paulo, há muito mais "coisas" que nos aproximam do que nos afastam.

Voltando ao início

Neste capítulo, nos propomos a apresentar um modelo de trabalho/monografia que costuma ser solicitado nas disciplinas de Fonética e Fonologia dos cursos de Letras, ou seja, um estudo de descrição e análise de variantes diatópicas e/ou diastráticas do português falado no Brasil.

Para tanto, partimos de uma fundamentação teórica, procurando explicitar em quais pressupostos nos basearíamos, no caso, os da Sociolinguística e em análises já feitas sobre algumas variantes brasileiras; em seguida, indicamos a metodologia a ser adotada, uma gravação da fala de um informante, e as respectivas transcrições ortográfica e fonética. No item seguinte, apresentamos o *corpus*, contextualizando com dados sociolinguísticos do informante e dados de sua cidade natal, para só então partirmos para a análise dos dados. Por último, concluímos nosso estudo, procurando fazer considerações pertinentes à aplicação da análise no uso efetivo da língua pela comunidade falante.

Bibliografia

Aragão, Maria do Socorro S. *Análise fonético-fonológica do falar paraibano*. João Pessoa: Editora Universitária/ UFPb, 1977.

Cagliari, Luiz Carlos. *Elementos de fonética do português brasileiro*. São Paulo: Paulistana, 2007.

Câmara Jr., Joaquim Mattoso. *Estrutura da língua portuguesa*. Petrópolis: Vozes, 1970.

Ferreira Netto, Waldemar. *Introdução à fonologia da língua portuguesa*. São Paulo: Hedra, 2001.

Monaretto, Valéria N. O.; Quednau, Laura R.; Hora, Dermeval da. As consoantes do Português. In: Bisol, Leda (org.). *Introdução a estudos de fonologia do português brasileiro*. Porto Alegre: edipucrs, 1996.

Viaro, Mário E. *Por trás das palavras*: manual de etimologia do Português. São Paulo: Globo, 2004.

Sugestões de leitura

Além das obras constantes do item Bibliografia, que, por terem sido citadas aqui, já são por si só recomendadas para esse tipo de trabalho, recomendamos a leitura dos textos a seguir:

- Aguilera, Vanderci de Andrade (org.). *Português no Brasil*: estudos fonéticos e fonológicos. Londrina: eduel, 1999.
  Obra organizada pela Profa. Vanderci, da uel, que continua o percurso já traçado no livro *Diversidade fonética no Brasil*, da mesma organizadora, traz capítulos sobre fonologia teórica, além de outros que tratam de questões dialetais, como os falares da cidade de Cuiabá, da Bahia e do Paraná.

- Aguilera, Vanderci de Andrade. *Diversidade fonética no Brasil:* pesquisas regionais e estudos aplicados ao ensino. Londrina: eduel, 1997.
  Fruto das reuniões do gt de Fonética e Fonologia da Anpoll, essa obra reúne textos de pesquisadores de regiões diversas do Brasil, tratando não só de questões de dialetologia, como também de outras que envolvem ensino e fonética, ortografia e fonética, fonética eletroacústica, fonética experimental entre outras áreas.

- Amaral, Amadeu. *O dialeto caipira*. São Paulo: Casa Editora "O Livro", 1920.
  Obra pioneira na área dialetológica do português do Brasil, traz uma descrição ampla da variante falada no interior de São Paulo, Minas Gerais e Mato Grosso (na época ainda não dividido em ms e mt).

- Araújo, Gabriel Antunes de. (org.). *O acento em português*: abordagens fonológicas. São Paulo: Parábola, 2007.
  Obra bastante atual com discussões de vários especialistas na questão do acento no português, traçando-o desde a evolução do latim, passando pelo português arcaico, até questões de aquisição de acento e sua interação com outros processos fonológicos.

- Bisol, Leda (org.). *Introdução a estudos de fonologia do português brasileiro*. Porto Alegre: edipucrs, 1996.
  Embora um de seus textos – sobre as consoantes do português – tenha sido citado neste capítulo, recomendamos a leitura de toda a obra, pois reúne textos específicos sobre a sílaba, o acento e as vogais do português, além de um artigo sobre os constituintes prosódicos e outro que traz uma introdução à teoria fonológica.

- Marroquim, Mário. *A língua do Nordeste*. Curitiba: HD Livros, 1976.
  Publicado pela primeira vez em 1934, é um dos trabalhos pioneiros sobre os falares de Alagoas e Pernambuco. Tem servido de base para os estudos linguísticos dessas variantes.

- Massini-Cagliari, G. e Cagliari, L. C. Fonética. In: Mussalim, F. e Bentes, A. C. (orgs.). *Introdução à linguística*: domínios e fronteiras. São Paulo: Cortez, 2001, pp. 105-46.
  Neste texto, os autores apresentam conceitos introdutórios da fonética articulatória e acústica, analisando aspectos segmentais e suprassegmentais.

- Mattos e Silva, R. V. *O português arcaico*: fonologia. São Paulo: Contexto, 1991. (Coleção Repensando a língua portuguesa.)
  A autora, especialista em Linguística Histórica, escreve um livro sucinto, mas denso, que abrange aspectos da história da língua portuguesa e fonologia diacrônica, apresentando inúmeras fontes para estudo dos processos de formação do sistema fonológico atual do português, tendo por base o período arcaico

- Mori, A. C. Fonologia. In: Mussalim, F. e Bentes, A. C. (orgs.). *Introdução à linguística*: domínios e fronteiras. São Paulo: Cortez, 2001, pp. 147-80.
  O texto apresenta princípios de fonologia estruturalista – identificação de fonemas, oposição, distribuição complementar, entre outros – e gerativista – classificação dos traços distintivos – além de conceitos de sílaba.

- Souza, P. C. e Santos, R. S. Fonética. In: Fiorin, J. L. (org.). *Introdução à linguística II*. 2. ed. São Paulo: Contexto, 2003a, pp. 9-32.
  Os autores apresentam, nesse texto, conceitos básicos de produção dos sons vocálicos e consonantais, aspectos segmentais e suprassegmentais, o alfabeto fonético internacional, entre outros. O capítulo é complementado por exercícios.

- Souza, P. C. e Santos, R. S. Fonologia. In: Fiorin, J. L. (org.). *Introdução à linguística II*. 2. ed. São Paulo: Contexto, 2003b, pp. 33-58.
  Os autores, nesse texto, apresentam os princípios de fonologia estruturalista, como oposição, pares mínimos, alofonia, neutralização, arquifonemas, entre outros, além de conceitos de fonologia gerativista, como traços e classes naturais e processos fonológicos, tais como assimilação, nasalização, harmonia vocálica etc. O capítulo é acompanhado por exercícios.

Notas

[1] Agradecemos a Andréia Guarachi Falon, Carlos Eduardo de Araújo Plácido e Daiane Assunção Jardim, alunos de graduação do curso de Letras da Faculdade de Filosofia, Letras e Ciências Humanas, da Universidade de São Paulo, pela gravação do *corpus* utilizado neste capítulo.

[2] Essas realizações também são encontradas em outras variantes brasileiras.

O romance: a formação neológica de adjetivos

Alessandra Ferreira Ignez

"A língua sem arcaísmos, sem erudição. Natural e neológica. A contribuição milionária de todos os erros. Como falamos. Como somos."
Oswald de Andrade

Um estudo morfológico: análise de neologismos

A morfologia preocupa-se não só com a estrutura e a formação de palavras, mas também com suas flexões e classificação. Uma análise morfológica contempla, portanto, os aspectos formais das palavras.

Um estudo que pode ser bastante produtivo nessa área é o de neologismos – palavras novas –, pois, quando são analisados, recorre-se à morfologia, visto que se torna necessário entender seus processos de formação e depreender seus elementos formadores. Complementando esse estudo, pode-se recorrer também à semântica e ao contexto de enunciação em que o neologismo foi criado, para que se possa identificar qual o sentido que a nova palavra adquiriu quando foi empregada.

É possível pensar em duas maneiras de se desenvolver um estudo sobre criações lexicais. Caso se queira analisar os neologismos que surgem com um fim, sobretudo, denominativo e cujo uso se estende a vários contextos de comunicação, pode-se realizar um estudo que priorize a análise dos aspectos formais da criação, bem como de seu sentido. Contudo, desde que se queira analisar neologismos criados para textos literários, deve-se tanto lançar mão de uma análise morfológica quanto de uma análise estilística, uma vez que, no discurso literário, são exploradas as potencialidades expressivas das palavras.

Cabe à estilística o estudo da expressividade dos usos da língua e, particularmente, à estilística morfológica, a análise da expressividade alcançada com a flexão e a criação de palavras. Unindo-se a morfologia e a estilística, torna-se possível desenvolver um trabalho voltado para neologismos criados com propósitos expressivos, como aqueles utilizados em obras literárias.

Vale dizer que os neologismos literários não representam propriamente um enriquecimento do léxico, mas são válidos pelo seu efeito de momento, ou seja, pelo seu efeito expressivo (Câmara Jr., 1977, p. 63). Eles evidenciam, segundo Martins (2000, p. 111), "as potencialidades dos processos de renovação do léxico e dos elementos formadores (lexemas e morfemas), que são integrantes da língua". Desse modo, conclui-se que, apesar de terem um uso restrito, a expressividade obtida com a formação dessas palavras não pode ser ignorada.

Este capítulo dedica-se ao estudo da expressividade obtida com a criação de adjetivos formados por derivação sufixal no romance *Memórias sentimentais de João Miramar*, de Oswald de Andrade (Andrade, 2001 [1924]).

Metodologia para a análise de adjetivos formados por derivação sufixal em *Memórias sentimentais de João Miramar*

Como método de análise da expressividade obtida com a criação de adjetivos em *Memórias sentimentais de João Miramar*, foi feito, primeiramente, um levantamento dos usos realizados. Verificada a significante frequência de criações, foi investigado qual o efeito expressivo produzido pelos neologismos dentro do seu universo de discurso. Uma vez que a expressividade depende do contexto, foi feita uma análise da palavra, mas também da sua relação com os outros signos.

A formação de adjetivos

Uma vez que serão analisados os adjetivos formados por derivação sufixal em *Memórias sentimentais de João Miramar*, faz-se necessário também discorrer um pouco a respeito dessa classe de palavras, bem como dos processos utilizados para se formarem adjetivos.

Embora tanto o adjetivo quanto o substantivo sejam considerados nomes pelos gramáticos, pode-se dizer que existe uma diferença nocional entre eles: o substantivo tem a propriedade semântica de designar seres, objetos, conceitos, ideias etc., e o adjetivo, por sua vez, tem a propriedade semântica de caracterizar ou delimitar o sentido do substantivo, alterando-o.

Quanto às propriedades morfossintáticas do adjetivo, pode-se dizer que essa classe de palavras, geralmente, acompanha um substantivo com o qual concorda em gênero e número. Além disso, o substantivo ocupa a posição de termo núcleo do sujeito e dos complementos, e o adjetivo, a de caracterizador desse termo núcleo. Observe-se que da função morfossintática decorre, de certa forma, a função semântica dos adjetivos.

Se, normalmente, o adjetivo acompanha um substantivo, algumas vezes, entretanto, através de um processo de conversão, ele aparece substantivado, isto é, na função gramatical de substantivo. Nesse caso, é possível dizer que o adjetivo deixou sua posição de termo subordinado para tornar-se um termo independente dentro do sintagma nominal, como apontado por Cunha e Cintra (2001, p. 246).

Lapa (1998, p. 129), ao falar sobre a substantivação dos adjetivos, diz que, quando estes são substantivados, condensamos uma frase, por exemplo: "um (homem ou rapaz) *sábio*". Ainda afirma que "[os adjetivos] podem tornar-se independentes e substantivados pela capacidade que temos em conceber a qualidade para além do próprio objeto." Basílio (2006, p. 85) também diz que o adjetivo funciona gramaticalmente como um substantivo, mas não apresenta a propriedade semântica dos substantivos de designar seres e conceitos. Além disso, assevera que, substantivado, ele não perde a sua propriedade semântica de adjetivo, que é a de denotar através da atribuição de uma propriedade. Analisando as palavras de Basílio e as de Lapa, é plausível afirmar que um adjetivo substantivado consegue seu *status* de palavra independente dentro da frase porque esse adjetivo normalmente acompanha um determinado substantivo, portanto, quando é substantivado, o substantivo a que frequentemente está ligado fica subentendido, como no exemplo dado anteriormente. Infere-se, então, que a independência está relacionada ao uso na frase, mas não totalmente ao significado.

Nas gramáticas, aponta-se também que os processos mais comuns para se formarem adjetivos são a composição e a derivação.

A composição é processo conhecido pela junção de duas ou mais bases lexicais existentes. De tal processo, surgem palavras cujo sentido se afasta do conceito veiculado por seus elementos formadores. Normalmente, os adjetivos compostos são formados a partir da junção das seguintes bases: adjetivo mais adjetivo (administrativo-organizacional), adjetivo mais substantivo (amarelo-palha) ou advérbio mais adjetivo (bem-amado).

A derivação é o processo em que afixos são agregados a uma base lexical já existente. Os adjetivos podem ser criados pelos seguintes processos de derivação: prefixal, sufixal e parassintética. Na sufixação, agrega-se à base um sufixo, na prefixação, um prefixo e, na parassíntese, simultaneamente um prefixo e um sufixo.

No caso de um adjetivo formado por derivação prefixal, pode-se dizer que só deriva de um próprio adjetivo, visto que, por meio desse processo, a palavra sofre alteração em sua estrutura e em seu significado; entretanto, sua classe gramatical continua a mesma.

in + feliz
↓ ↓
prefixo + adjetivo
= adjetivo

Já o adjetivo resultante de derivação sufixal deriva de um substantivo ou de um verbo.

cultur(a) + al
↓ ↓
substantivo + sufixo formador de adjetivo
= adjetivo

emociona(r) + nte
↓ ↓
verbo + sufixo formador de adjetivo
= adjetivo

Quanto à questão da motivação do falante em criar um adjetivo a partir de um substantivo ou de um verbo, Basílio (2006, p. 54, 56) explica que:

> Formamos adjetivos a partir de substantivos para que o material semântico contido nos substantivos possa ser usado como instrumento de atribuição de propriedades. [...]
>
> Tanto o verbo quanto o adjetivo são predicadores, mas o verbo denota eventos e relações representados no tempo enquanto o adjetivo denota

qualidades e propriedades tidas como estáveis. Formamos adjetivos a partir de verbos sobretudo para usar a noção verbal de evento ou seu efeito para a atribuição de propriedades a substantivos.

Na derivação parassintética, os adjetivos são formados a partir de substantivos.

des	+	alm(a)	+	ado
↓		↓		↓
prefixo	+	substantivo	+	sufixo formador de adjetivo

= adjetivo

Nesse último caso, só a agregação do sufixo ou só a agregação do prefixo não dariam à palavra um sentido. Fez-se necessário, então, o uso dos dois simultaneamente.

Esses são os processos mais comuns de criação de adjetivos.

Vale enfatizar que os neologismos em textos literários são importante objeto de estudo, pois, normalmente, dão ao texto um sabor de novidade e expressividade. As criações geram surpresa, bem como podem produzir efeitos humorísticos. Se dissermos, em vez de "a casa dele é *luxuosa*", "a casa dele é *luxuda*", produziremos um efeito de humor, na medida em que o leitor entenderá que a casa não é cheia de luxo, mas que finge o ser, de maneira grosseira. O sufixo "-udo", apesar de dar a ideia de "cheio de", também provoca a ideia de exagero e de desagrado. Essa criação atendeu à necessidade de expressão do enunciador, dando ao texto expressividade. É importante notar que a expressividade foi atingida também pelo uso do sufixo. Sendo assim, percebe-se que os elementos mórficos também contribuem para a expressividade de um texto.

É preciso contextualizar o emprego do neologismo para se entender a sua expressividade, pois, como assevera Martins (2000, pp. 110-1), a expressividade da palavra só é sentida dentro de uma frase ou de um discurso.

A criação lexical em *Memórias sentimentais de João Miramar*

Essa obra oswaldiana está inserida no contexto do modernismo, que foi um movimento artístico que tinha como meta combater os modelos de arte vigentes no fim do século XIX. Tal movimento teve seu marco inicial no Brasil em fevereiro de 1922, na Semana de Arte Moderna, e representou um brado contra o formalismo estético.

No que diz respeito à literatura, é possível dizer que, desse movimento, emergiram obras cuja linguagem é livre da métrica poética e da rigidez gramatical, que eram valorizadas pelo parnasianismo – movimento anterior ao modernismo. Esse novo uso da linguagem vai ao encontro do anseio de liberdade expresso pelos escritores modernistas. "A língua sem arcaísmos, sem erudição. Natural e neológica. A contribuição milionária de todos os erros. Como falamos. Como somos." (Andrade, 2006 [1924]).

Dentre obras que surgem seguindo essas novas tendências propostas, uma das que mais se destaca é o romance *Memórias sentimentais de João Miramar* (1924). O destaque adquirido por essa obra se deve ao fato de que o autor brinca com as possibilidades de uso da língua. Oswald de Andrade subverte a ordem comum e esperada das palavras, inventa neologismos e cria capítulos minúsculos, buscando uma linguagem atomizada, isto é, sucinta.

Através do uso que faz da língua, o autor tenta engendrar, nesse romance, o funcionamento da memória do narrador-personagem – Miramar –, bem como surpreender o leitor. A marca de estilo mais evidente da obra é a brevidade: o romance possui 163 capítulos em apenas 62 páginas. Os capítulos e as frases também são curtos e a linguagem, sucinta. Tais usos na obra representam a rapidez como as cenas são revividas na memória. Os neologismos formados por sufixação também contribuem para a brevidade, visto que, por possuírem a ideia de um sintagma reduzido a uma só palavra, fazem o autor utilizar uma palavra em vez de várias.

Além disso, não se pode ignorar que as criações lexicais no romance traduzem o espírito criador e criativo de Oswald de Andrade.

Como exemplos de derivação sufixal, existem inúmeros adjetivos no romance, dentre os quais serão escolhidos alguns para serem analisados mais adiante, e alguns verbos, tais como: *transatlanticar*, *japonizar*, *turcar*, *eruditar* etc.

Na obra, o autor utilizou-se de mais de um processo de criação lexical. Todos os processos de formação de palavras utilizados no romance estudado contribuíram para sua expressividade. Entretanto, nem todas as criações têm como resultado final um adjetivo, e o que interessa a esse estudo é o efeito alcançado pela formação de adjetivos por sufixação. Tal escolha foi feita em virtude de se ter observado que o autor recorreu mais à derivação sufixal para formar palavras. Além disso, o uso de adjetivos formados é muito mais recorrente que a formação de quaisquer outras classes. Por essa razão, serão analisados somente os casos desse tipo, uma vez que os adjetivos formados por outros processos, no romance, são menos recorrentes.

Adjetivos miramarianos formados por derivação sufixal

Alguns autores, principalmente gramáticos, dão ao prefixo uma função sobretudo semântica e ao sufixo, uma função morfológica. Entretanto, pode-se perceber, em vários momentos, que os sufixos desempenham papel semântico também. Isso é defendido por Sandmann (1988, p. 31), que afirma claramente que os sufixos, além de terem uma função morfológica, também têm uma função semântica.

> Os sufixos não são mais vazios de significação do que os prefixos e correspondem até semanticamente a lexemas: **violeiro,** uma derivação sufixal, corresponde semanticamente ao grupo sintático **tocador de viola** [...].

Outros também tomam essa posição, porém de forma mais tímida e cautelosa. Ullmann (1964, pp. 273-4), por exemplo, diz que alguns sufixos têm juízo de valor e carga emotiva. Câmara Jr. (1977, p. 60), assim como Ullmann, afirma que os sufixos apresentam uma tonalidade emotiva, porém diz que o seu conteúdo limita-se praticamente a essa tonalidade. Martins (2000, p. 114) vai mais além, aproximando-se da ideia de Sandmann, e admite que os sufixos apresentam um leque de conotações.

É evidente que não só a maioria dos prefixos, mas também os sufixos são formas presas e dependem de uma base, porém estes não possuem apenas um caráter morfológico, eles também já são empregados, na maioria das vezes, de acordo com as ideias, as noções que carregam; sendo assim, agregam à base um significado extra, exercendo função semântica. Podemos exemplificar isso com o sufixo "-udo", que não só traz a ideia de aumentativo, mas também de exagerado, desajeitado, desagradável e, em outros contextos, de algo positivo. Usamos "-udo" em, por exemplo, *barrig**udo***, *orelh**udo*** etc. Esse sufixo, nesses exemplos, traz uma ideia negativa, bem como uma carga emotiva, subjetiva. Vale lembrar que "-udo" pode, com o passar do tempo, ter adquirido essa ideia de desagrado, de caricatura, mas também pode ser usado de forma objetiva, por exemplo, em *pont**udo***, que é aquilo que tem uma grande ponta, bem como de forma que demonstre algo positivo como, por exemplo, em *dinheir**udo***, que denomina aquele que tem muito dinheiro. Os sufixos podem ser polissêmicos, e seus significados podem ser definidos a partir do contexto. O contexto é, pois, uma ferramenta importante para se definir o significado da nova palavra e a sua expressividade. O sufixo diminutivo "-inho", por exemplo, pode, em determinados contextos, transmitir a ideia de delicadeza, agrado, dó, e, em outras situações, pode ganhar um tom pejorativo e negativo.

Além dos significados dos sufixos, é importante apontar a função da derivação sufixal.

Assim como nos outros casos de derivação, a sufixação permite que o usuário da língua reduza um sintagma a uma só palavra. Pensemos em *menininho*. Tal palavra reduz nela o seguinte sintagma: *menino pequeno*.

O falante da língua também pode criar palavras novas através da derivação sufixal a fim de, segundo Cressot (1980, p. 78), "remediar a insuficiência do material linguístico". Um escritor, por exemplo, pode recorrer a esse tipo de derivação como um recurso estilístico. Esse neologismo, dentro do universo literário, que permite ao autor uma liberdade de criação maior, pode expressar melhor sua ideia ou seu sentimento. Vale ressaltar que a palavra criada só alcançará expressividade, no texto literário, se combinada com outras palavras no nível da frase.

Chega-se, portanto, a algumas conclusões sobre o sufixo: 1) o sufixo não cumpre apenas função morfológica, mas também semântica; 2) alguns sufixos podem ser polissêmicos; 3) o contexto exerce papel importante para a depreensão do sentido do sufixo; 4) os sufixos podem ser utilizados para a criação de novas palavras, permitindo que o falante utilize uma palavra que precise mais o seu sentimento ou ideia; 5) a derivação sufixal pode servir de recurso estilístico.

É importante reforçar que a derivação sufixal foi o processo de formação de palavras mais utilizado pelo autor. Os neologismos derivados criados apresentam um valor estilístico fundamental para o romance. Os adjetivos formados por derivação sufixal serão agrupados de acordo com o sufixo e também pela classe gramatical da base.

No romance, existem adjetivos formados a partir de um substantivo e a partir de um verbo. Pela leitura, observou-se que foram utilizados os sufixos

"-ado", "-al", "-eiro", "-ento", "-ico", "-ista", "-oso" para formar adjetivos derivados de substantivos; e, para os adjetivos formados a partir de verbos, foram usados os sufixos "-dor", "-ista" e "-nte".

Segue uma amostra do uso de alguns sufixos na obra, a fim de que se possa analisar a expressividade dos neologismos.

Adjetivos formados a partir de substantivo

Sufixo "-ado"

- **puberdado** (puberda(de) + -ado)

  Era a filha **puberdada** do dono do restaurante de olhos azuis. (Andrade, 2001 [1924], p. 56)

O neologismo *puberdada* serve para o narrador qualificar a *filha do dono do restaurante*. O seu uso mostra que a menina estava vivendo a fase da puberdade, fase de transição entre a infância e a adolescência. Nesse período da puberdade, ocorre o desenvolvimento dos caracteres sexuais secundários, ficando evidentes as mudanças ocorridas no corpo, sobretudo no feminino. Provavelmente, o que chama a atenção do narrador são as formas do corpo da *filha do dono do restaurante*, já que a denomina como *puberdada*.

Além disso, o uso do sufixo "-ado", que no contexto sugere ser "provido de", dá a ideia de que a moça era mais mulher do que criança, pois era *puberdada*, isto é, cheia de puberdade.

Existe, nessa criação, uma supressão fonética da sílaba *de* de *puberdade*. Algumas vezes, essa supressão ocorre em palavras criadas, para que tenham eufonia e para que se evitem repetições consideradas desagradáveis. Caso fosse mantido o *de*, teríamos *puberdadado*, o que faria que o fonema /*d*/ fosse repetido por três vezes e que a pronúncia da palavra fosse mais difícil.

Sufixo "-al"

- **figueiredal** (Figueiredo + -al)

  No terceiro forde excursionista que me levou, a Candoca Brito amava os bigodes chaves de ouro do Sr. Júlio Dantas e numa candura **figueiredal** acreditava na gramática, guturando opiniões lastimantes que a sem modeza das moças de hoje substituísse leituras de arte e sonhos de amor pelo *fox-trot* e pelo *tennis*. (Andrade, 2001 [1924], p. 86)

Nesse trecho, o narrador mostra o interesse da personagem Candoca pelo riquíssimo sr. Júlio Dantas. Ela se mostra inocente demais para conquistá-lo. Tenta parecer uma menina pura, cândida e finge com uma *candura figueiredal*. O adjetivo *figueiredal* é formado pelo sufixo "-al", e, nesse contexto, tal sufixo traz a ideia de "próprio de", isso significa que a candura parecia ser própria de uma Figueiredo.

O uso desse sufixo pode dar a impressão de que ser uma Figueiredo era algo importante, visto que, em alguns casos, o sufixo "-al" pode sugerir a ideia de importância e de poeticidade. Se o autor quisesse, poderia utilizar o sufixo "-eiro", que também daria a ideia de "próprio de". Observe-se, entretanto, que a agregação de "-eiro" à base não provocaria a ideia de importância que o sufixo "-al" provoca.

O adjetivo deriva de Figueiredo. Talvez o autor tenha se referido a essa família devido ao fato de Jackson de Figueiredo ter sido uma pessoa muito conhecida por disseminar valores morais, católicos e conservadores. Ele, em 1921, fundou o Centro D. Vital no Rio de Janeiro, a fim de propagar doutrinas católicas. Por essa razão, o autor deve ter criado esse adjetivo. Desse modo, poderia mostrar que uma moça *figueiredal* era pura e presa aos costumes religiosos.

Entretanto, vale notar que Candoca não era uma Figueiredo. Sendo assim, seus valores morais são diminuídos perante o leitor. Ela apenas tenta parecer uma moça *figueiredal*.

A questão do fingimento da *candura* também é reforçada pelo próprio nome da personagem – Candoca. Esse nome possui o elemento de composição "cand-", que significa puro, branco, imaculado; e o sufixo "-oca", que, em alguns contextos, é usado pejorativamente e com a função de aumentativo. Infere-se, portanto, que o nome da personagem é utilizado com ironia para provocar humor. Entende-se que ela finge tanto que parece ser muito pura, isto é, uma moça *figueiredal*.

Sufixo "-eiro"

- **marideiro** (marido + -eiro)

  Por cuidado cabogramado do grande divorciador, o matrimonial contrato de Nice fora de precavidos efeitos, impondo a Chelinini não mais que três contos mensais de aluguel **marideiro** com cem de joia e joias. (Andrade, 2001 [1924], p. 100)

Através da leitura desse trecho, nota-se que a personagem Chelinini tinha direito a *três contos de aluguel marideiro*. O neologismo *marideiro*, portanto, dá a ideia de que os *aluguéis* eram próprios de marido. Tal ideia é sugerida pelo sufixo.

O narrador faz com que essa criação lexical seja empregada com um tanto de ironia, pois detestava essa personagem e sabia que tinha casado por interesse. Sendo assim, podemos interpretar que o narrador quis dizer que o *aluguel* era típico de marido que vivia às custas da mulher.

Esse neologismo formado por "-eiro" é expressivo para o contexto, a sua expressividade está relacionada ao efeito irônico provocado pela criação.

Sufixo "-ento"

O sufixo "-ento", no romance, suscita a ideia de "provido de", "cheio de".

- **bolsento** (bolsa + -ento)

  [...] Milionários risonhos e modestos atravessavam sob carícias de olhares as ruas **bolsentas** emitindo cheques visados contra inquebráveis bancos. (Andrade, 2001 [1924], p. 82)

Nessa passagem, fala-se sobre a elite econômica de São Paulo. No fragmento citado, percebemos que os milionários atravessavam as *ruas* do centro da cidade – onde fica a bolsa de valores – para resolverem negócios em bancos. Encontramos aí palavras que suscitam a ideia de negócios: *milionários, cheques visados* e *bancos*. O neologismo *bolsentas* corrobora para a construção desse quadro, pois também mostra que a bolsa ficava perto dessas *ruas* e que lá ocorriam negociações, transações de dinheiro. Além disso, o sufixo "-ento" foi bem escolhido, pois intensifica uma ideia. No contexto, pensamos realmente em vários negócios, empreendimentos etc. As palavras escolhidas mencionadas reforçam a ideia de riqueza dos milionários e convencem-nos de que chamavam a atenção dos interesseiros.

É dito também, no trecho, que os milionários *atravessavam sob carícias de olhares as ruas bolsentas*. Através dele, percebemos que os olhares eram destinados aos milionários devido ao fato de serem ricos. Essa ideia de interesse é reforçada pelo duplo sentido do adjetivo *visados* que acompanha *cheques*, pois podemos pensar que as pessoas cobiçavam os cheques emitidos.

As formações com "-ento", muitas vezes, trazem a ideia de desagrado, haja vista: *nojento*, *birrento*, *muxibento*. Nesse contexto, a palavra *bolsenta* provoca também um tom de desagrado, talvez porque se tem a ideia de que o dinheiro também atrai coisas ruins, como a inveja, o interesse.

Sufixo "-ico"

O sufixo "-ico", neste exemplo, aparece como indicador de *relação*.

- **calomelânico** (calomelano + -ico)

  Uma recaída do resfriado de Celiazinha pusera outra vez em evidência a sabença **calomelânica** do Dr. Pepe Esborracha. (Andrade, 2001 [1924], p. 86)

O médico a que se refere o narrador era apaixonado por sua esposa. Como marido, sempre que fala do doutor, utiliza um tom satírico.

No trecho, o narrador diz que bastou sua filha ter uma recaída do seu resfriado que o médico já foi visitar mãe e filha. Diz também que se destacou, nessa situação, a sua *sabença calomelânica*. O substantivo *sabença* é utilizado em contextos informais e mostra a soma de vários conhecimentos. Por não ser uma palavra erudita, supõe-se que há um tom de ironia, que se reforça com o neologismo *calomelânica*, que tem o sentido de referente a *calomelano*. Essa substância é utilizada como purgativo ou como antissifilítico, portanto percebe-se que essa *sabença* toda não deveria ser tão apreciada. Caso o narrador quisesse valorizar os conhecimentos do médico, utilizaria, possivelmente, a palavra *sabedoria*, que é mais erudita e que tem uma conotação mais positiva, e não empregaria o neologismo *calomelânica*. Entretanto, essa criação lexical, por significar algo referente a *calomelano*, faz com que a ironia seja mantida no capítulo.

Sufixo "-ista"

O sufixo "-ista", no exemplo a seguir, tanto indica a ideia de partidarismo quanto de relação.

- **segurista** (seguro + -ista)

  Trancoso Carvalho ficaram de repente positivas bestas faltadoras de confiança em velhos clientes, mas a Companhia Industrial e **Segurista** de Imóveis Móveis aceitara o negócio depois do vesgo exame do grande advogado Bica-Bam-Buda. (Andrade, 2001 [1924], p. 87)

O uso do neologismo *segurista* mostra que a empresa era *segurista* por ser de seguros, isto é, por ter relação com seguros. Mas, além disso, esse emprego retoma um pouco a ideia de partidarismo, na medida em que a empresa Trancoso se precavia, sendo, então, uma empresa que prezava algo seguro, ou melhor, a segurança de um negócio.

Essa ideia de precaução também é expressa quando o narrador diz que os donos da *companhia* não acreditavam muito no negócio proposto pelos seus clientes e que haviam pedido um exame acurado de um advogado.

Através da análise, percebe-se, então, que, esse sufixo, no exemplo, transmite a ideia de partidarismo, bem como de relação.

- **Adjetivos formados a partir de verbo**

Sufixo "-dor"

- **transmutador** (transmutar + -dor)

  CÚMPLICE DE ASCENSÃO

  [...] Batido à maquina, assinamos depois de lido pela profecia de Banguirre y Menudo, o contrato **transmutador** da Empresa Cubatense na Piaçaguera Lightning and Famous Company Pictures of São Paulo and Around. (Andrade, 2001 [1924], p. 80)

O narrador acredita que seu empreendimento cinematográfico seria um grande negócio e que ele se tornaria rico. Há palavras no trecho que dão essa ideia de um negócio promissor: *ascensão* e *transmutador*. Além disso, o nome da empresa (Empresa Cubatense na Piaçaguera Lightning and Famous Company Pictures of São Paulo and Around) é extenso, o que dá a ideia de que se tratava de algo importante.

O neologismo *transmutador*, que deriva do verbo *transmutar*, está relacionado com *transmutação*, que é, em alquimia, a transformação de um metal sem valor em um metal precioso. No contexto, ele serve para mostrar que o *contrato* fará da sua ideia uma fortuna e que o tornará um homem rico. A criação é bastante expressiva, pois mostra a confiança que Miramar depositava nesse negócio, bem como a transformação e ascensão que ocorreriam em sua vida. Verifica-se também que o sufixo "-dor" formador de *transmutador* indica um agente, na medida em que o contrato irá *transmutar* a ideia ou Miramar.

Sufixo "-nte"

- **arrivante** (arrivar + -nte)
  CORRETORÓPOLIS
  [...] Novéis **arrivantes** metralhavam maratonas máquinas de escrever em pequenas salas promissoras de vastos armazéns. [...] (Andrade, 2001 [1924], p. 82)

O adjetivo que acompanha o substantivo *novéis* é o neologismo *arrivante*. Esse neologismo deriva de um verbo também criado para o romance: *arrivar*. O sufixo "-nte" tem o sentido de ação. No trecho, os *novéis* tinham a qualidade de um *arrivista*, isto é, pessoa que decide triunfar de qualquer forma. Essa criação lexical está em consonância com o restante do trecho, pois o autor ainda utiliza o verbo *metralhar* e o substantivo *maratona* para dizer que os rapazes *arrivantes* escreviam à máquina. Essas duas palavras trazem à mente do leitor ideias negativas. O verbo *metralhar* está relacionado ao som produzido pelas máquinas de datilografar. Tal som passa a ideia de que estão metralhando alguém ou alguma coisa. O uso dessa palavra não tem uma conotação positiva, pois lembra conflito, luta, guerra. No contexto, podemos até pensar em guerra para triunfar. Com o uso de *maratonas*, percebemos que o objetivo de triunfar desses rapazes desperta o espírito competidor que têm. Sendo assim, vemos que o neologismo *arrivante* se enquadra bem nesse contexto de mundo dos negócios (*Corretorópolis*).

Considerações finais

A análise exposta explora os aspectos morfológicos das palavras criadas, bem como a expressividade obtida pelas formações. Nela, tenta-se mostrar que o usuário pode valer-se das possibilidades de criação que a língua lhe oferece para criar novas palavras.

Por meio das análises feitas, verificou-se que os neologismos criados por sufixação conseguem causar estranhamento no leitor e dar um ar de novidade para os enunciados. Além disso, foi possível perceber que, por possuírem a ideia de um sintagma reduzido a um vocábulo, essas criações lexicais mantêm o caráter conciso da obra. Tal redução também foi possível pelo sentido que cada sufixo deu à base a que foi agregado.

Foi possível observar também que uma ideia pôde ser expressa por mais de um sufixo. Os sufixos "-ado" e "-ento" deram a ideia de "provido de", os sufixos "-al" e "-eiro" transmitiram o sentido de "próprio de"; para a ideia de relação, foram utilizados os sufixos "-ico" e "-ista" e, com o sentido de agente, foram utilizados "-nte" e "-dor".

O autor poderia ter optado por um só sufixo para expressar uma ideia, mas isso talvez não permitisse que a sua criatividade e ousadia transparecessem. Além disso, deixariam de ser exploradas as diferentes conotações dos sufixos. Observa-se que o autor brinca com as possibilidades que a língua lhe oferece e surpreende o leitor com suas criações. As criações feitas refletem o espírito ousado dos modernistas. Além disso, é possível acreditar que essas experiências foram realizadas na busca de uma palavra que expressasse melhor um pensamento ou um sentimento.

Bibliografia

ANDRADE, Oswald de. *Memórias sentimentais de João Miramar*. 14. ed. São Paulo: Globo, 2001 [1924].

____________. *Manifesto da poesia pau-brasil*. Disponível em: <http://www.lumiarte.com/luardeoutono/oswald/manifpaubr.html>. Acesso em: 23 de novembro de 2006.

BASÍLIO, Margarida. *Formação e classes de palavras no português do Brasil*. 2. ed. São Paulo: Contexto, 2006.

CÂMARA JR., J. Mattoso. *Contribuição à estilística portuguesa*. 3. ed. Rio de Janeiro: Ao Livro Técnico, 1977.

CUNHA, Celso Ferreira da; CINTRA, Luis F. Lindley. *Nova gramática do português contemporâneo*. 3. ed. Rio de Janeiro: Nova Fronteira, 2001.

CRESSOT, Marcel. *O estilo e as suas técnicas*. Lisboa: Edições 70, 1980.

LAPA, Manuel Rodrigues. *Estilística da língua portuguesa*. São Paulo: Martins Fontes, 1998.

MARTINS, Nilce Sant'anna. *Introdução à estilística:* a expressividade na língua portuguesa. 3. ed. São Paulo: T. A. Queiroz, 2000.

SANDMANN, Antônio José. *Formação de palavras no português brasileiro contemporâneo*. Curitiba: Scientia et Labor/Ícone, 1988.

ULLMANN, Stephen. *Semântica:* uma introdução à ciência do significado. 3. ed. Lisboa: Fundação Calouste Gulbenkian, 1964.

Sugestões de exercícios

A seguir, há três propostas de exercício sobre a criação de adjetivos por sufixação em Memórias sentimentais de João Miramar.

1) Leia o fragmento a seguir e identifique os adjetivos formados por sufixação. Em seguida, verifique qual o sentido que adquirem no contexto, bem como a expressividade que dão a ele.

122. VANITY-FAIR

D. Tira-Vira de sabida suspeita esganiçava segredos ingleses para o filho usura calvo antigo organizador de cotillons com declarações néscias de amor e passadas aventuras criadais na Alemanha Kaiseriana. Paletozão besta e paternal achava-os feras e flambavam farras trianeiras.

Mas D. Pequitibota bancava milionários trens de vida ante a crise começada para fazendeiros comprometidos, enxovalando filhas com dúzias de dessous avistadores de alianças fortunais.

Nhôs levantavam palácios confeiteiros questionando que quadros fossem assinados por figurões do Larousse ou pelo Barbabassi.

Escritórios gigolôs de mexericos preguiças e noturnos pokers de pensões.

Enquanto nos casarões ramazevedos das avenidas, despeitadas solitárias metiam a ronca nas de morfino viver que parisiavam aventuras com velhos meninos domésticos e outros. [...]

2) Identifique a ideia sugerida pelo uso do sufixo "-oso" em solicitosos e observe se, para o contexto, possui uma conotação positiva ou negativa.

128. CHIFRES

Foi quando o instantâneo lembrete do destino chamou-me telefônico para Bambus fazendeiro. A chifrada do boi preto na perna de minha mulher estava entregue aos cuidados solicitosos e solicitados do invencível Dr. Pepe Esborracha ocorrido numa corrida de Pindobaville.

Quarto escuro no quarto dia e ele na sombra.

3) Observe se o sufixo "-al" sugere a mesma ideia nos dois casos a seguir.

120. ÚLTIMO FILM

Quando súbito queimou o fuzil em que gingava a Piaçaguera Lightning & Famous Around.O sírio pegara como um rato gordo o bandoriental luzido Banguirre y Menudo em estripulia sentimental com a trunfa itálica. A liquidação propôs-se com o réu acobertado do estrilo mascate pelas bengalais garantias dum secreta urgente.

Perdêramos na financial aventura eu e o Britinho inexplicáveis 25 contos de réisreais.

Sugestões de leitura

– Para saber mais sobre formação de palavras, ler:

ALVES, Ieda Maria. *Neologismo*. São Paulo: Ática, 2002.
BARBOSA, Maria Aparecida. *Léxico, produção e criatividade*: processos dos neologismos. São Paulo: Global, 1981.
GUILBERT, L. *La créativité lexicale*. Paris: Larousse, 1975.
KEHDI, Valter. *Formação de palavras em português*. 2. ed. São Paulo: Ática, 1997.
SANDMANN, Antônio José. *Morfologia lexical*. São Paulo: Contexto, 1992.

– Para saber mais sobre Estilística, ler:

BALLY, Charles. *Traité de stylistique française*. 3. ed. Paris-Genebra: Klincksieck- Georg, 1951.
ENKVIST, Nils Erik et al. *Linguística e estilo*. Trad. de José Paulo Paes e de Jamir Martins. São Paulo: Cultrix, 1964.
RIFFATERRE, Michael. *Estilítica estrutural*. Trad. de Anne Arnichand e Álvaro Lorencini. São Paulo: Cultrix, 1971.
SPTIZER, Leo. *Linguística e história literária*. 2. ed. Madrid: Gredos, 1982.

As entrevistas, os diálogos e as elocuções formais: aspectos de sintaxe do português culto falado no Brasil

José da Silva Simões

"Lutar com palavras é a luta mais vã.
Entanto lutamos / mal rompe a manhã.
São muitas, eu pouco.
Algumas, tão fortes / como o javali.
Não me julgo louco.
Se o fosse, teria / poder de encantá-las."
Carlos Drummond de Andrade

A análise quantitativa e qualitativa da posição de adjetivos

Tradicionalmente, o estudo da gramática das línguas concentra-se nas subdisciplinas da Fonologia, da Morfologia e da Sintaxe. Enquanto a Fonologia lida com os sons de uma determinada língua e a Morfologia com as regras de formação de palavras, a **Sintaxe** é considerada a parte da gramática que estuda as relações que se estabelecem entre as palavras ou os conjuntos de palavras de uma frase ou sentença. Nela, estudam-se três domínios: (i) as regras de constituição de *sintagmas* (conjuntos de palavras), (ii) as relações entre os sintagmas na constituição das sentenças (*sujeito*, *objeto direto*, *objeto indireto* etc.) e (iii) as relações que se estabelecem entre sentenças (*coordenação* e *subordinação*).

Os trabalhos de **Sintaxe** baseiam-se muitas vezes na coleta de dados de textos falados e escritos, que podem ser analisados qualitativamente e também quantitativamente. Na prática, selecionam-se as ocorrências de um determinado fenômeno sintático dos domínios (i), (ii) ou (iii); e, a partir de critérios estabelecidos pelo pesquisador, quantificam-se os mesmos dados, levando-se em conta a sua variação de uso. A fim de obter resultados mais seguros, pode agregar-se à investigação a análise de fatores ligados às subdisciplinas da Semântica e do Discurso.

Possibilidades de tratamento estatístico de dados linguísticos

Neste capítulo, que se concentra no domínio do sintagma nominal, mostramos como se faz uma análise quantitativa e qualitativa das estratégias sintáticas de anteposição e posposição dos adjetivos predicativos no português culto falado no Brasil. Na seção "Fundamentos teóricos", apresentam-se os fundamentos teóricos que servem de pano de fundo para a análise empreendida, alertando para o fato de que se trata de uma perspectiva ligada ao modelo teórico da Gramática Funcional. Em seguida, descrevem-se os métodos de análise (seção "Métodos") e o material utilizado (seção "Apresentação e contextualização do *corpus*"). Na seção "Análise dos dados do *corpus*", faz-se a análise quantitativa e qualitativa dos dados coletados. Na seção "Considerações finais", tecemos as considerações finais e retomamos o percurso de análise empreendido a fim de esclarecer como se organiza um trabalho sobre um fenômeno sintático.

Fundamentos teóricos

Um trabalho científico precisa ter um suporte em teorias já consagradas como forma de validar os modelos já testados por outros pesquisadores ou até mesmo para poder apresentar inovações em relação a um modelo apresentado anteriormente. Na primeira parte desta seção, apresentamos o modelo teórico adotado para a análise dos adjetivos predicativos do português e, em seguida, definimos o fenômeno sintático em análise, ou seja, apresentamos o conceito de adjetivo e discutimos como alguns autores o classificam segundo critérios tanto sintáticos como semânticos.

Os pressupostos da Gramática Funcional

Existem várias vertentes de análise gramatical que servem de apoio para o estudo de fenômenos sintáticos nas línguas. Entre as vertentes mais significativas, destacam-se dois modelos teóricos que se desenvolveram ao longo do século XX: o modelo da Gramática Gerativa e o modelo da Gramática Funcional.

A Gramática Funcional parte do princípio de que a língua é um fato social, compartilhado entre os interlocutores e que é constantemente negociada entre eles, seja de forma oral ou escrita. A interação pode ser imediata, como é o caso de uma conversação entre duas ou mais pessoas, mas também pode ser mediada pelo texto escrito, como é o caso de uma troca de cartas, ou até mesmo de um texto literário em que sempre se pode depreender um diálogo entre o autor e seus leitores. Esse modelo de análise gramatical procura evidenciar o processo de criação dos enunciados segundo condições específicas. Para tal, levam-se em conta a intenção do falante ao produzir os seus enunciados, o seu papel social (faixa etária, origem geográfica), o registro de fala utilizado, a relação entre os interlocutores (grau de proximidade ou distância) e também a tipologia do texto que é utilizado como canal de comunicação. Para a análise da língua falada, é possível falar-se também de uma "sintaxe colaborativa" que nem sempre obedece às regras prescritivas das gramáticas tradicionais.

Utilizamos para este capítulo os pressupostos da Gramática Funcional, uma vez que levamos em consideração as condições de produção dos enunciados aqui analisados.

O conceito de adjetivo e suas propriedades

Nas gramáticas, o adjetivo é considerado a classe da palavra que serve para modificar o significado de um substantivo, atribuindo-lhe uma *qualidade*, uma *extensão* ou uma *quantidade*. Os adjetivos podem ser classificados a) segundo sua *distribuição sintática* e b) segundo suas *propriedades semânticas*, ou seja, segundo os significados que atribuem aos nomes.

a) Em termos de *distribuição sintática*, ou seja, de ordenação na frase, os adjetivos podem ser atributivos ou predicativos:

adjetivo predicativo:	*O Brasil é **lindo**.*
adjetivo atributivo:	*Essa **linda** praia fica no nordeste do Brasil.*

No primeiro exemplo, o adjetivo *lindo* aparece como termo isolado da sentença e confere uma qualidade ao substantivo *Brasil*. Já no termo "essa *linda* praia", o adjetivo *linda* aparece imediatamente ligado ao substantivo *praia* e é parte integrante desse sintagma nominal, cujo núcleo é o substantivo *praia*.

b) De acordo com suas *propriedades semânticas*, os adjetivos podem ser classificados segundo vários critérios. Segundo Evanildo Bechara (2003), o adjetivo é a classe de lexema que delimita as possibilidades designativas do substantivo, ou seja, ele é capaz de ampliar ou reduzir as propriedades de significado de um substantivo. Esse autor reconhece três distinções básicas para essa capacidade de delimitação empreendida pelos adjetivos: a *explicação*, a *especialização* e a *especificação*. Vejamos alguns exemplos recolhidos nessa gramática:

   i) adjetivos explicadores: *o* ***vasto*** *oceano, as* ***líquidas*** *lágrimas*

   ii) adjetivos especializadores: *a vida* ***inteira****, o sol* ***matutino****, o céu* ***austral***

   iii) adjetivos especificadores: *castelo* ***medieval****, menino* ***louro****, aves* ***aquáticas***

Essa classificação, no entanto, não é suficiente para explicar a grande possibilidade de sentidos que os adjetivos podem conferir aos substantivos.

Do ponto de vista semântico, ainda é preciso entender a diferença entre (a) adjetivos predicativos e (b) não predicativos. Consideremos os seguintes conjuntos sugeridos por Casteleiro (1981):

(a) as crianças alegres
as casas bonitas
as paisagens calmas
as manhãs frias
as cidades sombrias

(b) as flores campestres
os parques citadinos
os problemas governamentais
as câmaras municipais
as casas rurais
os engenheiros civis
as ciências naturais

Além dos testes propostos por esse autor para identificar (a) como predicativos e (b) como não predicativos, destaca-se o fato de que os não predicativos não podem ocorrer em anteposição ao substantivo, a não ser por alguma motivação estilística, que naturalmente os transformaria de imediato em predicativos (p. ex., *as naturais ciências, as campestres flores, as rurais casas*).

Para uma melhor distinção entre os adjetivos predicativos e não predicativos, podemos aplicar o seguinte raciocínio: enquanto o núcleo significativo de um substantivo é afetado pelo acréscimo de adjetivos predicativos, tais como *grande, imenso, pequeno* – sendo assim qualificado, intensificado ou modalizado –, por outro lado, na ocorrência de um adjetivo não predicativo do tipo verificador, como *municipal, rural, civil*, o núcleo significativo do substantivo permanece intacto, pois a ele foi agregada apenas uma propriedade de afirmação ou negação, de inclusão ou exclusão, ou mesmo de focalização sobre o conteúdo do mesmo.

Como este capítulo se concentra na variação de adjetivos em anteposição e posposição nominal, ficam excluídos da análise os adjetivos não predicativos, uma vez que sua posição não pode variar. Na seção seguinte, apresentamos a classificação semântica dos adjetivos predicativos que adotamos para a análise.

A classificação semântica dos adjetivos predicativos

Em sua *Gramática do português brasileiro*, Castilho (no prelo), prevê que, sob o ponto de vista semântico, os predicativos estariam distribuídos em três categorias principais: os *qualificadores*, os *quantificadores* e os *modalizadores*. Passemos à explicação e à exemplificação desses grupos.

Os adjetivos predicativos modalizadores

Os adjetivos modalizadores predicam o referente do substantivo de uma forma subjetiva. Eles representam uma avaliação pessoal do falante sobre o conteúdo do substantivo. Dessa forma, é possível dizer-se que os modalizadores são adjetivos voltados para o falante.

Dentre os modalizadores, é possível assumir a existência de três subgrupos: os epistêmicos, os deônticos e os pragmáticos.

Os adjetivos modalizadores epistêmicos

Os adjetivos modalizadores epistêmicos avaliam o valor de verdade do referente do substantivo. Essa avaliação pode indicar uma certeza, e daí temos os *adjetivos modalizadores asseverativos*. Quando indicam uma incerteza, denominam-se *modalizadores quase-asseverativos*.

Modalizadores epistêmicos asseverativos

Através do uso desse tipo de adjetivo, o falante avalia como verdadeiras as propriedades inerentes ao conteúdo semântico do referente:

(1) eu tenho *verdadeira veneração* por tudo, mesmo por aquilo que eventualmente de dissabor ele possa causar (D2 SP 255: 324)[1]
(2) eu notei que o homem era assim *profundo conhecedor* de quem era os ministros e de atos do governo (D2 SP 255: 688)

Modalizadores epistêmicos quase-asseverativos

Os quase-asseverativos indicam uma insegurança do falante em relação à validade do conteúdo semântico do referente:

(3) a manta por dentro protege o pelo do cavalo de uma *possível machucadura* causada pelo arreio (DID SP 018: 756)
(4) quando ao lado desta *possível promoção comercial* que [...] se pretende ou se faz do rádio um veículo como o R. salientou muito bem (D2 SP 255: 736)

Modalizadores deônticos

Os modalizadores deônticos indicam que o conteúdo da proposição deve ocorrer obrigatoriamente. Uma vez que não temos exemplos em anteposição, citamos alguns exemplos de posposição:

(5) eles não fornecem com a *presteza necessária* que se chama um extrato de conta (DID SP 250: 483)
(6) [d]a filosofia grega que foi um dos *componentes essenciais* do cristianismo, compreende? (EF SP 124: 142)
(7) mas eu considero o automóvel face às condições do transporte urbano, como sendo um dos *bens indispensáveis* à minha vida (D2 SP 255: 187)

Modalizadores pragmáticos

Os adjetivos modalizadores pragmáticos também podem ser considerados *psicológicos*, uma vez que têm a propriedade de predicar concomitantemente tanto o conteúdo do substantivo como também o próprio falante. Sua predicação é, portanto, bidirecional. Através deles, o falante emite um juízo de valor sobre o sentido do substantivo e também sobre si mesmo:

(8) por *estranha coincidência* passaram-se mais alguns anos e pegou fogo no mercado velho (DID SP 208: 281)

(9) agora o lado discutível escapa à televisão, que é aquele *lamentável lado* do Baú [da Felicidade] (D2 SP 333:1094)

(10) Belo Horizonte é uma *cidade atrativa*, uma cidade limpa (DID SP 167: 53)

Adjetivos predicativos quantificadores

Os predicativos quantificadores modificam a extensão do substantivo pela ideia de adição ou de subtração do substantivo como um indivíduo de um determinado conjunto.

Quantificadores aspectualizadores iterativos

Esse tipo de adjetivo predicativo confirma as propriedades semânticas do substantivo como um indivíduo, daí a ideia de adição a um conjunto. Neles está expressa a ideia de aspecto iterativo que se atribui aos verbos, ou seja, confirma-se o que há de *habitual, corriqueiro, normal* numa determinada atividade.

(11) [a gente] não pode aceitar essa arte que ensina a [...] *eterna briga* contra os que têm direito de mandar... (EF SP 153: 882)

(12) nos *sucessivos governos* ele continuou como assessor do Secretário (D2 SP 360: 841)

(13) talvez o afluxo enorme que havia de pessoas se devesse a circunstâncias que era um sábado... de quando já não havia mais o *trabalho normal* da cidade né? (DID SP 137: 520)

Quantificadores delimitadores

Os delimitadores restringem o conteúdo do referente a um domínio de conhecimento científico:

(14) tem uma *palavra*... vamos dizer... eh *literária* pra dizer ordenha de gado (DID SP 235)

(15) uma peça de *cunho*:: vamos supor... mais *psicológico* você não pode apresentar a:: adolescentes entende? (DID SP 235)

Os delimitadores também podem referir-se a a uma perspectiva individual do falante sobre o conteúdo do referente:

(16) você não pode ter essa *avaliação pessoal* neste caso (D2 SP 343: 1153)
(17) inclusive porque ela é um exemplo muito curioso de uma polêmica... ah estabelecida num ALto *nível intelectual* (EF SP 156:742)

Nos exemplos anteriores, vê-se que os falantes restringiram os atributos típicos do indivíduo predicado, daí dizer-se que são quantificadores.

Adjetivos predicativos qualificadores

Os adjetivos qualificadores são utilizados para confirmar, atenuar, adicionar ou até mesmo alterar os traços semânticos dos substantivos.

Qualificadores epilinguísticos

Esses adjetivos estão orientados para o ato de fala em si. O termo "epilinguístico" é utilizado "para designar as expressões através das quais o falante reflete sobre a língua na plenitude de seu uso" (Castilho, no prelo).

Os adjetivos epilinguísticos também são conhecidos como delimitadores, ou quase-modais, uma vez que delimitam, circunscrevem, limitam o ponto de vista sob o qual a proposição pode ser considerada correta. Segundo Castilho (1992, p. 222), "os delimitadores têm um força ilocucionária maior que os Asseverativos e os Quase-Asseverativos, pois implicitam uma negociação entre os interlocutores, necessária à manutenção do diálogo".

Os qualificadores epilinguísticos podem ser divididos em dois grupos: os *confirmadores* e os *aproximadores*.

Qualificadores epilinguísticos confirmadores

Esses adjetivos confirmam e até mesmo enfatizam as propriedades semânticas dos substantivos, mostrando, assim, que estes foram utilizados no seu sentido literal. O falante espera que seu interlocutor entenda o substantivo em seu sentido básico, evitando qualquer interpretação metafórica.

(18) esse mercado [...] estava num *completo caos*. Um *completo caos* provocado pela revolução do cinema falado (EF SP 153: 56)
(19) eu sou uma *má católica* (DID SP 362)
(20) bom como *boa italiana* [...] gosto de macarrão (DID SP 235: 217)

Além dos casos anteriormente apresentados, fazem parte desse grupo os adjetivos *exato, perfeito, absoluto, essencial, básico, fundamental, típico, genuíno, rigoroso,* etc.

Qualificadores epilinguísticos aproximadores

Através do uso dos adjetivos quantificadores aproximadores, são apagados alguns traços semânticos do referente, mantendo-se outros. O falante espera que seu interlocutor compreenda o conteúdo do referente de maneira conotativa. Vejamos alguns exemplos retirados de Castilho (no prelo):

(21) Depois de um *teórico período* de experiência junto à firma do pai, o Toninho foi nomeado vice-diretor da empresa.
(22) O Brasil anda cheio de *meias verdades.*
(23) Ele tem uma *idade aproximada* de 18 anos.

Entre os quantificadores aproximadores, destacamos também a presença dos predicativos *certo* e *determinado*, cuja ordem é exclusivamente a da anteposição (*um certo livro, um determinado fato*). Daí não termos exemplos, uma vez que não apresentam variação.

Qualificadores adicionadores

Segundo Castilho (no prelo), esses adjetivos qualificadores "adicionam ao N [substantivo] um traço que é retirado de suas propriedades intensionais". Entre as categorias de adição por ele arroladas, destacam-se a adição de dimensão, de grau e de traços não especificados. Vejamos esses casos em separado.

Qualificadores adicionadores dimensionadores

Os adjetivos dimensionadores predicam de forma definida a dimensão do substantivo:

(24) depois o chão era tudo de *tábua larga* (DID SP 018: 13)
(25) e realmente acho que ne/ muito pouca gente ainda mora lá assim de nível socioeconômico mais alto, né? (D2 SP 343:54)
(26) e as moças... usavam *vestidos* mais ou menos *longos*... para os bailes (D2 SP 396:68)

Outras ocorrências de adicionadores dimensionadores são: *alto, baixo, curto, longo, raso, fundo* etc.

Nesse mesmo grupo, encontramos também exemplos de adjetivos que adicionam ao referente do substantivo uma dimensão não específica, ou seja, predicam de forma indefinida a dimensão do substantivo:

(27) então o pessoal já está esperando mancada dos artistas e uma coisa de *baixa qualidade* (DID SP 161: 108)
(28) vamos fazer assim uma *pequena excursão* com a família, né? (D2 SP 255: 376)
(29) porque às vezes eu vejo assim *pontes enormes* que:: se gastam fábulas para construí-la (D2 SP 343:588)

Entre os dimensionadores, também encontramos adjetivos como *maior, baixo* e *mínimo*.

Qualificadores adicionadores graduadores

Os adjetivos graduadores combinam em sua maioria com substantivos abstratos que indicam processo, estado, relação, que são passíveis de serem graduados de forma intensificadora.

(30) os jornais cariocas registraram com *extraordinária frequência* a estupefação causada... (EF SP 153: 687)
(31) e nestas condições é assim com *grande ansiedade* que eu vejo a semana passar, principalmente uma semana de dias bonito (D2 SP 25: 363)
(32) os musicais fazem um *sucesso tremendo* (DID SP 161:503)

Não só os substantivos abstratos, como também os concretos, podem ser intensificados através dos qualificadores graduadores:

(33) [a gente] vai divisar no século dezoito nas *grandes marinhas* de Joseph [Vermeer] (EF SP 156: 641)

Outros exemplos de adjetivos graduadores são: *imenso, alto (nível intelectual), notável (liberdade de expressão), extrema (precisão do desenho), enorme (ventura), profunda (identidade de interesses), eminentes (tradições), bela (cidade = grande cidade)* e *lindo (pernil = grande pernil)*.

Qualificadores adicionadores de traços não específicos

Grande parte dos adjetivos qualificadores adicionadores predica somente o referente do substantivo, sem agregar-lhes traços de dimensão ou graduação, como é o caso dos exemplos anteriores.

(34) e aparece também uma *belíssima senhora*... (EF SP 153)

(35) e ao lado, então, dos *ricos Ademar Gonzaga e Carmen Santos*, então, viceja [?], não é? (EF SP 153: 251)

(36) na minha época havia as *famosas perspectivas* de ponto de fuga (EF SP 124: 96)

Entre os *qualificadores adicionadores de traços não específicos* encontramos ainda: *rapidíssima, rápido, curto, célebre, bom, bonito, mau, péssimo, novo, potente, clássico, raro, raríssimo, belo, velho, tolo, vil, melhor* e *exímio*.

Essa classificação proposta por Ataliba Castilho em sua *Gramática funcional do português* será adotada na análise dos dados coletados.

Métodos

Uma vez que o fenômeno a ser analisado esteja enquadrado num modelo teórico escolhido pelo pesquisador, é preciso agora criar e organizar os instrumentos de análise. É importante ter sempre em mente a questão a ser estudada. Para esta proposta de análise de um fenômeno sintático, formulou-se a seguinte questão:

> Que mecanismos influenciam a escolha do falante para a colocação pré-nominal dos adjetivos predicativos, uma vez que a ordem canônica dos adjetivos no português contemporâneo é predominantemente de posposição ao substantivo?

Tendo em vista essa questão, escolhemos como metodologia de trabalho a estratégia de empreender uma análise qualitativa tanto de a) fatores linguísticos, ou seja, os contextos sintáticos e semânticos nos quais os adjetivos predicativos aparecem, como também de b) fatores extralinguísticos, os chamados fatores sociais.

Entre os fatores linguísticos passíveis de análise, destacamos os seguintes:

a. Tipo de especificadores
b. Marcas de singular e plural na presença ou ausência de especificadores
c. A natureza do nome
d. A categoria semântica dos predicativos

Para os fatores extralinguísticos, escolhemos os seguintes dados sociais dos entrevistados:

e. Sexo
f. Faixa etária

Também adotamos uma análise quantitativa dos dados segundo os fatores linguísticos e extralinguísticos para poder responder de forma mais controlada à questão que envolve a variação anteposição *vs*. posposição nominal dos adjetivos predicativos.[2]

Apresentação e contextualização do *corpus*

Se consultarmos as principais gramáticas de língua portuguesa, veremos que seus autores sempre privilegiaram os exemplos recolhidos em textos literários. No entanto, entre os linguistas já é uma prática bastante usual reunir dados provenientes de vários tipos de textos, sejam eles falados ou escritos, de norma culta ou popular. Quanto maior a gama de tipos de textos, melhor será a análise. Determinados fenômenos sintáticos são mais salientes em determinados tipos de textos. Cabe ao pesquisador escolher a tipologia de textos mais adequada ao fenômeno investigado.

A análise feita aqui considera apenas a língua falada de norma culta. Essa decisão baseia-se na hipótese de que no contexto de produção oral é possível reconhecer melhor os mecanismos que influenciam a escolha por uma variante ou outra do fenômeno de ordenação dos adjetivos predicativos (anteposição nominal *vs*. posposição nominal).

Fazem parte do *corpus* deste trabalho as conversações transcritas no âmbito do Projeto da Norma Urbana Culta (Projeto Nurc), que envolveu especialistas de todo o Brasil, distribuídos em cinco equipes: São Paulo, Rio de Janeiro, Salvador, Recife e Porto Alegre. A gravação dessas entrevistas deu-se entre 1970 e 1977 e compreende três tipos de textos falados: as *elocuções formais* (EF), aulas ministradas por professores universitários; e também os diálogos orientados por documentadores que participavam o mínimo possível das conversações: os *diálogos entre informante e documentador* (DID) e os *diálogos entre dois falantes* (D2).

Para este capítulo foram considerados todos os 21 inquéritos recolhidos pela equipe de São Paulo:

EF SP	Elocuções formais	6 entrevistas
D2 SP	Diálogos entre dois falantes:	6 entrevistas
DID SP	Entrevistas: informante e documentador:	9 entrevistas

Para a análise dos adjetivos em anteposição e posposição, foram recolhidas no total 559 ocorrências de adjetivos predicativos em sintagmas nominais nas duas posições. Para efeitos estatísticos, tivemos que considerar apenas aqueles adjetivos que podem ocorrer tanto na anteposição como na posposição. Por esse motivo, foram deixadas de lado as ocorrências de adjetivos não predicativos em posposição que não permitem a anteposição (p. ex., *as flores campestres, as câmaras municipais, o problema social* etc.).

Análise dos dados do *corpus*

Uma das formas mais eficazes de comprovar como se organiza a variação de um fenômeno sintático é analisar a sua frequência de ocorrência. Os resultados podem ser apresentados em tabelas que incluem o número de ocorrências de cada tipo de fator e a correspondente porcentagem. Cada tabela deve ser comentada, e os percentuais mais significativos devem ser interpretados levando-se em conta a questão principal do trabalho. No nosso caso, a questão que orienta toda a análise é: que fatores condicionam a anteposição de adjetivos predicativos no português?

As subseções a seguir investigam como os adjetivos predicativos em anteposição e posposição nominal se comportam nos diferentes contextos (i) de acordo com fatores linguísticos: a) *tipo de especificadores*, b) *marcas de singular e plural na presença ou ausência de complementos e especificadores*, c) *a natureza do nome* e d) a *categoria semântica dos predicativos*; e (ii) de acordo com fatores extralinguísticos como e) *sexo* e f) *faixa etária*.

Fatores linguísticos

Tipo de especificadores

Os sintagmas nominais compreendem um núcleo substantivo que pode agregar a si um conjunto de adjetivos e também outros especificadores, como é o caso dos *artigos definidos, artigos indefinidos, pronomes demonstrativos* e *pronomes possessivos*. Em termos percentuais, temos a seguinte distribuição de tipos de especificadores:

Tabela 1. Tipo de especificadores

Especificadores	A*	P	Totais
Artigo indefinido (*um/uma*)	64	173	237
	27%	73%	
Artigo definido (*o/a*)	56	59	115
	49%	51%	
Pronome demonstrativo (*esse, este, aquele*)	10	22	32
	31%	69%	
Pronome indefinido (*algum/nenhum*)	1	2	3
	33%	67%	
Pronome possessivo (*meu, seu, nosso etc.*)	10	1	11
	91%	9%	
Total	141	257	398
	35%	65%	

* Doravante A = anteposição, P = posposição.

Dentre os *especificadores*, embora o número de dados (10/398) não permita uma afirmação muito segura, a presença dos *adjetivos possessivos* parece favorecer a anteposição (91%). Confrontemos os seguintes exemplos:

(37) Suponho que talvez pela *sua maior antiguidade* no Brasil a imprensa escrita já chegou a essa sofisticação de oferecer veículos diferentes a públicos diferentes (D2 SP 255: 963)

(38) E na tradução ele perde por causa da *sua extraordinária beleza* (EF SP 156: 445)

(39) Também já existia *suas modistas grandes* aqui como *La Saison*, por exemplo (D2 SP 396: 793)

Por outro lado, a frequência de predicativos em anteposição na presença de *artigos definidos* é bastante alta e bem balanceada (49% *vs.* 51%). Adiante comentamos melhor a frequência dos adjetivos antepostos na presença do *artigo definido* no *singular* e no *plural*. A anteposição do adjetivo na presença de *artigos indefinidos* também demonstra ser uma variante bastante significativa (64/398). Logo a seguir temos os *demonstrativos* (10/32 = 31%) e um reduzido número de ocorrência de *indefinidos nenhum/nenhuma* (1/3 = 33%).

Marcas de singular e plural na presença ou ausência de especificadores e complementos

Tabela 2. Marcas de singular e plural na presença ou ausência de especificadores e complementos

	A	P
Singular sem especificador (*grande homem/lugar especial*)	27 50%	27 50%
Plural sem especificador (*grandes marinhas/casas grandes*)	29 29%	70 71%
Singular com especificador (*um enorme sucesso/o símbolo clássico*)	116 33%	240 67%
Plural com especificador (*os grandes problemas/alguns atrasos homéricos*)	25 50%	25 50%
Total	197 35%	362 65%

As porcentagens indicam que as ocorrências de adjetivos em anteposição em *singular sem especificador* (50%) e no *plural com especificador* (50%) são as mais frequentes, mas a prudência alerta-nos para o fato de que o grande número de ocorrências dos exemplos em *singular com especificadores* (116/362) é bastante notório e significativo. A partir daí efetuamos um cruzamento de dados para saber qual o tipo de especificador que mais se sobressai no singular e no plural. Notamos que os especificadores que mais favorecem a anteposição são os *artigos definidos o/a* tanto no *singular* (42%) como no *plural* (75%).

A natureza do nome

Outro grupo de fatores que se mostrou bastante significativo foi o grupo da *natureza do nome*. Para esse grupo criamos tão-somente as notações *concreto* (40) e (41) *abstrato*. Talvez numa análise mais cuidadosa das propriedades do substantivo pudéssemos tirar conclusões mais efetivas a respeito do comportamento de adjetivos com o nome.

(40) A maioria dos **bons artistas** que nós temos hoje cursou escola de arte dramática (D2 SP 333: 148)

(41) Nós que tivemos a **enorme** realmente **ventura** de ser seus alunos [...] (EF SP 156: 260)

Tabela 3. Natureza do Nome

	A	P	
Substantivo abstrato	112	234	346
	32%	68%	
Substantivo concreto	85	128	
	40%	60%	
Total	197	362	559
	35%	65%	

O resultado parece bastante balanceado entre ambos os tipos *abstrato* e *concreto*. *Substantivos concretos com predicativos antepostos* são mais frequentes em proporção, mas os *abstratos* ocorrem em maior número no geral.

Finalmente: a categoria dos predicativos

Aplicamos o modelo de Castilho (no prelo) para a classificação dos adjetivos predicativos. A Tabela 4 traz os resultados estatísticos obtidos. É importante observar que não constam da tabela as ocorrências de modalizadores deônticos (*a presteza necessária*), porque não foram encontrados exemplos desses adjetivos em anteposição.

Tabela 4. Categoria dos adjetivos predicativos

	A	P	
Modalizador epistêmico asseverativo	16	31	47
	34%	66%	
Modalizador epistêmico quase-asseverativo	2	4	6
	33%	67%	
Modalizadores pragmáticos	1	18	19
	5%	95%	
Quantificadores aspectualizadores iterativos	6	18	24
	25%	75%	
Quantificadores adicionadores dimensionadores	20	27	47
	43%	57%	
Qualificadores epilinguísticos confirmadores	9	28	37
	24%	76%	
Qualificadores epilinguísticos aproximadores	4	18	22
	18%	82%	
Qualificadores adicionadores graduadores	54	56	110
	49%	51%	
Qualificadores de traços não específicos	85	162	247
	34%	66%	
Total	197	362	559
	35%	65%	

Os resultados da Tabela 4 mostram que temos um grande número de predicativos **qualificadores adicionadores graduadores** em anteposição (49%), como em *extraordinária frequência, grande ansiedade, espetacular papel, grande mudança*. Em seguida temos os **quantificadores adicionadores dimensionadores** (43%), como em *baixa qualidade* e *pequena excursão*. Seguem-se a estes os **qualificadores de traços não específicos** (34%), como em *belíssima senhora* e *famosas perspectivas*; os **modalizadores epistêmicos asseverativos** (34%): *verdadeira veneração, profundo conhecedor*; e os **modalizadores epistêmicos quase-asseverativos** (33%): *possível machucadura, possível promoção comercial*.

Por esses resultados, podemos concluir que a anteposição de adjetivos predicativos está, em grande parte, ligada aos conceitos de intensificação/atenuação (*qualificadores graduadores* e *modalizadores*), proporção (*quantificadores dimensionadores*), dimensão não palpável (*qualificadores de traços não específicos*), instalados num patamar de abstração do falante que, segundo um parâmetro particular e pessoal, cria um índice de proporção e de dimensão também bastante pessoal. Daí advém uma das explicações possíveis para a quebra da regra sintática de posposição, tida como a mais comum no português (65% dos casos).

Os fatores sociais: sexo e faixa etária

No cruzamento dos fatores sociais, percebemos que falantes do sexo feminino da terceira faixa etária tendem a usar anteposição com maior frequência do que falantes masculinos da mesma faixa etária. Já na segunda faixa etária, quem se sobressai são os falantes do sexo masculino.

Nas EF, os falantes da terceira faixa etária privilegiam a anteposição, principalmente falantes do sexo masculino. Nas entrevistas D2, os falantes masculinos da segunda faixa etária são os que mais usam a anteposição. Nos diálogos DID, os falantes do sexo feminino privilegiam a anteposição.

No geral, os dados estão balanceados em todos os três tipos de textos orais. Quanto ao fator idade, podemos dizer que há maior número de ocorrências de anteposição entre os falantes de terceira idade, o que vem a indicar que a anteposição adjetival já deve ter sido mais privilegiada anteriormente do que hoje. Isso não indica, no entanto, que o fenômeno esteja tornando-se linguisticamente estigmatizado.

Considerações finais

Ao final do capítulo, é importante sempre retomar os resultados obtidos ao longo da investigação. Dessa forma, em relação à tarefa a que nos propusemos no início do capítulo, podemos resumir os resultados parciais.

A análise feita anteriormente, tanto de caráter qualitativo como quantitativo, permitiu-nos observar alguns fatores que se mostraram bastante significativos para a anteposição dos adjetivos no português brasileiro: a) a presença de artigos definidos; b) a ocorrência de adjetivos em anteposição em singular sem especificador e no plural sem especificador; c) a ocorrência de substantivos abstratos; d) a categoria semântica dos adjetivos também foi decisiva na escolha pela anteposição, entre os quais, aparecem com grande frequência os adjetivos ligados a conceitos de intensificação/atenuação (*qualificadores graduadores* e *modalizadores*), proporção (*quantificadores dimensionadores*), dimensão não palpável (*qualificadores de traços não específicos*) entre os fatores sociais; e) sexo; e em f) faixa etária, observou-se que a anteposição é produzida com maior frequência por falantes do sexo feminino da terceira faixa etária, assim como se verificou que há um maior uso de anteposição por falantes mais idosos.

A análise de um fenômeno sintático representa sempre um recorte de tudo o que se pode falar sobre o assunto. O tema abordado neste capítulo não se esgota aqui e já foi estudado por vários outros pesquisadores a partir de óticas diferentes (ver quadro final). De maneira geral, é importante saber fazer as perguntas certas a respeito do fenômeno estudado para evitar desvios e imprecisões.

Bibliografia

Bechara, Evanildo. *Moderna gramática portuguesa.* ed. rev. e ampl.. Rio de Janeiro: Lucerna, 2003.

Casteleiro, J. M. *Sintaxe transformacional do adjectivo.* Lisboa: inic, 1981.

Castilho, Ataliba Teixeira de. *Os adjetivos predicativos no português falado.* São Paulo: fflch/usp, 1992, digitado.

____. (no prelo). *Gramática do português brasileiro.* São Paulo: Contexto.

Corpus

Os dados utilizados neste capítulo foram coletados nos inquéritos transcritos pela equipe paulista do Projeto Nurc editados nos seguintes volumes:

Castilho, Ataliba (org.). *A linguagem falada culta na cidade de São Paulo.* São Paulo: T. A. Queiroz/Fapesp, 1986, v. I – Elocuções formais.

Castilho, Ataliba; Pretti, Dino (orgs.). *A linguagem falada culta na cidade de São Paulo.* São Paulo: T. A. Queiroz/Fapesp, 1987, v. II – Diálogos entre dois informantes.

Preti, Dino; Urbano, Hudinilson (orgs.). *A linguagem falada culta na cidade de São Paulo.* São Paulo: T. A. Queiroz/Fapesp, 1988, v. III – Entrevistas (Diálogos entre informante e documentador).

Sugestões de leitura

Para ampliar os conhecimentos a respeito da ordem dos adjetivos predicativos no português, consulte as seguintes obras:

CALLOU, Dinah et al. A posição do adjetivo no sintagma nominal: duas perspectivas de análise. In: BRANDÃO, Sílvia Figueiredo; MOTA, Maria Antónia (orgs.). *Análise contrastiva de variedades do português*: primeiros estudos. Rio de Janeiro: In-Fólio, 2003, pp. 11-35.

MÜLLER, Ana Lúcia; NEGRÃO, Esmeralda Vailati; NUNES-PEMBERTON, Gelza. Adjetivos no português do Brasil: predicados, argumentos ou quantificadores?. In: ABAURRE, Maria Bernardete M.; RODRIGUES, Angela C. S. (orgs.). *Gramática do português falado*. Campinas: Editora da Unicamp, 2002, v. VIII – Novos estudos descritivos, pp. 317-44.

NUNES-PEMBERTON, Gelza. A anteposição dos adjetivos ao nome dentro do sintagma nominal. *Anais de Seminários do GEL*. Campinas, 1997, pp. 150-6.

RIO-TORTO, Graça. Para uma gramática do adjectivo. *Alfa,* v. 50, n. 2. São Paulo, 2006, pp. 103-29.

SALES DA SILVA, Suelen. *A ordem dos adjetivos no discurso midiático dos séculos XIX e XX.* Rio de Janeiro, 2006. Tese (Doutorado) – Faculdade de Letras/UFRJ.

SIMÕES, José da Silva (2006). A anteposição dos adjetivos predicativos no português culto falado no Brasil. *Filologia e Linguística Portuguesa,* v. 8. São Paulo: Humanitas/FFLCH-USP.

Notas

1 Os exemplos que ilustram o texto são retirados do *corpus* de análise recolhido para esta investigação. A notação dos exemplos segue a nomenclatura utilizada usualmente pelos pesquisadores do Projeto Nurc (ver seção "Apresentação e contextualização do *corpus*"). A notação (DID SP 250: 483) indica o tipo de texto de onde foi retirado o exemplo (DID = *diálogo entre informante e documentador*), a cidade (SP), o número do documento (250), e o número da linha na transcrição (483).

2 As ocorrências podem ser tratadas estatisticamente com a ajuda de softwares específicos para a análise linguística. Para este capítulo, utilizamos o programa VarbRul, desenvolvido pela equipe de David Sankoff da Universidade Otawa. Atualmente, utiliza-se com frequência o programa GOLDVARB X disponível na página <http://individual.utoronto.ca/tagliamonte/goldvarb.htm>.

A poesia: escolha lexical e expressividade

Elis de Almeida Cardoso

"Existe sempre um copo de mar
para um homem navegar."
Jorge de Lima

Analisando um texto literário

Várias são as maneiras de se analisar um texto literário. Uma delas é verificar como, por meio das escolhas lexicais, o autor pode criar determinados efeitos de sentido. A Estilística Léxica, a parte da Estilística que se preocupa com os efeitos estéticos obtidos com a escolha e a formação de palavras, será o ponto de partida para a análise, neste capítulo, de um texto literário poético.

Ao se analisar um texto literário do ponto de vista da Estilística Léxica, é necessário, em primeiro lugar, lembrar que o estilo está diretamente associado à escolha. Já dizia Marouzeau (1969), um dos discípulos de Bally, que a língua é um repertório de possibilidades e os seus usuários devem fazer escolhas de acordo com suas necessidades de expressão.

Para se verificar o estilo por meio das escolhas, a análise inicia-se por várias leituras do texto em questão. A cada leitura, mais elementos podem ser detectados e analisados. Passa-se, então, ao exame do léxico. É preciso prestar atenção na escolha das palavras, nos seus significados, na relação existente entre elas e nos efeitos que criam.

É importante notar se o universo lexical do texto é erudito (culto) ou mais próximo da coloquialidade. É bom observar se as palavras se repetem, se são acompanhadas de sinais de pontuação expressivos, tais como as reticências e as exclamações. Em se tratando dos verbos, é necessário verificar, além dos tempos e modos, se eles são de ação ou de estado. Convém examinar a expressão dos juízos de valor que estão por trás das escolhas e os processos de intensificação das palavras, observando, principalmente, a adjetivação e os empregos figurados, conotativos.

A partir de então, ao se perceber como as palavras escolhidas se inter-relacionam, é possível estabelecer entre elas uma rede de significação. Havendo mais de uma rede semântica, pode-se tentar ver como os campos léxico-semânticos se interseccionam e como, a partir dessas relações, consegue-se entender os processos de coesão textual pela análise do léxico.

O mais importante, enfim, é buscar os elementos lexicais que permitem ao texto o efeito de sentido pretendido: tristeza, alegria, nostalgia, humor etc.

Léxico e estilo

Um dos objetivos da Estilística é justamente analisar a escolha feita pelo enunciador, dentre os elementos linguísticos disponíveis, verificando-se de que maneira se consegue com ela efeitos estéticos e expressividade e, sobretudo, tentando-se chegar à intenção do enunciador por meio do estilo encontrado em seu texto.

A Estilística Léxica, por sua vez, pretende verificar a expressividade obtida com as palavras, seja por sua flexão, por sua formação, por sua classificação, pelo seu significado no contexto. Essa parte da Estilística preocupa-se com os aspectos expressivos ligados aos componentes semânticos e gramaticais das palavras.

Utilizando o material linguístico de que dispõe, o enunciador faz, então, uma escolha que varia de acordo com o gênero do texto, com o tipo de público e com a situação da enunciação.

Este capítulo mostra, por meio das escolhas lexicais feitas por um autor, qual o objetivo estético atingido. Para isso, aqui se analisa o poema "Lâmpada marinha", de Jorge de Lima, levando-se em consideração a significação e o valor das palavras nocionais (concreto e abstrato, denotação e conotação) e as redes de significação.

A escolha lexical

O direito de escolher o que usar, quando usar e como usar faz com que escritores marquem épocas. Seguiremos nessa esteira, já que nosso objetivo é verificar de que maneira uma escolha pode trazer ao texto resultados estéticos inéditos.

Guiraud, entre outros autores, associa estilo a escolha: “Estilo é o aspecto do enunciado que resulta de uma escolha dos meios de expressão, determinada pela natureza e pelas intenções do indivíduo que fala e que escreve” (apud Martins, 1997, p. 2).

A escolha pode estar ligada à flexibilidade da língua. Pode-se optar entre a objetividade e a subjetividade, entre o discurso direto e o indireto, pode-se escolher formas de tratamento diferentes. Pensando na organização de períodos, pode-se optar entre a subordinação e a coordenação, ou ainda, pensando na organização da frase, opta-se pela ordem direta ou inversa etc. Quanto à escolha lexical, podem-se usar palavras gramaticais com valor lexical, optar entre palavras de valor emotivo ou avaliativo, entre a utilização deste ou daquele sinônimo ou, ainda, entre uma palavra do universo lexical e uma simplesmente criada para aquela situação de enunciação.

A língua é uma grande aliada do enunciador por dar a ele tantas opções. É claro que se pode escolher sempre dentro daquele conjunto de possibilidades; caso contrário, corre-se o risco de se cair na falta de comunicação. É possível, também, alterar esses elementos, criando formas novas que, se compreendidas, podem ser utilizadas. Para criar, entretanto, muitas vezes é necessário desviar-se da forma padrão. Desde que haja intenção, o desvio pode ser visto como criação e, a partir daí, o texto é motivado, e o autor, valorizado.

O desvio estilístico é caracterizado pela expressividade. Em sua busca o autor experimenta um sem-número de procedimentos para muitas vezes dizer o que já foi dito e repetido por outros escritores. O que importa não é *o que dizer* e sim *como dizer*.

Com a perda do desvio, cria-se, muitas vezes, o clichê – imagens comuns, sem a menor expressão artística – rejeitado por muitos, inclusive por Lapa;

> A gente sorri-se do inexperiente autor, que procurou fazer estilo, seguindo precisamente o caminho contrário: em vez de nos dar os resultados da sua própria experiência, com linguagem sua, reproduziu apenas o que anda na boca ou nos bicos da pena de toda a gente. O efeito foi desastroso. (1959, p. 78)

Entretanto, o clichê pode ser utilizado de maneira intencional por um autor e é exatamente o seu uso próprio que faz com que ele possa vir a ter expressividade.

As palavras lexicais – também chamadas lexicográficas, nocionais, reais, plenas –, lembra Martins, “despertam em nossa mente uma representação, seja de seres, seja de ações, seja de qualidades de seres ou modos de ações” (1997, p. 77), pelo fato de terem significação extralinguística. Para Lapa, as palavras reais distinguem-se "pela sua força expressiva", suscitando "a imagem das coisas a que se referem" (1959, p. 8). Essa imagem, entretanto, pode se diferenciar de indivíduo para indivíduo, uma vez que cada um apreende na palavra o aspecto pessoal que "particularmente lhe interessa", informa Lapa.

Quando se inicia o estudo da expressividade das palavras lexicais, percebe-se que muitos autores se preocupam com o caráter afetivo das palavras e as consideram unidades estilísticas. "Os elementos emotivos que entram na constituição do sentido das palavras são de máximo interesse para a Estilística", afirma Martins (1997, p. 78). A autora diz ainda que a tonalidade afetiva de uma palavra

> pode ser inerente ao próprio significado ou pode resultar de um emprego particular, sendo perceptível no enunciado em razão do contexto, ou pela entonação (enunciado oral), ou por algum recurso gráfico, como aspas, grifo, maiúsculas/ minúsculas, tipos de impressão, e outros (enunciado escrito) (idem, ibidem).

Palavras como *amor, ódio, medo* e suas derivadas exprimem, pelo significado do morfema lexical, emoção e sentimento. Segundo Martins, "são também carregadas de afetividade as palavras que exprimem um julgamento pessoal" (1997, p. 79). Trata-se principalmente de adjetivos que atribuem qualidades (positivas/negativas, valorizadoras/depreciativas) e de substantivos abstratos. Para Ullmann, nessas palavras "o elemento emotivo é mais do que uma tonalidade: é uma parte integrante do seu significado central" (1977, p. 275). Segundo o autor, compõem esse conjunto palavras como *bom, bravo, divertido, estúpido, horrível* e os seus opostos.

Segundo Martins, "o elemento de avaliação pode não constituir o significado fundamental da palavra, mas estar anexado a ele" (1997, p. 80). A autora mostra que quando se utiliza, por exemplo, a palavra *mansão*, ideias de "grandeza", "luxo", "riqueza" e outras associam-se à ideia de "moradia". Traços de avaliação podem ser observados também em palavras como *ralé, antro, escória, quinquilharia, badulaque, cafundó, pança, calhambeque, bisbilhotar* etc.

Muitas palavras têm sua expressividade relacionada às associações que despertam e ao efeito de sentido que criam. As palavras estrangeiras, por exemplo, podem ser empregadas por uma necessidade da língua, pelo contato entre culturas, mas, quando utilizadas estilisticamente, podem, segundo Ullmann (1977, p. 276), "produzir cor local", retratando um personagem ou ambiente estrangeiro, dando ao texto, segundo Martins (1997, p. 80), "um toque de exotismo". Diz a autora também que, em alguns casos, os estrangeirismos podem ser mais motivados do que os vocábulos vernáculos. Entretanto, as tonalidades emotivas das palavras estrangeiras podem ser vistas de forma depreciativa, principalmente pela xenofobia, e podem entrar na outra língua com um sentido pejorativo.

Não se pode falar em expressividade e criação de efeito de sentido sem se levar em consideração a chamada linguagem figurada: "o mais potente artifício lexical utilizável com propósitos emotivos e expressivos" (Ullmann, 1977, p. 281).

As figuras de linguagem são muito utilizadas nos textos literários, mas podem ser encontradas também na linguagem do dia-a-dia. As metáforas dos poetas são criativas, inusitadas e pouco utilizadas. Já as metáforas populares são tão comuns que acabam por se desgastar a ponto de não mais serem percebidas como recurso de estilo.

A metáfora é, sem dúvida, responsável por exprimir uma ideia de forma mais incisiva. Essas relações associativas mostram que, a partir de observações do mundo exterior, o usuário da língua extrai imagens para representar o que é muito difícil abstrair.

Além de verificar que algumas palavras são mais ou menos expressivas que outras, é preciso perceber que determinados morfemas formadores de palavras carregam também expressividade.

Um dos objetivos da Estilística Léxica é exatamente o de verificar que os aspectos morfológicos da língua são importantes para que se possa obter expressividade. A essa parte da Estilística Léxica dá-se o nome de Estilística Morfológica. A Estilística Morfológica preocupa-se com o estudo da expressividade obtida com a formação e com a flexão de palavras.

Por isso, um conjunto de palavras formadas pelo mesmo processo e que apresentam um conjunto mórfico semelhante pode constituir um expressivo campo léxico-semântico. Isso significa dizer que, se em um texto houver presença de várias palavras formadas, por exemplo, por um prefixo negativo (in-, des-, anti-, não-, a-), é preciso verificar que ideias de negação, oposição, separação, afastamento, divisão, ausência podem estar sendo intensificadas.

Em se tratando dos processos de formação de palavras, percebe-se que, além de serem essenciais para a ampliação e renovação do léxico, sufixação, prefixação e composição, também podem atender às necessidades expressivas dos usuários da língua. Muitas vezes, uma palavra é utilizada muito mais com valor estético do que com o objetivo apenas de suprir uma lacuna existente no léxico.

O poema no contexto literário

Antes de dar prosseguimento à análise de um texto, é importante sempre contextualizá-lo no tempo e no espaço. O estilo está diretamente associado aos costumes da época, ao momento histórico, à situação sociopolítico-econômica. Além de todas as interferências do coletivo, é necessário lembrar que se pode falar também em estilo de autor. Daí ser possível mencionar o estilo de Guimarães Rosa, de Carlos Drummond de Andrade, de Jorge Amado.

O objetivo deste capítulo é analisar a escolha lexical e os efeitos de sentido obtidos no poema "Lâmpada marinha", de Jorge de Lima. Embora seja um dos representantes do modernismo brasileiro, diz-se que Jorge de Lima pertence a todas as épocas. Isso ocorre porque o autor, nascido em Alagoas em 1895, produziu textos parnasianos, neossimbolistas, regionais e religiosos. Essa multiplicidade de estilos, além da complexidade de sua obra, talvez seja alguns dos motivos pelos quais o poeta, quando comparado a seus contemporâneos Bandeira, Drummond, Cecília Meireles seja tão pouco estudado.

Médico por formação, Jorge de Lima passou mais de vinte anos, dos seus 58 de idade, no Rio de Janeiro, onde publicou a maioria de suas obras, dentre elas *A túnica inconsútil* (1938), que recebeu, em 1940, o Grande Prêmio de Poesia, concedido pela Academia Brasileira de Letras. É nessa coletânea de poemas, católicos em sua maioria, que se encontra sua "Lâmpada marinha".

O poema, que retrata a tristeza e a solidão pela morte da mulher amada, tem traços místicos e religiosos. A morte é vista como um desígnio de Deus, que, manifestando sua vontade, arrebata a pessoa da vida e a conduz a outro plano.

Lâmpada marinha

As noites ficarão imensas.
A tristeza das coisas será cada vez mais profunda.
Agora passeias nos jardins intemporais.
E aqui as noites serão imensas
e a solidão do mundo terá uma estatura infinita.
Vejo-te desaparecendo, como arrastada por linhas divergentes,
desfazendo-te misteriosamente como uma sombra, na tarde.
Bruxuleias muito longe, lâmpada marinha,
sob a última ventania que te varreu da terra.
As noites ficarão imensas, oh! Ficarão imensas!
Imóvel, jazes, entretanto, recostada e serena

e tudo ainda está em ti – a mesma boca amarga,
os mesmos olhos imprecisos, os mesmos cabelos
de teus inúmeros retratos.
E através desta inimaginável quietude serena
desdobra-se a tua meninice e ainda guardas as mãos translúcidas
da primeira comunhão, os lábios túmidos de noiva quase impúbere
e a sequência fotográfica de quando ampliaste os teus seios
e teu ventre e tua alma para conter um filho.
Ah! as noites serão imensas,
e a tristeza das coisas encherá o mundo!
Agora frequentas os tempos infinitos e ilimitados de Deus.
Mas ainda repousa teu corpo na última noite que te arrastou da vida.
São os mesmos seios, a mesma fronte, a mesma boca desmaiada,
a mesma sequência de retratos que se interrompeu enfim.
Não há um só pedaço de carne nem um membro sequer que te pertença mais:
Deus te raptou em tua totalidade.
E enquanto tudo em ti parou para nós,
tu és a dançarina que Ele arrebatou dos homens e absorveu em Si.
E as noites ficarão imensas e mais tristes...

Análise do poema

Assim que se conclui a leitura de "Lâmpada marinha", sente-se um aperto na alma. Pode-se dizer que a tristeza sentida pelo enunciador e compartilhada pelo leitor é obtida, sobretudo, por meio da escolha lexical.

A metáfora *lâmpada marinha* utilizada para compor o título do texto é, em contextos mais amplos, um clichê: a mulher é vista no poema como a luz que ilumina o caminho do poeta.

A lâmpada se apaga deixando na mais completa escuridão quem necessitava dela. Não se trata, entretanto de uma *lâmpada* qualquer, mas de uma *lâmpada marinha*, um farol que ilumina o caminho dos navegantes e os salva dos perigos do mar. A luminosidade desse farol-guia, entretanto, é produzida pela efêmera chama, que por si é frágil. Basta um sopro mais forte para que ela se apague, deixando de guiar os marinheiros que se perdem na imensidão da noite e na escuridão completa. É essa imagem concreta e ao mesmo tempo sensível e imaginativa, na classificação de Bally (1951), que faz com que o leitor transfira ao objeto concreto *lâmpada* uma noção abstrata, um sentimento. Aqui, pode-se dizer que o clichê é intencional e, por isso, expressivo, tanto no título, quanto no único vocativo do texto:

"Bruxuleias muito longe, *lâmpada marinha*" (verso 8)

Sem sua *lâmpada marinha*, seu guia, seu farol, sua chama, o enunciador repete:

"As *noites* ficarão *imensas*" (verso 1)
"E aqui as *noites* serão *imensas*" (verso 4)
"As *noites* ficarão *imensas*, oh! Ficarão *imensas*!" (verso 10)
"Ah! as *noites* serão *imensas*," (verso 20)
"E as *noites* ficarão *imensas* e mais tristes..." (verso 30)

Com a repetição o enunciador mostra que, embora seja quase impossível, só lhe resta aceitar sua sina. As *noites serão imensas* e *ficarão imensas*. Não há o que fazer. A *lâmpada marinha* bruxuleante se apagou. A situação não pode ser revertida, é permanente. Os dois verbos de estado *ser* e *ficar* mostram, no futuro, o que o enunciador espera para si. Sem ação, só lhe sobra perceber que a escuridão, associada à tristeza e à solidão, tomará conta de sua vida:

"e a *solidão* do mundo terá uma estatura infinita" (verso 5)
"e a *tristeza* das coisas encherá o mundo!" (verso 21)

A *escuridão* associada à *tristeza* é outro clichê. Entretanto, no contexto, a rede de significação formada por *noites*, *tristeza* e *solidão* – lembrando que as *noites* são imensas, a *tristeza* é profunda e a *solidão* é infinita – retrata o estado de espírito de um enunciador inconformado com a morte súbita da jovem mulher. A jovialidade, por sua vez, pode ser percebida com a seguinte seleção:

"desdobra-se a tua *meninice* e ainda guardas as *mãos translúcidas*" (verso 16)
"da primeira comunhão, os lábios túmidos de noiva quase *impúbere*" (verso 17)

A separação pela morte é dura, sem dúvida, e essa dureza é representada pelos fortes e guturais verbos de ação: ela foi *arrastada* por linhas divergentes, a ventania a *varreu* da terra, a noite a *arrastou* da vida, Deus a *raptou* e a *arrebatou*. Percebe-se claramente que toda a ação do texto fica por conta do divino.

Ela jaz *imóvel*, *quieta*, *serena*. Tudo nela *parou*. Está *recostada* e *repousa*. A inércia representada pelos adjetivos e verbos escolhidos é reforçada pela palavra *retratos*, utilizada duas vezes. O *retrato* é o exemplo da estaticidade e da falta de ação. Ele tem o poder de congelar um determinado momento temporal, preservando, pela imagem, todos os traços de uma pessoa ou objeto. A *sequência de retratos* (verso 25) e a *sequência fotográfica* (verso 18) a que se refere o autor foram interrompidas, ou seja, não haverá futuro.

Em meio à inércia em que a moça está mergulhada, percebe-se que suas ações só serão possíveis em outro plano: *passear* pelos jardins intemporais, *frequentar* os tempos infinitos e ilimitados e até mesmo dançar (*bailarina*). Sua boca é *amarga* e *desmaiada*, seus olhos, *imprecisos*. Apenas na lembrança do enunciador estão os lábios *túmidos* e os seios e o ventre ampliados durante a gravidez. A vida faz parte do passado. Sua carne e seus membros não pertencem mais nem a ela e tampouco a ele. A morte chegou, ou melhor, a *sequência de retratos se interrompeu*. Aos poucos a *lâmpada* vai *desaparecendo* como uma *sombra* que some quando falta a luz e chega a escuridão. A chama-bailarina se apagou.

A morte, na nossa cultura, é associada sempre a tristeza, dor e angústia pela separação e pelo fim. Além da escolha de palavras que representam essas sensações (*noite, solidão, tristeza*), percebe-se no texto a grande recorrência de palavras formadas por prefixos negativos *des-* e *in-*.

O prefixo *des-* indica, segundo Houaiss, oposição, negação, falta, separação, afastamento, ação contrária, privação. Já o prefixo *in-*, que, segundo Martins, "é com certeza o prefixo mais produtivo, mais popular" (1997, p. 121), indica, sobretudo, privação e negação.

Pode-se dizer, então, que dentro do contexto, exprimem exatamente as sensações do enunciador e manifestam-se nas seguintes palavras do texto:

> *des-*: *desaparecendo* e *desfazendo*;
>
> *in-*: *intemporais, infinita, imóvel, imprecisos, inimaginável, impúbere, infinitos, ilimitados.*

Os prefixos negativos recuperam a ideia da negação da vida, do apagamento da luz. O advérbio de negação *não* e a conjunção *nem,* utilizados no verso "*Não* há um só pedaço de carne *nem* um membro sequer que te pertença mais" (verso 26), unem-se em significação a essa rede semântica negativa que se forma ao longo do texto. Trata-se de uma constatação. Embora toda essa situação fosse *inimaginável*, resta ao enunciador a resignação.

Considerações finais

Nota-se que as lexias utilizadas em um contexto específico são extremamente motivadas. Nelas interagem significante e significado com o objetivo de se obter expressividade.

O tema da morte é explorado, no poema, em todas as suas significações, embora a palavra *morte* não tenha sido utilizada. Por meio da escolha lexical associada a esse universo, o enunciador faz com que o leitor perceba, então, a sequência de significação:

morte = apagamento da luz (lâmpada marinha) *desaparecendo, desfazendo, bruxuleias,* *sombra, tarde, noites imensas*

morte = falta de ação, inércia *jazes, repousa, parou, interrompeu,* *quietude,* *imóvel, recostada, serena*

morte = intenso sofrimento, grande dor, angústia e falta *noites, tristeza, solidão,* *imensas, profunda, infinita, tristes*

morte = transferência para outro plano espacial e temporal *jardins intemporais,* *tempos infinitos e ilimitados*

morte = força divina *arrastada, varreu, raptou, arrebatou, absorveu,* *linhas divergentes, ventania, Deus*

Outras escolhas lexicais deixam claro ao leitor que a morte é inaceitável quando se trata da interrupção da vida de uma pessoa jovem, que ainda tinha em seu corpo marcas da infância e da adolescência: *meninice, mãos translúcidas, primeira comunhão, lábios túmidos, noiva impúbere, mesmos* seios, *mesma* fronte, *mesma* boca.

Tomando como base a definição de estilo proposta por Guiraud (1970), pode-se afirmar que por trás de uma escolha existe sempre uma intenção e, dependendo de sua intenção, esse indivíduo que produz o texto pode criar um ou outro efeito de sentido.

A partir da conotação, chega-se à denotação. O concreto conduz ao abstrato. Os elementos gramaticais que compõem as palavras (prefixos negativos, desinências verbais de futuro), bem como as repetições lexicais, conduzem o leitor à compreensão do objetivo do enunciador, aceitando-o e mostrando uma reação: vivenciar a dor da perda.

Embora trabalhe com um clichê – a morte da amada e o sofrimento do enunciador inconformado com sua perda –, o poeta, por meio das escolhas lexicais, envolve o leitor com os campos semânticos escolhidos, fazendo-o, dessa forma, compartilhar desse sofrimento.

Bibliografia

BALLY, Charles. *Traité de stylistique française*. Paris: Klincksiekc, 1951.
CÂMARA Jr., Joaquim Mattoso. *Contribuição à estilística portuguesa*. Rio de Janeiro: Ao Livro Técnico, 1985.
CRESSOT, Marcel. *Le style et ses techniques*. Paris: PUF, 1976.
GUIRAUD, Pierre. *La stylistique*. Paris: PUF, 1970.
HOUAISS, Antônio. *Dicionário Houaiss da língua portuguesa*. Rio de Janeiro: Objetiva, 2001.
KOCH, Ingedore Villaça. *O texto e a construção dos sentidos*. São Paulo: Contexto, 2003.
LAPA, Manuel Rodrigues. *Estilística da língua portuguesa*. Rio de Janeiro: Acadêmica, 1959.
LIMA, Jorge de. *A túnica inconsútil*. Rio de Janeiro: Nova Aguilar, 1997.
MAROUZEAU, Jules. *Précis de stylistique française*. Paris: Masson, 1969.
MARTINS, Nilce Sant'anna. *Introdução à estilística*. São Paulo: T. A. Queiroz, 1997.
ULLMANN, Stephen. *Semântica*: uma introdução à ciência do significado. Trad. de J. A. Osório Mateus. Lisboa: Calouste Gulbenkian, 1977.

Sugestões de leitura

Para os que desejam iniciar seus estudos na área da Estilística, a *Introdução à estilística,* de Nilce Sant'anna Martins (1997), é de fundamental importância. Com uma linguagem clara e uma divisão extremamente didática, a autora elucida seus leitores com os mais diversos exemplos, apresenta vasta bibliografia e ainda dá a sugestão de textos para serem analisados.

Leia os outros poemas de *A túnica inconsútil* como: "O poeta no templo", "A morte da louca"," O grande desastre aéreo de ontem", "Duas meninas de tranças pretas" e "A ave".

Tente analisar do ponto de vista da Estilística Léxica o poema "Desesperança", de Manuel Bandeira, e o poema "Amar-amaro", de Carlos Drummond de Andrade.

Você pode também analisar, do ponto de vista da Estilística Léxica, letras de música. Tente ver como Chico Buarque trabalha com a escolha lexical para compor a personagem do menino em "O meu guri".

A canção de consumo: léxico e ideologia

Beatriz Daruj Gil

"[...] ao chegar à escolinha particular de Eunice Vasconcelos, cujo desaparecimento recente me feriu e me doeu, e a quem presto agora uma homenagem sentida, já estava alfabetizado. Eunice continuou e aprofundou o trabalho de meus pais. Com ela, a leitura da palavra, da frase, da sentença, jamais significou uma ruptura com a 'leitura' do mundo. Com ela, a leitura da palavra foi a leitura da 'palavramundo'.

A pesquisa do que chamava de universo popular nos dava assim as palavras do povo, grávidas de mundo. Elas nos vinham através da leitura do mundo que os grupos populares faziam. Depois, voltavam a eles, inseridas no que chamava e chamo de codificações, que são representações da realidade."

Paulo Freire

A Lexicologia e o estudo discursivo do léxico

(apontamentos sobre a Lexicologia e como fazer um trabalho na área)

A Lexicologia é uma disciplina da Linguística que estuda as palavras da língua do ponto de vista de sua origem (Etimologia), de sua formação (Morfologia), de suas relações combinatórias (Sintaxe), do significado dos sons (Fonologia) e, especialmente, do sentido (Semântica).

A Semântica Lexical atua em três diferentes níveis: é possível estudar o significado das palavras compreendendo-as como unidades de um sistema de signos (língua); como unidades fixadas socialmente e utilizadas por determinados grupos de uma comunidade linguística (norma), ou como unidades do discurso, ou seja, unidades atualizadas no uso concreto da língua (discurso).

Para saber como a escolha de uma palavra, em uma produção de texto (oral ou escrita), reflete a visão de mundo ou ideologia de quem enuncia (quem fala ou escreve) e de quem coenuncia (quem ouve ou lê) – de um ponto de vista mais amplo, como a escolha lexical revela uma estrutura social –, deve-se realizar um estudo do significado do léxico do ponto de vista do Discurso.

Depois de explicitados o *corpus*, os objetivos, os métodos e as bases teóricas, analisa-se o significado das unidades lexicais de acordo com categorias de análise do discurso propostas pela teoria escolhida. Essas unidades podem também ser organizadas em campos semânticos (seções do vocabulário do *corpus* que correspondem a um aspecto da realidade), não para obrigatoriamente sistematizar e revelar uma possível estruturação do léxico, mas para obter um quadro geral da ideologia construída naquele discurso.

Percurso

Na primeira parte deste capítulo, encontram-se fundamentos teóricos e metodológicos que servirão como referência para a análise do fenômeno léxico-semântico. São considerados aspectos conceituais do léxico e as diretrizes propostas por Van Dijk (2003b) para a análise do discurso. Em seguida, é apresentado e contextualizado o *corpus*, composto por três campos semânticos do léxico de sete canções de Zezé Di Camargo e Luciano. A análise dos lexemas é realizada na sequência com base em categorias organizadas a partir dos princípios sociocognitivos sugeridos por Van Dijk (2003b).

Relações entre léxico e ideologia

A produção e a transformação dos recortes culturais de determinada comunidade linguística são realizadas por meio do léxico da língua, módulo integrante do sistema da língua que, quando atualizado discursivamente, revela valores ideológicos e visões de mundo dos sujeitos da enunciação, explicitando qual é a percepção que os sujeitos produtores do discurso têm da realidade.

À medida que conhece seres e objetos, o homem tem a necessidade de categorizá-los e nomeá-los, construindo para isso um sistema classificatório: o léxico. Acumula, então, signos lexicais e desenvolve modelos categoriais de geração de novas palavras para ampliar seu repertório vocabular e designar novos aspectos da realidade dos quais ele se apropria. O progresso tecnológico e científico e as alterações sociais contribuem, assim, para a expansão contínua do léxico, considerado um sistema aberto que se desenvolve junto com o homem e a sociedade (Biderman, 2001, p. 13).

O conjunto de unidades lexicais de uma língua espelha, portanto, a experiência humana acumulada e, particularmente, traços das práticas culturais e sociais dos grupos. Quando essas unidades do léxico são manifestadas no uso da língua, revelam as alterações dessas práticas, deixando evidentes os incessantes movimentos humanos em seus hábitos sociais e culturais.

Pertencentes ao nível do sistema da língua, os *lexemas* são unidades virtuais do léxico porque ainda não se atualizaram discursivamente. O *vocábulo*, unidade léxica atualizada repetidamente em um vocabulário de um grupo, pertence ao nível da norma – conjunto de realizações tradicionais e de uso comum do grupo linguístico. A *lexia*, também denominada palavra-ocorrência, é a unidade lexical atualizada em um discurso particular, como resultado de uma escolha feita pelo enunciador de acordo com as necessidades da situação de enunciação, que é singular e única.

Para o estudo das estruturas sociais e culturais associadas à produção lexical, é necessário, portanto, avaliar os elementos lexicais nas manifestações discursivas (lexias), nos enunciados, e não no sistema, usando teorias linguísticas que deem conta das relações entre estruturas do discurso e estruturas sociais.

A vertente sociocognitiva da Análise Crítica do Discurso (perspectiva teórica escolhida para esta análise) parte do princípio de que essas duas estruturas estão apoiadas em formas de cognição social – conhecimentos, valores, ideologias, normas e atitudes – que organizam não só uma visão exclusiva do sujeito acerca da realidade, como também incorporam a ela elementos de uma representação social. Isso significa que as ideologias são determinadas também socialmente, sendo produzidas e reproduzidas por meio dos discursos, em que se atualizam os lexemas escolhidos pelos interlocutores que, dessa forma, expressam seu entendimento da realidade. Se o conjunto de lexemas de uma língua espelha a experiência humana acumulada, as escolhas lexicais, materializadas discursivamente, revelam o constante movimento dessa experiência e dessas práticas.

Van Dijk (2003a) propõe que uma análise do discurso sociocognitivamente orientada seja definida pelo triângulo formado por *discurso, sociedade* e *cognição*. Em relação à *cognição*, dois tipos de memórias estão associadas a ela – episódica e social. A memória episódica é formada por crenças sobre as crenças dos interlocutores que servem como pistas das suas intenções e objetivos, facilitando as escolhas discursivas do enunciador. Elas organizam-se em algumas categorias, como *relações sociais entre participantes, tempo, espaço, identidade dos participantes*, e são chamadas de modelos mentais contextuais. Também integram a memória episódica os modelos que os usuários da língua criam a respeito das situações de que falam ou escrevem, denominados modelos mentais de acontecimentos.

Ainda que definidos inicialmente de forma subjetiva, esses dois modelos são afetados por elementos da memória social: crenças ou conhecimentos compartilhados por um grupo social, conhecimentos inquestionáveis (fundamento comum), opiniões e atitudes individuais ou coletivas. As mentes não produzem os modelos desconectadas da sociedade. Para adquirir e utilizar essas representações da realidade – crenças e ideologias – são necessários discursos reais e ações sociais, o que caracteriza a ideologia como social e cognitiva. Esses aspectos sociais da ideologia podem ser analisados em um plano local, observando-se os modelos mentais contextuais (participantes, tempo, espaço), e em um plano global, verificando-se os grupos, as organizações e as instituições que, por compartilharem um mesmo comportamento, se reúnem em torno de uma ideologia que consolida sua identidade, facilita a ação conjunta, é divulgada por meio dos discursos e faz com que o grupo se fortaleça, se sinta poderoso e produza um discurso que organiza a sociedade de forma polarizada, pondo ênfase nos seus próprios aspectos positivos e nos negativos do outro (*nós vs. eles* ou *nós vs. os outros*) (Van Dijk, 2003a, pp. 56-8).

Para explicar a combinação dessas crenças sociais de um grupo com sua expressão no discurso, Van Dijk (2003a, p. 57-58) formula um quadrado ideológico que pode ser aplicado à análise de uma estrutura do discurso:

Pôr ênfase em nossos aspectos positivos
Pôr ênfase em seus aspectos negativos
Tirar ênfase de nossos aspectos negativos
Tirar ênfase de seus aspectos positivos

Como a realização de uma análise do discurso completo é inviável, o autor entende que "es preciso optar y seleccionar para un análisis más pormenorizado aquellas estructuras que sean relevantes para el estudio de una cuestión social"[1] (Van Dijk, 2003b, p. 148), como, por exemplo, as escolhas lexicais.

A estrutura social, portanto, revela-se no discurso por meio da ação cognitiva. O racismo e o sexismo, integrantes da estrutura social, por exemplo, fundem-se nas formas de vida cotidiana por meio dos discursos; só existem no discurso e nele se proliferam. Daí pode-se concluir que as estruturas discursivas constroem, mediadas pela cognição, as estruturas sociais de dominação. A escolha lexical é uma das propriedades ou estruturas do discurso mais fortemente orientadas para a estrutura social e mais relevantes para o estudo dos aspectos sociais da linguagem, pois está diretamente associada a crenças, atitudes e ideologias dos interlocutores. Isso significa que aponta diretamente para a realidade e para o entendimento de mundo dos enunciadores.

Corpus: apresentação e contextualização

Constituem o *corpus* aqui analisado três campos semânticos – *dor do homem abandonado*, *imagem da mulher* e *súplica masculina* –[2] organizados a partir do léxico de sete canções de Zezé di Camargo e Luciano intituladas "Quem sou eu sem ela", "Coração está em pedaços", "Faz mais uma vez comigo", "Pedaço de mim", "Deus", "Andorinha machucada", "Vem cuidar de mim".[3]

- "Deus" (1991), Zezé Di Camargo e José Fernandes – Produtora: Peermusic

Deus/me diga de uma vez **o que fazer/devolva-me a vontade de viver/** que ela roubou de mim/Deus/*me faça esquecer* aquele amor/*refaça meus pedaços* por favor/*não me deixe assim*/Deus/eu não sei como tudo aconteceu/ foi chuva de verão que se perdeu/mas este amor *eu quero esquecer*/Deus, por favor *me ajude* agora/*põe a paixão porta afora*/*tira essa dor do meu peito*/*me ajude a viver*/Deus, <u>esse amor é um perigo/é tempestade, é castigo</u>/Deus, por favor eu te imploro/*me ajude a esquecer*.

- "Quem sou eu sem ela (1991)", Zezé Di Camargo – Produtora: Peermusic

Começa o dia, já foi a noite/e outra vez estou **sozinho nesta cama/bem sufocado/coração magoado/morto de ciúme, louco de saudade** da mulher que amo/busco nas lembranças momentos de prazer/páginas que o tempo amarelou/**tirou a chance de viver**/quem sou eu sem ela, quem sou eu/quem chora por ela, quem sou eu/quem morre de amor por ela sou eu/quem sonha com ela, quem sou eu/quem sofre por ela, quem sou eu/quem faz amor com ela não sou eu.

- "Coração está em pedaços" (1992), Zezé Di Camargo – Produtora: Peermusic

Hoje eu vim te procurar/**a saudade era demais**/vim falar do meu amor/timidez deixei pra trás/quero te dizer que eu/**sofro muito sem você/coração tá em pedaços/com vontade de te ver**/por que saiu da minha vida?/**sozinho sem você/não tem saída**, por quê, por quê?/por que você não quer saber do meu amor?/por quê?/diga se te deixei faltar amor/se o meu beijo é sem sabor/se não fui homem pra você/diga que tudo não passou de um sonho/e o amor que te proponho/é pouco pra te convencer.

- "Andorinha machucada" (1993), Zezé Di Camargo, Xororó e Fátima Leão – Produtora: Peermusic

Outra vez/ela buscou o meu abraço/encontrou em meus braços/forças pra sobreviver/outra vez/eu fui seu ponto de equilíbrio/seu refúgio, seu abrigo/sua forma pra esquecer/ela estava tão carente de carinho/foi chegando de mansinho/e me abriu seu coração/ela estava infeliz e magoada/feito fera machucada/e esquecida na prisão/ela estava deprimida/e arrasada/andorinha machucada/procurando salvação/dei a ela minha vida/fui afeto sem saída/fui amante, fui amigo/e ela fez isso comigo/foi embora sem razão/bateu asas e voou/na saudade me deixou/e hoje **eu sou a andorinha**/que chegou aqui sozinha/procurando salvação.

- "Faz mais uma vez comigo" (1993), César Augusto – Produtora: Warner Chappell

Não paro de rolar na cama/já nem trabalho mais direito/sozinho coração reclama/dentro do meu peito/eu ando tão apaixonado/**pagando todos os pecados/não ligo mais pros meus amigos/vivo tão calado**/faz mais uma vez comigo/só mais uma vez comigo/eu quero te encontrar de novo/volta pro meu corpo/perdi o juízo/faz mais uma vez comigo/só mais uma vez comigo/eu quero te encontrar de novo/volta pro meu corpo/é disso que eu preciso/**quase que bati o carro/passando no farol vermelho**/só vi você no espelho/**tô abusando do cigarro/só fico por aí sofrendo**/preciso te encontrar depressa/**eu estou morrendo.**

- "Pedaço de mim" (1993), Zezé Di Camargo e Welington Camargo – Produtora: Peermusic

Minha **vida tão mudada/tão confusa, machucada/o meu mundo tão vazio sem você/os meus sonhos se perderam**/noite a dentro, madrugada/e **a saudade me apertando**/por você/novamente **aqui sozinho**/na metade do caminho/estou **perdido sem coragem**/pra seguir/**como o sol que perde o brilho/como um pai que perde o filho**/eu também **perdi você**/pedaço de mim/mais uma vez/**estou a te esperar/e você não vem/não vem**/e você **não vem**/e eu a **chorar, chorar, chorar, chorar**.

- "Vem cuidar de mim" (1994), Zezé Di Camargo – Produtora: Peermusic

Eu já fiz de tudo pra não te perder/briguei com o mundo, lutei por você/já **chorei trancado nesse apartamento**/e a **saudade infernizando** tudo no meu pensamento/já **virei a noite te buscando da minha janela**/já passei a noite desejando ter você aqui/eu preciso desse amor comigo, vou ficar com ela/*dá um jeito*, *rasga o meu peito, vem cuidar de mim*/nem que seja uma noite apenas, cuida de mim/*dá um beijo*, *faça alguma coisa*, cuida de mim/*vem cuidar de mim*, *vem me tirar dessa saudade*/pedaço de felicidade, meu pecado, meu prazer/vem cuidar de mim, vem ser de novo o meu sorriso/<u>a Eva do meu paraíso</u>, meu anjo azul, meu bem-querer.

Campos semânticos[4]

Dor do homem abandonado	Imagem da mulher	Súplica masculina
o que fazer, devolva-me a vontade de viver, sozinho nesta cama, bem sufocado, coração magoado, morto de ciúme, louco de saudade, tirou a chance de viver, a saudade era demais, sofro muito sem você, coração tá em pedaços, com vontade de te ver, sozinho sem você, não tem saída, eu sou a andorinha, não paro de rolar na cama, já nem trabalho mais direito, sozinho coração reclama, pagando todos os pecados, não ligo mais pros meus amigos, vivo tão calado, quase que bati o carro, passando no farol vermelho, tô abusando do cigarro, só fico por aí sofrendo, eu estou morrendo, vida tão mudada, tão confusa, machucada, o meu mundo tão vazio sem você, os meus sonhos se perderam, aqui sozinho, perdido sem coragem, como o sol que perde o brilho, como um pai que perde o filho, perdi você, estou a te esperar, você não vem, não vem, não vem, chorar, chorar, chorar, chorar, chorei trancado nesse apartamento, saudade infernizando, virei a noite te buscando da minha janela.	esse amor é um perigo, é tempestade, é castigo, por que saiu da minha vida?, por que não quer saber do meu amor?, ela fez isso comigo, foi embora sem razão, bateu asas e voou, na saudade me deixou, a Eva do meu paraíso.	me faça esquecer, refaça meus pedaços, não me deixe assim, eu quero esquecer, me ajude, põe a paixão porta afora, tira essa dor do meu peito, me ajude a viver, me ajude a esquecer, diga se te deixei faltar amor, diga que tudo não passou de um sonho, eu quero te encontrar, volta pro meu corpo, dá um jeito, rasga o meu peito, vem cuidar de mim, dá um beijo, faça alguma coisa, vem me tirar dessa saudade.

Contexto de produção da canção de consumo

As canções aqui analisadas são classificadas como canções de consumo. Definidas com base nas necessidades da sociedade de uma época, têm estilo informal, atingem grandes públicos, dominam o mercado fonográfico e são repelidas pela faixa da população que procura, na audição da melodia ou da letra, identificar traços específicos do compositor. Suas letras apresentam temas simples e divulgam uma visão romântica do amor (Tatit, 2004).

Um dos gêneros que divulga a canção de consumo é o sertanejo, consolidado nos anos 1980. Ainda que nesse período a música norte-americana tivesse força no Brasil, o produto estrangeiro não se fixou no país porque o mercado e a indústria fonográfica perceberam que a sociedade, em busca de canções nas quais identificasse seus sentimentos e desejos, necessitava do produto nacional e regional. Além disso, as canções sertanejas exploravam os temas ligados ao amor e à paixão que sempre corresponderam a anseios permanentes do homem e por isso tornavam-se muito atraentes (Tatit, 2004, pp. 231-6).

Com origem na música caipira, o estilo sertanejo adaptou-se ao consumo de massa no meio urbano. Tendo recebido grande investimento da indústria fonográfica, passou a atingir um imenso público nacional, principalmente por sua divulgação em programas televisivos e mega-shows que passaram a acontecer em todo o país no final dos anos 1980.

Os autores/intérpretes das canções são Zezé Di Camargo e Luciano, dupla sertaneja que se popularizou no país em 1991, quando lançou o primeiro LP conjunto, com a canção "É o amor". Os irmãos nasceram numa família goiana da cidade de Pirenópolis. Tiveram uma infância pobre, vivendo em condições muitas vezes miseráveis. O pai, um apaixonado por música caipira, incentivou de forma significativa a construção da carreira musical dos filhos. No início, Zezé Di Camargo formou dupla com outro irmão, Emival; com a perda do irmão em um acidente, Zezé seguiu carreira solo em São Paulo e, mais tarde, formou dupla com outro irmão, Luciano. Conhecido por produzir letras de amor e de suas dores, muitas vezes canções feitas em parceria com outros compositores, o autor (Zezé Di Camargo) justifica o tema pela sua universalidade, dizendo que qualquer pessoa pode se identificar com esse assunto. A dupla tem vendido mais de um milhão de cópias a cada CD lançado, geralmente com o intervalo de um ano; já recebeu muitos prêmios e realiza diversos shows sempre para grandes públicos.

As canções do *corpus* fazem parte da fase inicial da bem-sucedida carreira da dupla. Foram produzidas entre 1991 e 1994, numa década em que a música brasileira era marcada pelo retorno de temas românticos ausentes no período anterior, ocupado pelo rock (década de 1980, principalmente). Junto ao pagode e ao axé, que retomam outras funções, a música sertaneja cumpre a missão de reabilitar esses temas, encaixando-se no modelo comercial da canção de consumo da década de 1990 e substituindo outro modelo de consumo das décadas anteriores: o da música norte-americana (Tatit, 2004, pp. 105-9).

O ponto de vista masculino sobre a mulher: relações de poder e dominação

Sendo uma propriedade discursiva, a escolha lexical constrói determinada compreensão das relações de gênero e faz circular algumas verdades sobre os modos de vida do homem e da mulher que estão disponíveis nas práticas sociais que, por sua vez, são determinadas por ideologias de grupo.

No século XVIII, os institutos legais submetiam o sexo feminino ao domínio masculino, o que significava que, de acordo com a legislação da época, o marido tinha direitos sobre o corpo e os bens da mulher. Muito antes disso, já no mundo grego, o lugar reservado à mulher denunciava o que ela significava para os homens: determinados atributos como o diálogo e a ação, que tornavam os seres propriamente humanos, eram exclusivos do homem e situados na esfera do espaço público enquanto

> [...] o âmbito do privado tinha seu centro no interior da família e do doméstico; era ali onde as necessidades vitais básicas deveriam ser satisfeitas como condição para realização da vida pública. Esse âmbito das diferenças e desigualdades era considerado o reino da violência muda e do segredo na medida em que implicava estar privado de ser visto e ouvido por outros. Se o patriarcado e a escravidão, relações eminentemente desiguais, eram tolerados no âmbito do privado, era porque as pessoas que pertenciam exclusivamente a esse espaço (mulheres, escravos e bárbaros) careciam de significação e de consequência para os outros. (Caponi, 2006, p. 108)

Historicamente privada de frequentar os espaços públicos e limitada ao ambiente doméstico do espaço privado – o espaço onde não há discurso –, a mulher obteve muitas conquistas em relação aos direitos políticos, profissionais e sexuais; contudo, a violência doméstica, que ainda tira a vida de milhares de mulheres no mundo, indica que as relações de dominação masculina continuam existindo.

Santa Cruz (1992, p. 8) reconhece que o discurso da canção brasileira é, desde os primeiros tempos, essencialmente masculino e que a mulher ingressou nesse universo como intérprete, apenas para reproduzir o pensamento dominante do homem.

Produzindo e cantando músicas que falavam sobre as relações amorosas entre o homem e a mulher, os homens transmitiram e introjetavam na consciência coletiva a visão que tinham da mulher. Criaram uma representação do feminino em seu discurso e revelaram o pensamento do universo masculino sobre a mulher, marcando a identidade absolutista. Nas letras das canções aparece vendo-se, então, como ser superior e consolida a posição da mulher como objeto e a sua própria como sujeito.

Em grande parte de seu repertório, a música brasileira foi um meio divulgador de preconceitos contra a mulher, reiterando, muitas vezes, um discurso masculino de poder e dominação. E quais são as origens desse pensamento masculino intolerante e dominador?

Posadas (2001) tenta explicar essa relação descrevendo diferenças históricas no comportamento do homem e da mulher. Enquanto o homem sempre teve o pensamento orientado para o trabalho, a mulher buscou concentrar-se no amor, embora ambos estivessem procurando a mesma coisa: afastar o vazio da solidão imposto ao ser humano. Além disso, a mulher manteve-se durante séculos presa ao lar por causa das gestações e da responsabilidade pelos filhos. Tendo passado do domínio do pai para o domínio do marido, restou a ela dedicar-se ao próprio núcleo familiar, no qual se incluía o marido (Posadas, 2001, pp. 60-1).

Ainda que a sociedade tenha evoluído muito, a submissão feminina é um comportamento muito significativo e arraigado socialmente, alimentado e intensificado pela dominação masculina. Muitas vezes associado à imagem de santo, quando aparece como aquele que sofre a tentação provocada pela mulher, o homem é possessivo e dominador, usando como justificativa para tal a necessidade de garantir a fidelidade feminina e a sua descendência. Além disso, depois de lutar muito para conquistar a mulher e tê-la como objeto, sente-se valorizado e pode firmar sua identidade masculina diante do mundo. Se ele é enganado ou abandonado pela mulher, sente sua virilidade ameaçada e, com ódio diante do acontecido, precisa mostrar ao mundo, principalmente aos outros homens, que, apesar de a mulher tê-lo abandonado, ela é sua propriedade, porque só assim sente-se homem, reafirmando a ideia da relação entre homem-sujeito e mulher/objeto. Isso significa que o homem abandonado pela mulher perde sua identidade masculina e acaba optando por dois caminhos: ou torna-se agressivo, buscando impor à mulher que ela pertence a ele, ou assume o discurso da rejeição e do abandono, posicionando-se como vítima (Posadas, 2001, pp.142-3).

A escolha lexical na canção de consumo: análise das ocorrências

De acordo com Tatit (2004, p. 237), a canção de consumo é apropriada a uma "audiência longínqua", ou seja, atinge um público que não se relaciona com a particularidade de cada canção, nem busca detalhes do autor ou da letra em cada canção. O que gera emoção é a canção-show e o prazer da audição dos grandes temas românticos e dramáticos em espetáculos grandiosos. Para o autor, o público da canção de consumo relaciona-se com a "canção em bloco".

Por esse motivo, as sete canções são aqui analisadas em bloco, procurando-se observar como as escolhas lexicais do grande discurso do bloco de canções (organizadas em três campos semânticos) constroem temas e, junto a outros elementos do discurso, determinam ideologias.

Cumpre lembrar que na delimitação das lexias foram consideradas não exclusivamente aquelas correspondentes à ideia unitária de palavra, mas, principalmente, os sintagmas lexicalizados no discurso específico, ou seja, expressões formadas por unidades lexicais que, pelas imposições do discurso específico, assumem um significado único.

Em todas as canções do *corpus* prevalecem três temas em torno dos quais estão organizados os campos semânticos: *dor do homem abandonado, imagem da mulher* e *súplica masculina*. Inicialmente, podem ser verificados nos itens lexicais que compõem os títulos das canções referência à fragilidade masculina: o homem aparece como vítima, abandonado pela mulher que é vista por ele como a responsável pela vida sofrida que ele está levando. Visão largamente encontrada no discurso da canção de consumo revela uma ideologia dominante a respeito do relacionamento amoroso e, especialmente, à posição do homem.

Entre essas lexias dos títulos que constroem um homem frágil e machucado pelo abandono, destacam-se "Quem sou eu sem ela" e "Coração está em pedaços". Outras intensificam o pedido, a súplica que o homem faz para que seja protegido. Nos contextos das canções verifica-se que o pedido é feito à mulher: "Fica mais uma vez comigo","Vem cuidar de mim"; ou a Deus: "Deus".

A dor e depressão que o homem sente por ter sido abandonado pela mulher, a solidão e a sua fragilidade revelam-se em lexias que enfatizam sua posição de vítima:

Quem sou eu sem ela	Coração está em pedaços
sozinho nesta cama, bem sufocado, coração magoado, morto de ciúme, louco de saudade, tirou a chance de viver.	*sofro muito sem você, coração tá em pedaços, com vontade de te ver, não tem saída.*

Outras apontam para o homem deprimido que não consegue seguir o ritmo da vida:

Faz mais uma vez comigo	Pedaço de mim	Deus	Vem cuidar de mim
não paro de rolar na cama já nem trabalho direito, pagando todos os pecados, não ligo mais pros meus amigos, vivo tão calado, quase que bati o carro, passando o farol vermelho, tô abusando do cigarro.	*minha vida tão mudada, estou perdido sem coragem, como o sol que perde o brilho, como um pai que perde o filho, e eu a chorar, chorar, chorar.*	*o que fazer, devolva-me a vontade de viver.*	*chorei trancado nesse apartamento, saudade infernizando, virei a noite te buscando da minha janela.*

Deixado na solidão, o homem sente até a perda da razão: perdi o juízo ("Faz mais uma vez comigo").

A fragilidade masculina orienta a construção da representação da mulher, definida como culpada, tendo assim seus aspectos negativos enfatizados. O homem foi abandonado, a mulher roubou sua vontade de viver e não apresentou razão para o abandono:

Deus	Coração está em pedaços	Andorinha machucada
ela roubou.	por que você não quer saber do meu amor?	*ela fez isso comigo, foi embora sem razão, bateu asas e voou, na saudade me deixou.*

Há lexias que se referenciam construindo a ideia do homem desesperado pela perda da mulher que suplica ora a Deus, ora à própria mulher o esquecimento e a recuperação da dor:

Deus
me faça esquecer aquele amor, refaça meus pecados, não me deixe assim, põe a paixão porta afora, tira essa dor do meu peito, me ajude a viver.

e implora à mulher que ela volte para que ele se recupere:

Coração está em pedaços	Faz mais uma vez comigo	Vem cuidar de mim
diga se te deixei faltar amor, diga que tudo não passou de um sonho.	*eu quero te encontrar de novo, volta pro meu corpo.*	*dá um jeito, rasga o meu peito, vem cuidar de mim, faça alguma coisa, vem me tirar dessa saudade.*

Ao perguntar se não ofereceu amor suficiente à mulher, o enunciador homem, em *Diga se te deixei faltar amor* ("Coração está em pedaços"), reafirma seu aspecto positivo: não deixar faltar amor à mulher que, mesmo assim, o abandonou.

Cumpre lembrar que a mulher que o abandonou é *Eva de meu paraíso* ("Vem cuidar de mim"), ou seja, a culpada que representa a tentação sexual. No texto bíblico, é de Eva a responsabilidade por ela e Adão terem comido a maçã proibida: "Mas... de quem foi a culpa? De Eva, claro, a tentadora sexual, a única; a fêmea de mamíferos que tem os peitos constantemente intumescidos, como se estivesse sempre pronta a fazer amor e a corromper o homem, um santo, claro." (Posadas, 2001, pp. 62-3).

Outras lexias confirmam a visão sexualizada da mulher. Em *meu pecado e meu prazer* ("Vem cuidar de mim") é reforçada a ideia da mulher tentadora que provoca o homem, a vítima. Por outro lado, a figura feminina também é o prazer do homem, ou seja, se de um lado seu comportamento é condenado porque ela estimula o pecado (mulher relacionada ao sexo), sendo até associada à figura de Eva – primeira mulher, de outro ponto ela é o *pedaço de felicidade*, o *meu prazer*, *meu bem-querer* ("Vem cuidar de mim").

Do ponto de vista cognitivo, as escolhas feitas contribuem para a formação do modelo mental contextual dos leitores: o espaço do acontecimento comunicativo é o show, o rádio e a TV (meios de ampla divulgação); o homem é um dos participantes que se defendem como vítima na relação amorosa e acusam o outro participante, a mulher, como culpada pelo sofrimento masculino, revelando, assim, as crenças que o enunciador tem sobre o que fala, ou seja, seus modelos de acontecimentos.

Em termos gerais, as escolhas lexicais contribuem com o discurso que organiza a sociedade de forma polarizada (evidenciada no quadrado ideológico, como já visto anteriormente), enfatizando aspectos positivos do homem – vítima – e, ao mesmo tempo, valorizando aspectos negativos da mulher – culpada e tentadora sexual –, o que revela o caráter ideológico do discurso: as crenças, organizadas por uma ideologia sexista em que o homem discrimina a mulher, são compartilhadas socialmente e fortalecem determinados grupos que passam a divulgá-las em suas práticas discursivas, exercendo assim relações de poder.

Ao focalizar um comportamento feminino condenável, as escolhas lexicais revelam, na verdade, a construção da hegemonia do masculino quando se reconhece discursivamente a posição do homem-vítima. A seleção lexical, como propriedade discursiva, demonstra, assim, seu papel na produção e reprodução de ideologias, ao disseminar a representação masculina da mulher em determinados grupos sociais.

Considerações finais

A análise das escolhas lexicais com base em categorias cognitivas e discursivas revela uma orientação social do discurso das canções: ao falar da mulher, o enunciador apresenta as crenças que tem sobre ela, construindo relações de hegemonia do masculino sobre o feminino e atualizando a voz do grupo de sujeitos masculinos que tem como prática a discriminação contra a mulher. Isso significa que os participantes da situação sociodiscursiva realizam ações sociais quando criticam, acusam e discriminam a mulher e contribuem para a manutenção de uma estrutura social sexista.

Retorno ao princípio

O estudo realizado é um modelo de como se pode elaborar uma monografia na área dos estudos lexicais.

É muito importante que o objetivo principal da pesquisa esteja bem informado logo no início do texto e que as opções metodológicas e teóricas definam-se com clareza ao longo do trabalho. O *corpus* escolhido deve ser bastante realista e não muito extenso para que seja viável a realização do trabalho.

Neste capítulo, em um texto introdutório, foram apresentadas as partes do trabalho e o objetivo da pesquisa: analisar o léxico de três campos semânticos de sete canções de Zezé Di Camargo e Luciano por meio de princípios sociocognitivos de análise do discurso propostos por Van Dijk (2003b), que, por sua vez, foram descritos no tópico "Fundamentos teóricos e metodológicos", enfatizando-se as bases teóricas do sociocognitivismo.

O *corpus* foi apresentado e contextualizado a partir das características do gênero canção de consumo, tratando especialmente do seu contexto de produção e do conteúdo temático, reflexões apresentadas respectivamente no tópico e subtópicos: "*Corpus*: apresentação e contextualização", "Contexto de produção da canção de consumo" e "O ponto de vista masculino sobre a mulher: relações de poder e dominação".

Depois da contextualização, os dados foram analisados e finalmente as considerações finais sintetizaram os resultados encontrados na análise.

Bibliografia

Biderman, Maria Tereza Camargo. As ciências do léxico. In: Isquerdo, Aparecida Negri; Oliveira, Ana Maria Pinto Pires de (orgs.). *As ciências do léxico*: lexicologia, lexicografia, terminologia. 2. ed. Campo Grande: Ed. UFMS, 2001, pp. 13-22.

Caponi, Sandra. Sobre guerras e fantasmas: o feminino e a distinção entre público e privado. In: Minella, Luzinete Simões; Funck, Susana Bornéo (orgs.). *Saberes e fazeres de gênero*: entre o local e o global. Florianópolis: Ed. da UFSC, 2006, pp. 105-116.

Freire, Paulo. A importância do ato de ler. *A importância do ato de ler*: em três artigos que se completam. 12. ed. São Paulo: Autores Associados/Cortez, 1986, pp. 11-24.

Posadas, Carmen. *Um veneno chamado amor*: ensaios sobre paixões, ciúmes e mortes. Rio de Janeiro: Objetiva, 2001.

Santa cruz, Maria Áurea. *A musa sem máscara*: a imagem da mulher na música popular brasileira. Rio de Janeiro: Rosa dos Tempos, 1992.

Tatit, Luiz. *O século da canção*. Cotia: Ateliê Editorial, 2004.

Van Dijk, Teun Adrianus. *Ideología y discurso*. Barcelona: Ariel, 2003a.

______. La multidisciplinariedad del análisis crítico del discurso: un alegato a favor de la diversidad. In: Wodak, Ruth; Meyer, Michael (orgs.). *Métodos de análisis crítico del discurso*. Barcelona: Gedisa, 2003b, pp. 143-77.

Sugestões de leitura

Biderman, Maria Tereza Camargo. *Fundamentos da Lexicologia*. Teoria Linguistica: teoria lexical e computacional. São Paulo: Martins Fontes, 2001, pp. 97-213.

Heberle, Vivane Maria; Figueiredo, Débora de Carvalho; Ostermann, Ana Cristina (orgs.). *Linguagem e gênero*: no trabalho, na mídia e em outros contextos. Florianópolis: Ed. da UFSC, 2006.

Lima, Wagner Ferreira. A "lexicologia construcionista": uma proposta alternativa de estudo do léxico na linguagem em uso. In: Alves, Ieda Maria; Isquerdo, Aparecida Negri (orgs.). As ciências do léxico: lexicologia, lexicografia, terminologia. Campo Grande/São Paulo: Ed. UFMS/Humanitas, 2007, v. III, pp. 125-36.

Pauliukonis, Maria Aparecida Lino. Ensino do léxico: seleção e adequação ao contexto. In: Pauliukonis, Maria Aparecida Lino; Gavazzi, Sigrid (orgs.). *Da língua ao discurso*: reflexões para o ensino. Rio de Janeiro: Lucerna, 2005, pp. 103-28.

Pedro, Emília Ribeiro. *Análise crítica do discurso*: aspectos teóricos, metodológicos e analíticos. In: Pedro, Emília Ribeiro. *Análise crítica do discurso*: uma perspectiva sociopolítica e funcional. Lisboa: Caminho, 1997, pp. 19-46.

Preti, Dino (org.). *Léxico na língua oral e escrita*. São Paulo: Humanitas, 2003.

Sugestões de atividade

Selecione um *corpus* formado por canções que não sejam facilmente consumidas e que tenham a mulher como tema; organize o léxico em campos semânticos para identificar subtemas que trarão informações mais detalhadas sobre o tema. A partir daí volte aos textos para analisar o significado discursivo das unidades lexicais, com base nas relações de polarização propostas por Van Dijk (2003a) no quadrado ideológico (ver Bibliografia). Por meio de uma análise comparativa, verifique se, nessas canções, o léxico constrói a mesma imagem de mulher apresentada nas canções de consumo.

Com base nas teorias apresentadas neste capítulo, analise as escolhas lexicais feitas nas letras das canções "Fricote" (Luiz Caldas) e "Nega do cabelo duro" (David Nasser e Rubens Soares), observando manifestações sexistas e discriminatórias em relação à mulher negra. A obra *A musa sem máscara: a imagem da mulher na música popular brasileira*, de Maria Áurea Santa Cruz (ver Bibliografia), oferece uma análise interessante de como foi construída a imagem da mulher na MPB desde o surgimento da canção brasileira, enfatizando elementos racistas e sexistas.

Notas

1 "Para uma análise mais pormenorizada, é preciso selecionar aquelas estruturas que sejam relevantes para o estudo de uma questão social."

2 As unidades lexicais que compõem os campos semânticos estão assim destacadas, nas canções: em negrito (dor do homem abandonado), sublinhadas (imagem da mulher) e em itálico (súplica masculina).

3 As canções foram extraídas de <http://zezedicamargoeluciano.com.br>.

4 As lexias estão apresentadas na ordem em que aparecem nas letras das músicas.

PARTE 2
DISCURSO

A canção popular: uma análise discursiva

Álvaro Antônio Caretta

"Minha terra tem cantores
Eles cantam pra daná
As canções que aqui cantamos
Ensinou o sabiá."
Álvaro A. Caretta

Modelo de análise da canção

Como o discurso da canção popular compreende um complexo e rico sistema enunciativo, para estudarmos esse gênero discursivo é necessário que estabeleçamos um método de análise. Dessa forma, adotamos um modelo fundamentado nas propostas discursivas de Dominique Maingueneau e nas teorias dialógicas de Mikhail Bakhtin.

Esse modelo propõe uma abordagem da canção a partir dos elementos discursivos presentes no enunciado, compreendidos como resultado das escolhas enunciativas. O discurso de uma canção pode ser estudado observando-se como o enunciador cria a sua imagem, o seu *ethos*, como elabora a cena de enunciação e como dialoga com outros discursos.

Por se tratar de um gênero sincrético que relaciona a linguagem verbal e a musical, a canção deve ser compreendida tendo como princípio essa característica fundamental. Por meio das marcas deixadas pelo enunciador no enunciado, podemos investigar o processo constitutivo da enunciação, que na canção reside na maneira como o cancionista relaciona letra e música.

Apresentaremos primeiramente uma explanação teórica sobre os principais conceitos da Análise do Discurso, observando-os no universo da canção popular brasileira através de exemplos. A seguir, realizaremos uma análise da canção "Sabiá", de Tom Jobim e Chico Buarque, utilizando o modelo de análise discursiva apresentado na parte teórica.

O *ethos*

A Análise do Discurso compreende o enunciado como produto de uma enunciação, por exemplo, um ato de fala, a produção de um texto escrito, cantado, desenhado etc. Toda enunciação pressupõe um enunciador, porém o mais importante para uma análise não é apenas descobrir quem ele é, mas definir o seu *ethos* e entender como ele foi construído.

O *ethos* do enunciador é constituído por um caráter, conjunto de características psicológicas e ideológicas, e por uma corporalidade, determinada por suas características físicas, mas principalmente pelo lugar social que ele assume ao enunciar.

Compreendido como um efeito de sentido do discurso, o *ethos* pode ser estudado no estilo do enunciador; na sua "maneira de dizer" que determina a sua "maneira de ser". Particularmente na canção, essa "maneira de dizer" é uma "maneira de compor", estabelecida pelo modo como o enunciador relaciona os componentes linguístico e musical.

Por exemplo, na década de 1930, a imagem do malandro foi muito explorada pelos sambistas, como no samba "Lenço no pescoço", de Wilson Batista, em que o enunciador associa uma melodia sincopada a um texto provocativo para criar um *ethos* malandro e folgado:

> Meu chapéu de lado/Tamanco arrastando/Lenço no pescoço/Navalha no bolso/Eu passo gingando/ Provoco e desafio/ Eu tenho orgulho/ Em ser tão vadio...

Letra e música

Como a canção é um enunciado sincrético, composto pelas linguagens verbal e musical, é preciso dar atenção ao gênero musical escolhido (samba, bossa-nova, rock) e particularmente às estratégias que o enunciador utilizou para relacionar os elementos linguísticos e melódicos. Para estudarmos essas estratégias, lançamos mão dos estudos realizados pelo semioticista e compositor Luiz Tatit, que descreveu um modelo bastante produtivo para o estudo da significação na canção popular.

Em linhas gerais, o modelo apresentado por Tatit propõe três tipos de estratégias persuasivas utilizadas na composição de canções populares brasileiras: a tematização, a passionalização e a figurativização.

A tematização constitui-se pela reiteração dos motivos rítmico-melódicos no componente musical da canção, enquanto o conteúdo linguístico explora, por exemplo, a qualificação de uma personagem ou de um objeto. A repetição das células rítmico-melódicas é relacionada a letras com conteúdos que descrevem sentimentos ou acontecimentos eufóricos. A figurativização define gêneros musicais como o samba, a marcha e o baião, tendo em vista as particularidades de cada um desses ritmos. Como exemplos de tematizações, podemos citar a marcha "Cidade maravilhosa", de André Filho, o samba "Lenço no pescoço", de Wilson Batista, e "Águas de março", de Tom Jobim.

A passionalização é uma estratégia que propicia ao enunciador a apresentação de estados passionais na canção. Nela a melodia explora grandes curvas melódicas, saltos ascendentes e descentes e a duração das notas que incidem nos sons vocálicos. Esses recursos tornam a melodia mais lenta, propícia às narrativas passionais, que apresentam principalmente o sofrimento amoroso como conteúdo das letras. Como exemplo de passionalização, podemos citar não apenas uma canção, mas o gênero samba-canção, que faz do sofrimento amoroso, cantado em melodias derramadas, a sua marca registrada.

A figurativização caracteriza-se pela predominância da fala na canção, buscando representar uma situação da comunicação cotidiana. A melodia aproxima-se da língua falada, ao submeter-se às inflexões da voz, e a letra estabelece a presença dos interlocutores por meio das marcas de pessoa, "eu-tu"; de tempo, "aqui"; e de espaço, "agora", que determinam o momento presente da enunciação. Como exemplo de canções que exploram a figurativização temos "Conversa de botequim", de Noel Rosa e Vadico, "Acorda amor", de Chico Buarque (com o pseudônimo Julinho da Adelaide) e Leonel Paiva, e "Ouro de tolo", de Raul Seixas; canções nas quais o enunciador quer dar a impressão de que está falando ou conversando.

A cena da enunciação

A fim de enunciar, o enunciador constrói uma cena, um "palco enunciativo", constituído, segundo as propostas de Maingueneau (2001, p. 85), por três cenas:

Cena englobante

É o tipo de discurso a que pertence determinado enunciado. Por exemplo, a cena englobante de um poema é a literária; de uma oração, a religiosa; no caso da canção, a cena englobante é artístico-musical. Por ser a canção um gênero do discurso artístico, o enunciador explora os recursos expressivos da língua e da música, a fim de provocar um efeito estético no ouvinte.

Cena genérica

Se a proposta de Caetano Veloso na canção "Língua" for seguida à risca – "Se você tem uma ideia incrível é melhor fazer uma canção/Está provado que só é possível filosofar em alemão" –, o enunciado deve inevitavelmente ser constituído pela relação entre letra e melodia. A cena genérica, estabelecida pelo gênero discursivo escolhido, determina também a forma composicional e o estilo do enunciado.

No caso da canção, temos um gênero que exige uma forma composicional curta, cuja execução dure em média de dois a cinco minutos, que seja organizada em frases verbais e musicais, geralmente agrupadas em partes chamadas de primeira ou A, segunda ou B e refrão.

No entanto, é importante atentar que nem todo enunciado que apresenta essa forma composicional pode ser chamado de canção popular. Um *jingle*, por exemplo, possui a mesma forma da canção; porém, como a sua cena englobante é a publicitária, ele terá outra finalidade, a de vender um produto; logo, trata-se de outro gênero discursivo.

A cena genérica também determina os papéis e as funções dos parceiros envolvidos na comunicação. No caso de uma canção, um enunciador assume o papel de cancionista, cantando para um o ouvinte. Este, ao ouvir a canção, espera um enunciado musical, cantado, com uma letra que lhe provoque um sentimento, uma reflexão, um estímulo corporal – como na dança – ou simplesmente um momento de lazer.

O estilo da canção, ou seja, o trabalho que o enunciador realiza para relacionar a letra e a melodia, deve ser original, criativo e poético, já que se trata de um gênero artístico. Porém, é bastante livre, podendo oscilar do mais prosaico, como nos sambas de Adoniran Barbosa, ao mais sublime, como nas modinhas de Catulo da Paixão Cearense.

O estilo também é determinado pelo gênero musical da canção. Por exemplo, um samba-enredo é exaltativo, assim como uma marcha, que pode ser também satírica; já um samba-canção sempre será passional.

Se a cena genérica define um estilo, ela orienta o *ethos* do enunciador. Em uma aula, por exemplo, predomina o *ethos* didático; em uma piada, o humorístico. Interessante é notar que em uma cena genérica como aula, o enunciador pode ainda assumir outros *ethos*, como o intolerante, o compreensivo, o humorístico, o disciplinador etc.; em uma piada, podemos encontrar o *ethos* preconceituoso, machista ou inoportuno. Ao *ethos* definido pela cena genérica, nós chamaremos "inerente"; àquele por que o enunciador pode optar, "assumido".

Na canção, o enunciador deve apresentar um *ethos* "inerente" musical, criativo e poético para validar a sua enunciação frente ao coenunciador ouvinte. Como a cena englobante da canção é a artística, a criatividade é imprescindível, o que permite uma liberdade na escolha do *ethos* "assumido", podendo o enunciador criar inúmeras outras imagens para si no discurso. Ele pode, por exemplo, apresentar-se apaixonado, como em "Olha", de Roberto Carlos e Erasmo Carlos; revoltado, como em "Burguesia", de Cazuza, Ezequiel Neves e George Israel etc.

Cenografia

É a situação de enunciação que o enunciador cria a fim de legitimar a sua fala. Em gêneros que oferecem maior liberdade de criação, como a canção, o enunciador pode utilizar cenografias variadas para conseguir a adesão do ouvinte. Dessa forma, é comum vermos canções que parecem uma declaração de amor, uma confissão, uma conversa. Nesse caso, apesar de o ouvinte estar consciente de que está frente a uma canção, o quadro cênico, composto pelas cenas genérica e englobante, passa para um segundo plano, dando lugar à cenografia.

A canção apresenta duas instâncias de comunicação: uma entre o enunciador-cancionista e o ouvinte, estabelecida pela cena genérica, e outra entre o destinador e o destinatário que vivem a situação apresentada na cenografia da canção.

A cenografia frequentemente apresenta cenas validadas, que são estereótipos enunciativos instalados na memória coletiva. Existem determinados modelos de enunciação disponíveis no universo da canção que são recorrentemente utilizados; por exemplo, uma conversa com o garçom no bar – como em "Conversa de botequim", de Noel Rosa e Vadico.

Uma cena validada, além de uma situação de enunciação como as descritas anteriormente, pode ser uma imagem, valorizada ou desvalorizada no universo social. Por exemplo, a imagem do malandro, que é valorizada no samba "Lenço no pescoço", no samba "Rapaz folgado", de Noel Rosa, é desvalorizada.

O estudo das cenas validadas não se limita à sua simples identificação, pois, além de elas serem importantes na construção da cena de enunciação, são fundamentais para o reconhecimento dos vínculos que o enunciador estabelece no interdiscurso.

As relações dialógicas

O pensador russo Mikhail Bakhtin elaborou o conceito de dialogismo, referindo-se às relações que todo enunciado mantém com os enunciados que já foram ou que ainda serão produzidos. Toda canção está em constante diálogo com outras, seja na constituição de um gênero, como o samba, seja na abordagem de algum tema, como as canções de protesto, seja por uma resposta direta, seja por uma citação.

É importante notar que esse diálogo entre as canções não ocorre apenas na letra, podendo se estabelecer também na melodia; como em "Sampa", em que Caetano Veloso apresenta os versos "Que só quando cruzo a Ipiranga/E a avenida São João" e "E os novos baianos te podem/Curtir numa boa...", na mesma linha melódica dos seguintes versos finais de "Ronda", de Paulo Vanzolini: "Cena de sangue num bar/Da avenida São João". As paródias de canções, em que se mantém a melodia, mudando-se a letra também são casos de dialogismo musical.

Podemos estudar as relações dialógicas que a canção estabelece no interdiscurso observando os processos de interdiscursividade e de intertextualidade. Dizemos que duas ou mais canções estão em relação de interdiscursividade quando os seus discursos são comuns; por exemplo, as canções que exaltam as belezas do Rio de Janeiro, como "Cidade maravilhosa", de André Filho, "Samba do avião", de Tom Jobim, e "Aquele abraço", de Gilberto Gil.

Diremos que duas canções possuem intertextualidade quando passagens de uma são citadas em outra; seja na melodia, como acontece entre "Sampa" e "Ronda", ou na letra, como "Piercing", de Zeca Baleiro – "Tire o seu piercing do caminho/Que eu quero passar/Quero passar com a minha dor..." –, que retoma "A flor e o espinho", de Nelson Cavaquinho, Guilherme de Brito e Alcides Caminha: "Tire o seu sorriso do caminho/Que eu quero passar com a minha dor/Hoje pra você eu sou espinho/Espinho não machuca a flor".

Uma canção pode também estabelecer relações com outros tipos de discurso, por exemplo, o poético, que lhe é bastante próximo, como em "Divina comédia humana", de Belchior, em que são citados os versos "Ora (direis), ouvir estrelas, certo perdeste o senso/Eu vos direi no entanto" do soneto "Via Láctea", de Olavo Bilac, caracterizando uma intertextualidade.

Essas relações dialógicas no interdiscurso definem posicionamentos discursivos. Esse aspecto é muito importante, pois determina a filiação ideológica de um enunciador, constituindo a sua identidade enunciativa.

Vejamos, por exemplo, o tema do amor. Em muitas canções ele é tratado como um sentimento eufórico, associado à felicidade, como em "Wave", de Tom Jobim. Porém, em muitas outras canções ele é tratado de forma disfórica, pois só traz sofrimentos, como em "Esses moços", de Lupicínio Rodrigues.

A análise discursiva deve considerar tanto o contexto linguístico quanto o não linguístico – político, social e cultural – no estudo da canção. Porém, o contexto não pode ser tomado apenas como uma moldura que cerca o discurso, pois a canção não é somente resultado de uma conjuntura social e cultural em que foi produzida, mas também é parte dela. Assim, o discurso não só é uma atividade condicionada pelo contexto, como formadora dele. Por exemplo, a canção "Para não dizer que não falei das flores", de Geraldo Vandré, além de ser fruto do contexto da Ditadura Militar no final da década de 1960, é também um enunciado que colaborou com a constituição do discurso de luta contra aquela terrível situação política.

Análise discursiva da canção "Sabiá"

Em 1964, o presidente da República, João Goulart, foi deposto por um Golpe Militar. Naquele mesmo ano, foi baixado um Ato Institucional que reforçava o Poder Executivo e enfraquecia o Congresso. Nos anos seguintes, a ditadura militar fortaleceu-se: em 1965, o AI-2 extinguiu os partidos e as eleições diretas para presidente; em 1966, o AI-3 fechou o Congresso; em 1967, assumiu o General Costa e Silva; em dezembro de 1968, o AI-5 implantou um regime de perseguições políticas.

Nesse ano, explodiam pelo mundo inteiro manifestações por uma sociedade mais justa e democrática: na França, "Maio de 68"; nos EUA, as passeatas contra a Guerra no Vietnã. No Brasil, a luta pela liberdade pegou fogo, incendiada por protestos, prisões, exílios, atentados e mortes. Faculdades foram invadidas e estudantes, presos; passeatas foram reprimidas e jovens, mortos; peças teatrais foram censuradas e atores, espancados.

Desse infeliz contexto político, a classe artística brasileira não se alienou; pelo contrário, assumiu o seu papel e engajou-se. Nessa época, a canção popular vivia um momento de grande repercussão social, devido ao advento da televisão, e os festivais da canção promovidos pelas grandes emissoras de TV – Record e, depois, Globo – serviam como um altofalante para cantar a liberdade e denunciar as injustiças. Os cancionistas e a sociedade viam nas canções um instrumento de luta contra o regime militar.

Foram vários os festivais, compositores e canções que fizeram a história da nossa música popular durante os "anos de chumbo". Destacamos nesse contexto a canção "Sabiá", de Chico Buarque e Tom Jobim, vencedora da etapa nacional e internacional do III – FIC/ TV GLOBO, realizado em 1968.

Sabiá

Vou voltar
Sei que ainda vou voltar
Para o meu lugar
Foi lá e é ainda lá
Que eu hei de ouvir cantar
Uma sabiá
Vou voltar
Sei que ainda vou voltar
Vou deitar à sombra
De uma palmeira
Que já não há
Colher a flor
Que já não dá
E algum amor
Talvez possa espantar
As noites que eu não queira
E anunciar o dia
Vou voltar
Sei que ainda vou voltar
Não vai ser em vão
Que fiz tantos planos
De me enganar
Como fiz enganos
De me encontrar
Como fiz estradas
De me perder
Fiz de tudo e nada
De te esquecer

Vou voltar
Sei que ainda vou voltar
para o meu lugar
Foi lá e é ainda lá
Que eu hei de ouvir cantar
Uma sabiá

O enunciador dessa canção posiciona-se em uma cena enunciativa, cujo quadro cênico é formado por uma cena englobante, o discurso artístico-musical, e uma cena genérica, a canção popular. A cenografia apresenta uma declaração da esperança e da certeza de o enunciador – "eu" – voltar para o Brasil.

A frase declarativa "Vou voltar" que abre a canção, reforçada por "Sei que ainda vou voltar", é apresentada em uma linha melódica ascendente/descendente que repousa na repetição da frase "Vou voltar", asseverando a afirmação do enunciador, como podemos observar na transcrição abaixo, em que cada espaço representa um semitom da melodia.

			in		
Vou voltar		que a			
	Sei			da	
					Vou voltar

Ele declara que quer e que vai voltar para lá – "Foi lá e é ainda lá". Esse "lá", em oposição ao *aqui* do enunciador, é apresentado como o local onde canta a sabiá. Essa ave que possui um belo canto é uma imagem muito presente no interdiscurso da canção e da literatura, muitos compositores e poetas já fizeram uso dela como representação do Brasil, associando o seu belo cantar à saudade da terra natal.

Nesse interdiscurso, o poema "Canção do exílio", de Gonçalves Dias, é um dos mais conhecidos.

> Minha terra tem palmeiras,/Onde canta o Sabiá;/As aves que aqui gorjeiam,/Não gorjeiam como lá...

Nota-se, então, que o enunciador da canção "Sabiá" estabelece uma intertextualidade com o famoso poema de Gonçalves Dias.

Na segunda parte da canção, após a retomada do motivo melódico da frase "Vou voltar", a melodia agora se encaminha para a região aguda.

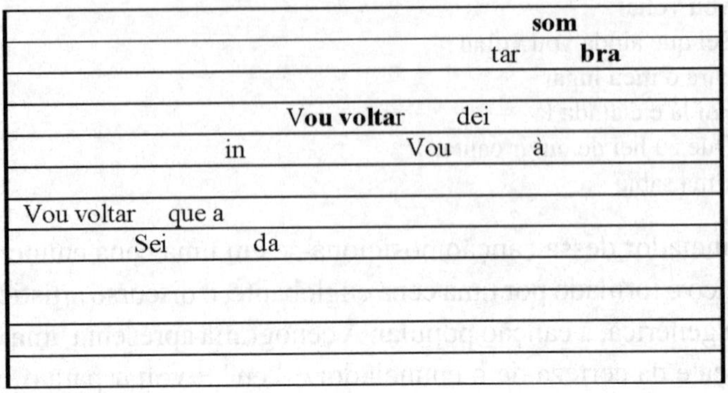

A seguir, expande-se pela tessitura, apresentando um novo conteúdo linguístico:

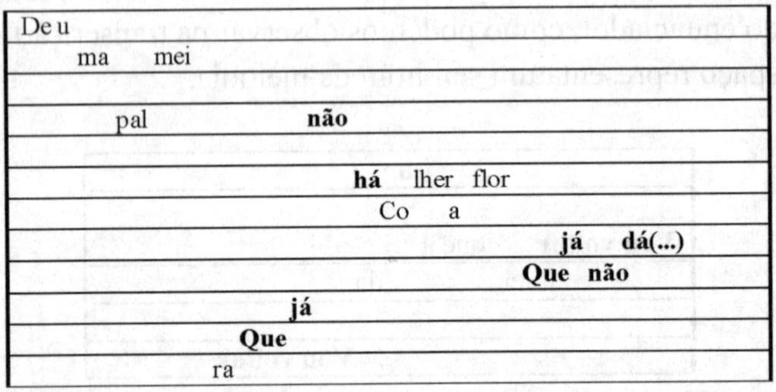

Três imagens que remetem ao Brasil romântico, citadas no poema de Gonçalves Dias, são recuperadas nessa segunda parte, mas recebendo novos significados: "Minha terra tem **palmeiras**", "Nossas várzeas têm mais **flores**", "Em cismar – sozinho – **à noite**".

Na letra de "Sabiá", notamos a presença de duas vozes discursivas que estão em conflito, uma que exalta as características da terra natal, no caso o Brasil, e outra que as desqualifica.

> Vou deitar à sombra
> De uma **palmeira**
> **Que já não há**
> Colher **a flor**
> **Que já não dá**
> E algum amor
> Talvez possa espantar
> **As noites que eu não queira**
> E anunciar o dia

A primeira impressão que se tem é a de que o discurso de "Sabiá" está em oposição ao discurso da "Canção do exílio". Porém essa dedução não procede, haja vista que a canção enfatiza a esperança de ouvir a sabiá: "Que eu hei de ouvir cantar uma sabiá" e refere-se ao amor como a esperança para afastar as noites e trazer o novo dia.

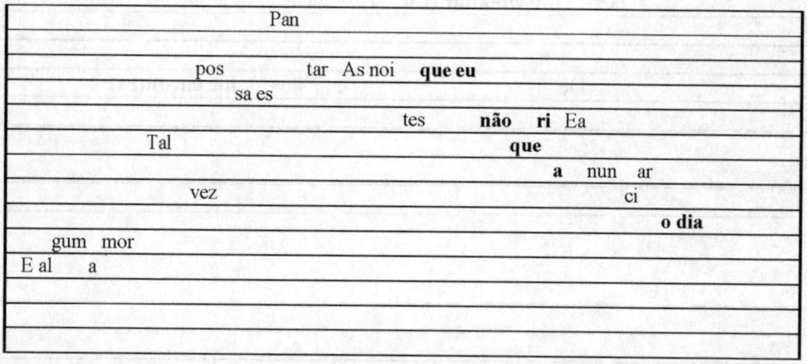

A paródia estabelecida pelo enunciador da canção com o poema de Gonçalves Dias deve ser compreendida no contexto político da época em que a canção foi composta: os anos da Ditadura Militar, que acarretaram no exílio de muitos brasileiros. Assim, entendemos por que a sombra da palmeira, a flor e as noites prazerosas do Brasil já não existem mais, restando como esperança o canto da sabiá, elemento que resgata o saudosismo romântico.

Nesse interdiscurso, o posicionamento do enunciador da canção está, na verdade, em oposição ao discurso da ditadura militar que vigorava no final da década de 1960 no Brasil, o que caracteriza "Sabiá" como uma canção de protesto.

A terceira parte da canção, após retomar o mote "Vou voltar/ Sei que ainda vou voltar", também apresenta um conteúdo linguístico antitético.

Que fiz tantos **planos**
De me **enganar**
Como fiz **enganos**
De me **encontrar**
Como fiz **estradas**
De me **perder**
Fiz de **tudo e nada**
De te esquecer

Essa sequência de paradoxos é apresentada em uma extensa gradação melódica descendente, partindo da nota mais aguda até a mais grave da melodia, expandindo a tessitura e promovendo a passionalização da canção.

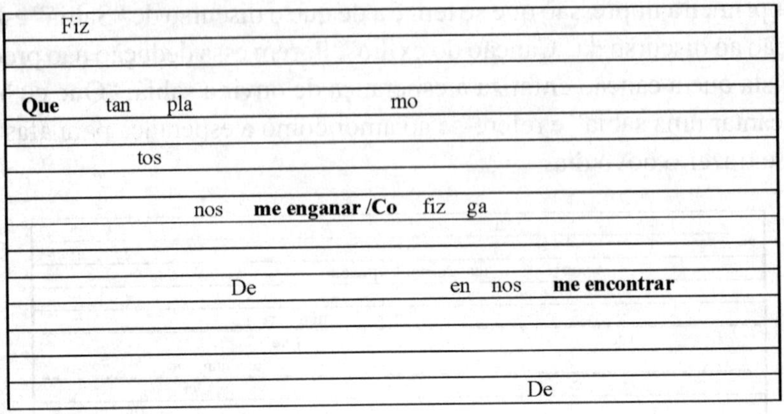

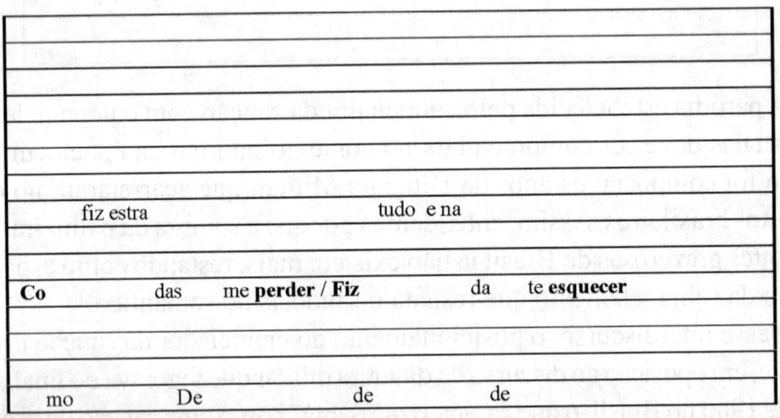

Nessa parte, a narrativa apresenta um locutário *tu*, em "...nada /De te esquecer", aquele a quem o locutor, em sincretismo com o enunciador, se dirige. Devido à ausência de uma pessoa que ocupe essa posição de locutário na cenografia, pode-se pensar que ele declara os seus sentimentos a seu amor, retomando a passagem "E algum amor/Talvez possa espantar", ou ao próprio país.

Para finalizar a canção, o enunciador repete a primeira parte. O retorno à tonalidade inicial – ré maior –, a repetição da melodia que assevera a afirmação "Vou voltar" e a retomada dos valores eufóricos da letra na parte A confirmam a esperança do sujeito de ouvir o canto da sabiá.

A canção, por ser um gênero pertencente à esfera artística, exige um *ethos* inerente criativo, original, poético e musical. Para validar a sua enunciação, o enunciador deve, por meio do seu "modo de dizer", construir uma imagem coerente com a cena da enunciação que está apresentando. Ele demonstra saber tratar as palavras, as rimas, as figuras de linguagem e, principalmente, compatibilizar a letra com a melodia.

Nessa canção, o enunciador cumpre muito bem essas exigências do gênero, confirmando a sua competência de cancionista, ao dialogar de forma criativa com um dos poemas mais belos da literatura brasileira em uma melodia delicada e passional.

Chico Buarque de Holanda fez a letra dessa canção para uma melodia de Tom Jobim. Este declarou: "É uma toada que segue a linha da modinha de Villa-Lobos, bem popular e bem brasileira" (Mello, 2003, p. 295). Chico Buarque acrescentou que "sua intenção era mostrar a saudade em exagero..." (idem).

Essas declarações a respeito da composição indicam as intenções do enunciador-cancionista. Por se tratar de uma toada que fala de saudade, o *ethos* possui um tom passional e saudosista, um efeito de sentido criado pela passionalização. Essa estratégia apresenta um conteúdo linguístico que explora os valores semânticos da saudade em uma melodia desacelerada, que investe na sonoridade das vogais e no percurso melódico, fazendo durar o estado do sujeito, enfatizando assim o seu saudosismo.

A cenografia, responsável pelo *ethos* assumido, apresenta um enunciador saudosista e romântico, mas crítico, que comenta metaforicamente as mudanças negativas pelas quais o seu país passou, "Vou deitar à sombra de uma palmeira que já não há...". No entanto, a sua característica mais marcante é a confiança em voltar, "Vou voltar/Sei que ainda vou voltar/...eu hei de ouvir cantar/Uma sabiá", que lhe confere um *ethos* esperançoso.

"Na época não se falou de *Sabiá* como uma canção de exílio, mas sim de esperança..." (Mello, 2003, p. 295). Chico Buarque declarou que era uma canção lírica, e não política; mas, tendo em vista o contexto da época, podemos compreender o valor político ideológico que essa canção adquiriu, principalmente após disputar e vencer, na final nacional do Festival de 1968, "Pra não dizer que não falei das flores", de Geraldo Vandré.

Considerações finais

Para realizarmos a análise discursiva da canção "Sabiá", tomamos como ponto de partida o *ethos* do enunciador. Observamos que ele se apresenta esperançoso, saudosista e passional. Essa imagem é resultado de uma "maneira de dizer" que constitui a sua "maneira de ser". Na canção, o *ethos* é compreendido tendo em vista a estratégia utilizada para relacionar a letra e a melodia. Em "Sabiá", o enunciador explorou a passionalização ao investir no percurso melódico sustentado pela duração das vogais em notas longas e apresentar um conteúdo linguístico que tem como tema a saudade e a esperança.

Analisando a cenografia, percebemos que o enunciador estabeleceu um dialogismo com o poema "Canção do exílio". Ao tomar a figura do sabiá como uma cena validada que remete a um Brasil romântico, ele declara que a sua esperança não é apenas voltar ao Brasil, mas rever um país idealizado.

O posicionamento discursivo do enunciador de "Sabiá" é, então, estabelecido por uma cena englobante artístico-musical e uma cena genérica do tipo canção popular. O seu discurso se constitui pelo *ethos* saudoso, crítico e esperançoso, pela cenografia que estabelece uma intertextualidade com o poema de Gonçalves Dias e pela oposição ideológica ao discurso da Ditadura Militar.

Bibliografia

BAKHTIN, Mikhail. *Estética da criação verbal*. São Paulo: Martins Fontes, 2003.

_____ (VOLOCHINOV). *Marxismo e filosofia da linguagem*. São Paulo: Hucitec, 2004.

CHARAUDEAU, Patrick; MAINGUENEAU, Dominique. *Dicionário de análise do discurso*. São Paulo: Contexto, 2004.

COSTA, Nelson Barros da. *O charme dessa nação*: música popular, discurso e sociedade brasileira. Fortaleza: Expressão, 2007.

FIORIN, José Luiz. Interdiscursividade e intertextualidade. In: BRAIT, B. (org.). *Bakhtin*: outros conceitos-chave. São Paulo: Contexto, 2006, pp. 161-93.

MAINGUENEAU, Dominique. *Novas tendências em análise do discurso*. Campinas: Pontes, 1997.

_____. *Análise de textos de comunicação*. São Paulo: Cortez, 2001.

MELLO, Zuza Homem de. *A era dos festivais*: uma parábola. São Paulo: Editora 34, 2003.

TATIT, Luiz. *O cancionista*. São Paulo: Edusp, 1996.

_____.*O século da canção*. Cotia: Ateliê, 2004.

WORMS, Luciana S.; COSTA, Wellington B. *Brasil século xx*: ao pé da letra da canção popular. Curitiba: Nova Didática, 2002.

Sugestões de atividade

O cancioneiro popular brasileiro é rico e variado, constituindo-se um campo de estudo muito fértil. A canção popular brasileira, mesmo sendo um gênero tão representativo de nossa cultura, ainda foi pouco estudada do ponto de vista discursivo.

Para realizar um estudo discursivo da canção, seja em uma monografia, um artigo ou um trabalho de conclusão de curso, sugerimos os seguintes passos:

1) Definir o *corpus* a ser estudado:
   – a obra de um compositor ou grupo;
   – canções dessa obra que se relacionam de alguma maneira;
   – uma canção;
   – um tema;
   – um movimento musical;
   – uma época.
2) Identificar as relações dialógicas de interdiscursividade e de intertextualidade entre as canções e com outros discursos, literários, sociais, políticos, históricos etc.
3) Estabelecer um embasamento teórico.
4) Ler sobre o contexto social, político e musical em que as canções do *corpus* foram compostas.
5) Conhecer a obra do autor ou grupo.
6) Ouvir gravações das músicas escolhidas para análise.
7) Redigir um sumário com os tópicos principais a serem estudados:
   – Objetivos
   – Parte teórica
   – *Corpus*
   – Análises
   – Conclusões
   – Bibliografia
8) Começar pela parte teórica: localizar, ler e resumir os textos, tendo em vista o que poderá ser utilizado para as análises.
9) Analisar as canções, seguindo as orientações do modelo teórico.
10) Redigir as etapas propostas no sumário, dividir e numerar os capítulos e, se houver, os subcapítulos.
11) Atentar para as normas propostas pela ABNT para os trabalhos acadêmicos.
12) Utilizar uma linguagem que tenha como padrão a norma culta da língua.
13) Imprimir.
14) Revisar.

* Sites que podem ser consultados:

– <www.radio.usp.br> – No link “Programas”, pode-se acessar “Olhar Brasileiro”, programa sobre compositores e intérpretes da música popular brasileira que apresenta, além de gravações das canções, dados sobre a biografia dos artistas.
– <www.letras.terra.com.br> – No site há um acervo de letras de canções.
– <www.samba-choro.com.br> – No link “Troca-troca de Partituras”, encontra-se um grande acervo de partituras de samba.

A carta pessoal: metodologia e análise

Marli Quadros Leite

"A carta é um colóquio de ausente a ausente."
Libânio – sofista grego

Começando a conversa

Partindo-se do pressuposto de que a carta pessoal é um gênero discursivo que pode ser explorado didaticamente, teceremos algumas reflexões sobre como, em geral, ocorre seu aproveitamento na escola. Para tanto, tomamos como *corpus* de análise um exercício de avaliação final de um curso, integrante do projeto de educação à distância, desenvolvido pela Universidade de São Paulo, em parceria com a Secretaria de Educação do Estado, voltado aos professores da rede estadual pública do estado de São Paulo. Esses professores serão denominados doravante "alunos-professores".

O exercício constou do trabalho com duas cartas pessoais, escritas por pessoas de baixa escolaridade, fazia parte da última avaliação do curso e tinha como objetivo tratar de norma culta, partindo, porém, do estudo de enunciados elaborados em norma popular. Os alunos-professores tinham, na ocasião da avaliação, refletido sobre os temas teóricos que lhes possibilitariam realizar um trabalho adequado com o material oferecido. No que diz respeito à língua portuguesa, os conteúdos principais dos módulos do curso foram: *variação linguística*, pelos temas dialeto e registro, norma linguística, o português do Brasil e modalidades linguísticas oral e escrita; *gêneros do discurso e tipos textuais*, pelos temas dialogismo, intertextualidade e texto (pelos princípios de coesão e coerência). A ênfase dada para o desenvolvimento do tema foi a de que toda análise linguística tem de partir das considerações sobre o discurso, sobre a enunciação, para, depois, se chegar a aspectos mais pontuais do enunciado. Desse modo, o aluno-professor refletiria sobre o processo pelo qual passa a produção do enunciado, que, já resultante de um processo, seria, por sua vez, "reprocessado" pelo ouvinte ou leitor, a depender do caso, no momento da interação falante-ouvinte ou texto-leitor.

Metodologicamente, partimos da análise do *corpus,* constituído de dez exercícios produzidos pelos alunos-professores, a partir de escolha aleatória desses textos, para que pudéssemos verificar se eles passaram a aplicar os conhecimentos adquiridos por meio das discussões e leituras realizadas durante o curso. Baseamo-nos na teoria dos gêneros discursivos, ou no sociointeracionismo (Bakhtin, 1988 e 1992), e na Análise da Conversação (Preti, 1997 e 1999; Marcuschi, 2001).

Este capítulo está organizado em quatro partes: na primeira, discutiremos, brevemente, a posição da carta pessoal como um gênero do discurso; na segunda, analisaremos os dados do *corpus*, o que incluirá reflexões sobre as cartas que serviram de base para o exercício proposto aos professores e, também, sobre as respostas dadas por eles; na terceira, apresentaremos algumas propostas para o tratamento do problema à luz das teorias mencionadas. Desse modo, visamos contribuir para o adequado tratamento didático da *carta pessoal* como um enunciado do gênero discursivo denominado "carta".

Ponto de partida teórico-metodológico

Como nosso objetivo não é discutir o conceito de "gênero do discurso", partiremos do conceito de Bakhtin (1992, p. 279), para quem há "*tipos relativamente estáveis* de enunciados" que constituem os gêneros do discurso. Esse conceito decorre da própria concepção bakhtiniana de língua como atividade, que se realiza de modo tão variado quanto todas as demais atividades humanas, embora sofra, como toda atividade social, a ação da(s) *norma(s)*.

Esse entendimento do autor decorre de sua posição acerca da *substância da língua*, a *interação verbal,* que é a sua realidade fundamental (1988, p. 123). Disso, logo inferimos dois pontos: primeiro, que tudo o que se produz por meio da linguagem verbal constrói seu sentido *na* e *para* a interação (enunciação) que origina o enunciado; segundo, que a interpretação da materialidade linguística, o enunciado, só deve ser feita a partir do *marco zero* de sua construção, a interação, ou seja, todas as condições de realização do discurso (sujeito, tempo e espaço) que, aliadas, trabalham para a sua composição.

Novos gêneros do discurso surgem quando aparecem novas atividades humanas. Isso quer dizer que novas atividades geram novos gêneros. É fácil exemplificarmos isso hoje, recorrendo aos novos gêneros decorrentes das atividades que realizamos com o computador, por exemplo: os e-mails (pessoais e profissionais), os diálogos travados pelas "salas de bate-papo", as mensagens em que se combinam imagem, som e linguagem verbal em planilhas eletrônicas, as correntes, as piadas eletrônicas etc. Isso confirma a ideia de Bakhtin de que os gêneros decorrem das diferentes "esferas de atividade humana".

Para Bakhtin (1992), a classificação dos gêneros deve resultar da natureza da relação da atividade verbal com a realidade. Assim, os gêneros diretamente ligados à realidade empírica, à própria vida do homem, são considerados *primários*. Os que são mais distantes da realidade, do cotidiano, são considerados gêneros *secundários* (1992, p. 281) pela natureza de sua construção linguística, mais elaborada, mais planejada, mais burilada para, intencionalmente, construir efeitos de sentido, ou por sua complexidade temática.

Um enunciado pode conter mais ou menos marcas de sua enunciação, e a recuperação dessas marcas pode ou não ser possível. Isso diz respeito à *heterogeneidade do discurso*: heterogeneidade constitutiva e heterogeneidade mostrada, conforme explica Authier-Revuz (1995). Há, contudo, um ponto que é inerente, e indelével, à enunciação: a configuração do enunciado, porque para cada "formato" de atividade social há um "formato" de atividade de linguagem que lhe corresponde. Isso é o que se infere da primeira frase do texto de Bakhtin (1988) sobre a definição dos gêneros do discurso: "Todas as esferas da atividade humana, por mais variadas que sejam, estão sempre relacionadas com a utilização da língua" (p. 279).

Postos estes fundamentos, passemos a analisar a carta como um gênero do discurso, considerando-a resultante desse primeiro processo para constituir-se como um produto da atividade de comunicação, por escrito, de um autor para interagir com um leitor que se encontra em outro espaço/tempo. Das variações dessa atividade resultam diferentes formas de carta, das quais se sobressaem a *carta institucional* e a *carta pessoal* que, por sua vez, podem-se desdobrar em novas variedades do gênero.

O gênero discursivo "carta"

Como Bronckart (1999, p. 138) diz a respeito da fragilidade das classificações de gêneros e tipologias discursivo-textuais que "os gêneros não podem nunca ser objeto de uma classificação racional, estável e definitiva", ficamos à vontade para, neste trabalho, partir de uma classificação, muito simples e mais próxima possível da sugestão de Bakhtin (1992), para comentar o material escolhido como *corpus*.

Assim, seguindo de perto o pensamento de Bakhtin (1992, pp. 279-80), partimos do princípio de que *a carta*, na sua acepção mais ampla, é um *gênero do discurso* porque é um "*tipo relativamente estável*", sob o ponto de vista de seu *conteúdo*, *estilo* e *composição*: é resultante da atividade de comunicar, por escrito, algo a alguém, sob certas condições, e, como se pode observar, quanto a cada uma de suas formas, podem-se verificar *constantes* no que tange aos três pontos citados. Observemos o que diz o autor sobre a carta:

> Cumpre salientar de um modo especial a *heterogeneidade* dos gêneros do discurso (orais e escritos), que incluem indiferentemente: a curta réplica do diálogo cotidiano com a diversidade que este pode apresentar conforme os temas, as situações e a composição de seus protagonistas), o relato familiar, **a carta (com suas variadas formas)**, a ordem militar padronizada, em sua forma lacônica e em sua forma de ordem circunstanciada, o repertório bastante diversificado dos documentos oficiais (em sua maioria padronizados), o universo das declarações públicas (num sentido amplo, as sociais, as políticas). (Itálico do autor, negrito nosso.)

A carta pessoal, de que nos ocupamos aqui, é considerada, pois, uma das "variadas formas" do gênero *carta*.

Para organizar nossos comentários acerca do exercício realizado pelos alunos-professores com a carta pessoal, escrita por sujeitos semialfabetizados, propomos, sem a intenção de criar uma classificação, um modelo de análise baseado nos pontos arrolados a seguir. A carta pessoal é: a) a realização concreta (um enunciado) que obedece às injunções do gênero discursivo *carta*; b) organizada a partir dos *modos do discurso* narrativo, descritivo e dissertativo/argumentativo;[1] c) híbrida quanto à modalidade de língua, já que, apesar de escrita, apresenta marcas de oralidade; d) híbrida quanto ao registro ou nível de linguagem, pois tanto apresenta marcas de informalidade quanto de formalidade, e se realiza por meio de uma linguagem comum;[2] e) indefinida quanto à norma linguística, pois é um gênero que "aceita" qualquer norma, a depender das possibilidades do usuário.[3]

Para destacar as características da carta pessoal, apresentamos, em linhas gerais, um confronto de suas características com as de outras formas desse gênero, a carta empresarial/comercial (Cf. Silva, 1997):

Quadro comparativo carta empresarial/comercial *vs.* carta pessoal				
Variedades de carta	**Motivação**	CARACTERÍSTICAS DO GÊNERO CARTA		
		Conteúdo	**Estilo verbal**	**Composição**
Empresarial/ Comercial	Necessidade de transmitir, por escrito, uma mensagem a um sujeito, com quem se mantém relações de formalidade.	Temas institucionais, públicos.	Frases sintaticamente completas, seleção lexical cuidadadosa, relativa ao campo de atuação da empresa. Realizada por meio da norma culta.	Obediência aos princípios da linguagem culta escrita, texto sem marcas de oralidade, estrutura padrão: data, vocativo, núcleo, despe-dida, assinatura.
Pessoal	Necessidade de transmitir, por escrito, uma mensagem a um sujeito, com quem se mantém, em geral, relações de informalidade.	Temas pessoais, privados.	Menor rigor na organização sintática das frases, possibilidade de ocorrência de frases sem completude sintática, seleção lexical variada, com gírias e expressões populares. Realizada em norma culta ou popular.	Menor obediência aos princípios da linguagem escrita, texto com marcas de oralidade, tanto nas recortadas sobre a modalidade culta, quanto nas recortadas sobre a modalidade popular, estrutura padrão: data, vocativo, núcleo, despedida, assinatura.

Diante disso, pode-se dizer que a carta pessoal é uma unidade comunicativa que existe para que sujeitos conhecidos entre si possam trocar mensagens de caráter privado/pessoal, por meio da modalidade escrita da língua, que pode estar carregada de marcas de oralidade, em norma culta ou popular, e, predominantemente, em registro comum, coloquial.[4]

As *características gerais* das cartas empresarias/comerciais e pessoais postas no quadro são resultantes da observação de cartas escritas por sujeitos escolarizados. Nosso *corpus*, contudo, é formado por duas cartas escritas por sujeitos semialfabetizados.[5] O exercício proposto não tinha o objetivo específico de levar os professores à análise das características de gênero discursivo, mas de analisar as cartas a partir da perspectiva da norma culta, considerando: a estruturação do texto, a escolha lexical, a organização sintática das orações e períodos e a coerência do texto. Tudo isso para, depois, propor um trabalho que pudesse levar os alunos a compreender os problemas detectados, comparativamente à variedade culta da língua.

Embora fosse esse o intuito do exercício, esperava-se que, antes de tudo, os alunos-professores recorressem a certas características comuns à carta pessoal, a dados sociolinguísticos de *dialeto* e *registro* dos informantes (pois isso se revela no enunciado) e a questões relativas à norma linguística em que cada carta foi escrita, para, somente depois, passarem aos comentários sobre a estrutura da língua e, assim, tirarem as conclusões devidas acerca da coerência dos textos. As respostas, todavia, revelaram que a preocupação (quase) exclusiva dos professores referiu-se aos dados do enunciado, à correção/incorreção da frase, adiante da *norma prescritiva*, não da *norma culta*, pois esta não se reduz àquela.

Passemos, então, à análise do exercício.

A análise das cartas

Para a análise das cartas,[6] os alunos-professores tinham, como sugerido no enunciado, o parâmetro da *norma culta*, que, segundo pensamos, é o ponto de chegada do trabalho da escola. Afinal, o aluno, quando chega à escola, domina outras normas, que, sem dúvida, deve aprender a conhecer por meio de trabalho linguístico de "laboratório", para, aos poucos, dominar também a norma culta, tanto da língua escrita quanto da língua falada. Por isso, o exercício conteve cartas pessoais escritas por usuários de baixa escolaridade, fato que se revelou nos desvios, no nível do enunciado, do padrão textual, gramatical e ortográfico. Em relação ao nível maior, o do discurso, o da composição do gênero *carta,* da forma *carta pessoal*, não havia desvios.

Cabe aqui, antes da análise do *corpus*, uma rápida reflexão sobre o conceito de norma culta, trabalhado com os alunos do curso. Em primeiro lugar, discutiu-se o conceito amplo de *norma linguística*, como o "filtro social" que obriga os usuários da língua a se comportarem linguisticamente (falando ou escrevendo) do modo como é esperado aos grupos dos quais fazem parte, em cada situação de comunicação, isto é, do modo que todos julgam "comum" ou "normal". Em outras palavras, a *norma* se traduz na média do que todos os falantes realizam linguisticamente, mas não se reduz a ela e, embora essa média não esteja codificada, pois a norma é abstrata, todos os falantes, de cada grupo social/linguístico conhecem-na porque sabem falar/escrever como todos os usuários falam/escrevem em cada interação a que se submetem. Isso é resultado do esquema de representações de uso da língua que os usuários de uma língua histórica possuem e que, podemos dizer, configura os gêneros do discurso. A *norma culta*, então, é uma dessas normas: a que é praticada pelos usuários que, de algum modo (pela escola ou não) tiveram contato com enunciados elaborados em uma linguagem *mais próxima* da tradição culta da língua tanto no que diz respeito à sua organização textual quanto gramatical, e que, para a modalidade escrita, além disso, atende às instruções das normas ortográficas vigentes.

Isso não implica, absolutamente, que os usuários cultos pratiquem uma linguagem que coincide com todas as regras prescritas nas "gramáticas tradicionais". O falante culto (ou o usuário culto) é, então, aquele que sabe praticar diversas normas (ou registros) linguísticas, *inclusive* a culta. Conforme Preti (1997), esse usuário, denominado culto, é, em verdade, um praticante de uma *linguagem urbana comum*, poderíamos dizer norma urbana comum, que se caracteriza tanto pela obediência a algumas das regras tradicionais da gramática quanto pelos desvios a essa tradição. Como diz o autor, essa linguagem

> comportaria oposições como a presença de uma sintaxe dentro das regras tradicionais da gramática ao lado de discordâncias, regências verbais de tendência uniformizadora, colocações dos componentes da frase justificada pelos elementos prosódicos, como no caso dos pronomes pessoais; abrangeria a

> precisão de um vocabulário técnico, ao lado da abertura de significação precisa, específica, concomitantemente com vocábulos populares de uso corrente e de significado aberto.

Fica assim claro que a norma linguística esperada numa *carta pessoal*, mesmo a culta, pelas características dessa variedade do gênero carta, é híbrida, isto é, mostra uma simbiose, o contínuo, conforme mostra Mascuschi (2001) entre a escrita e a oralidade.

Nas cartas analisadas pelos alunos-professores, a norma praticada é aquela típica dos grupos sociais de baixa escolaridade, o que se revela tanto no nível textual quanto gramatical. Para avaliar as respostas dadas, aproveitamos e ampliamos os pontos que, segundo Bakhtin (1992), configuram um gênero discursivo: 1. **conteúdo**; 2. **estilo** verbal – a. recursos lexicais; b. recursos fraseológicos; c. recursos gramaticais; 3. **composição** – a. forma; b. modos do discurso; c. modalidade da língua; d. coesão/coerência. Além desses, avaliamos o que se disse sobre aspectos típicos da escrita, como: 1. ortografia; 2. acentuação; 3. pontuação. Esses aspectos estão representados nos quadros expostos abaixo para mostrar, de modo resumido e objetivo, pelo registro sim/não, o fato de os alunos-professores terem, ou não, tratado dos temas citados.[7]

Quadro 1

Alunos	Conteúdo	Estilo verbal			Composição			
		Recursos lexicais	Recursos fraseo-lógicos	Recursos grama-ticais	Forma	Modos do discurso	Modali-dades da língua	Coesão/ Coerência
A-P1	NÃO	SIM	SIM	SIM	NÃO	SIM	SIM	SIM
A-P2	SIM	SIM	SIM	SIM	NÃO	SIM	SIM	SIM
A-P3	SIM	NÃO	SIM	NÃO	NÃO	SIM	SIM	SIM
A-P4	NÃO	SIM	SIM	SIM	NÃO	SIM	SIM	SIM
A-P5	NÃO	SIM	NÃO	SIM	NÃO	NÃO	SIM	NÃO
A-P6	NÃO	NÃO	NÃO	SIM	NÃO	NÃO	SIM	SIM
A-P7	SIM	SIM	NÃO	SIM	SIM	NÃO	SIM	NÃO
A-P8	SIM	NÃO	NÃO	SIM	NÃO	NÃO	SIM	SIM
A-P9	SIM	SIM	SIM	SIM	NÃO	NÃO	SIM	SIM
A-P10	SIM	SIM	SIM	SIM	NÃO	NÃO	SIM	SIM

Quadro 2

Alunos	Língua escrita		
	Ortografia	Pontuação	Acentuação
A-P1	SIM	SIM	SIM
A-P2	SIM	SIM	SIM
A-P3	SIM	SIM	SIM
A-P4	SIM	SIM	SIM
A-P5	SIM	SIM	SIM
A-P6	SIM	SIM	SIM
A-P7	SIM	SIM	SIM
A-P8	SIM	SIM	SIM
A-P9	SIM	SIM	SIM
A-P10	SIM	SIM	SIM

O quadro mostra que, embora o estudo dos pontos teóricos desenvolvidos durante o curso não tenha alterado definitivamente a atitude do professor, serviu para, pelo menos, levá-lo a começar a pensar em trabalhar com seus alunos algumas outras questões, que não apenas as regras gramaticais e a ortografia. Infelizmente, contudo, verificou-se que essas ainda são as preocupações capitais dos professores, o que se pode observar tanto numericamente (9 entre 10 se detiveram em comentários sobre os "erros de gramática", e todos os 10 denunciaram os desvios de ortografia, acentuação e pontuação das cartas), quanto qualitativamente, isto é, pela análise do conteúdo das respostas. Além do mais, nem todos se preocuparam em comentar as constantes de uma carta pessoal, presentes nas cartas oferecidas, nem em observar que o "tom" de coloquialidade é também uma marca desse tipo de texto. Para exemplificar, apresentaremos algumas respostas dos alunos. Estas estão literalmente transcritas, isto é, não sofreram edição gramatical nem textual:

> Na minha opinião, existem muitos erros ortográficos, de pontuação, de acentuação, de regência e de concordância. Partindo do princípio da modalidade escrita e suas condições de produção, há coerência e coesão dentro do texto, embora foi [sic] utilizada a linguagem popular. (A-P 1)[8]

> Escolha vocabular bem simples, cheio [sic] de incorreções gramaticais, o que a meu ver, causadas por falta de leitura, falta de conhecimento lexical e pelo fato de o autor usar as palavras como as escuta, não conhece ortografia. O interessante, é que em meio a esse mar de erros, há o uso de uma forma verbal clássica: convidar-te. A construção dos parágrafos também é bastante desregrada, visto que o autor começa um parágrafo com o que seria uma oração coordenada sindética explicativa. Ausência de vírgulas, de acentuação gráfica, concordância (papai e mamãe ficará). (A-P 2)

Por outro lado, todos se referiram ao problema das modalidades da língua, das marcas da oralidade presentes no texto. É bem verdade que sem relacionar isso ao gênero e à sua realização concreta no enunciado, no texto analisado, mas reconhecendo a presença da oralidade do texto escrito. Vejam-se os seguintes exemplos:

> Conclui com essa análise que existe uma linguagem comum (como denomina Preti), originária do cruzamento de papéis sociais dos falantes, incorporando os meios de expressão do falante de baixa escolaridade em relação ao de alta, em certos casos (infiltração da oralidade). (A-P 4)

> Para compreender o processo da escrita é preciso que o aluno tenha acesso ao estudo de texto oral, para que este aluno reflita sobre uma forma de linguagem que, de certo modo, já domina, fazendo-o pensar nas especificidades de produção nas duas modalidades. (A-P 7)

Quanto aos dois pontos que mais de perto dizem respeito à caracterização do gênero carta, em enunciados que caracterizam a carta pessoal, o conteúdo (mensagem escrita passada a alguém do relacionamento próximo do escritor) e a forma (saudação, mensagem, despedida, assinatura), o resultado não foi animador: apenas 6 alunos se referiram ao conteúdo e 2, à forma.

> Neste texto existe a preocupação de transmitir uma mensagem e esta mensagem é perfeitamente compreendida: "o não contentamento em estar longe das pessoas queridas." Por se tratar de uma carta, existiu a preocupação de destinar a carta: "Para E... O...M...R..." não houve saudação final, mas a carta foi assinada, e o escritor registrou o fim do texto com a frase: "E aqui termino estas palavras que vão de todo o meu coração". (A-P 7)

> Apresenta a estrutura de uma carta pessoal, pois o tratamento dado à destinatária é bem carinhoso "Querida C...", "pois espero que esteja tudo em paz com você e toda sua família"; inicia com uma frase típica: "como vai tudo bem?", onde a remetente testa o canal de comunicação para dar início ao assunto. (A-P 9)

Os modos de organização do discurso foram preocupação de apenas 4 alunos, sendo que dois deles classificaram os textos como "argumentativo" e "descritivo", sem maiores explicações, o que não corresponde à elaboração dos textos.

> Carta 1 – Texto argumentativo, através do qual o autor faz um convite a uma pessoa. (A-P 2)

> Quanto à estruturação temos um texto do tipo descritivo, onde aparecem instruções e prescrições visando regular ações e comportamentos. Exemplo: "... voce tem que chegar no máximo até dia 17". (A-P 3)

> A estrutura do texto é narrativa. (A-P 4)

Os problemas de coesão e coerência textuais foram bastante referidos, sete alunos preocuparam-se com isso:

> Há grandes problemas no texto escrito: ortografia, concordância verbal, pontuação, acentuação..., entretanto há uma sequência linear, o

> remetente vai aumentando a informação com dados novos, tornando a mensagem compreensível. A coerência não fica tão prejudicada, porque por se tratar de uma carta pessoal, é natural que as pessoas (remetente e destinatária) possuam um conhecimento bem maior do que dos leitores sobre o tema discutido. (A-P 8)

Quanto ao estilo verbal, os comentários foram regulares: sobre os recursos lexicais (7), fraseológicos (6) e gramaticais (9). Apenas uma aluna deixou de lado as críticas aos recursos gramaticais porque atribuiu tudo à falta de planejamento do texto:

> O texto tende para a informalidade, pois não tem preocupação com o planejamento (modalidade escrita não planejado), não que a informalidade seja um problema, mas a forma de organização da carta não foi planejada e esta falta de planejamento no meu entender é um problema. (A-P 4)

Quanto aos recursos léxicos e fraseológicos, as observações foram em média do modo como os que a seguir são apresentados:

> A escolha lexical é própria para o tipo de texto. Encontramos, no entanto, alguns problemas quanto à paragrafação e à pontuação. (A-P 10)
>
> § uso indevido do pois;
> § uso indevido dos numerais (20 X vinte);
> § o uso da contração No (em) não foi bem colocada;
> § mistura da 2ª com a 3ª pessoa: espero que esteja tudo em paz com você; escrevo. convidar-te;
> § mistura das pessoas do discurso (plural/singular): espero que esteja, escrevo., vamos;
> § uso intenso da expressão a gente em lugar de eu e nós: vai ser maravilhoso, a gente vai.; dá um alô pra gente;
> § redução do processo subordinativo em benefício da frase simples e da coordenação: não deixe de vir pois mamãe e papai;
> § concordância negligenciada: mamãe e papai ficará (ficarão) muito satisfeito(s);
> § regência inadequada: ir para (a) aula;
> § colocação pronominal livre: não deixá-la (não a deixar); a fim de convidar-te (te convidar);
> § uso de palavras fashion: OK (A-P 1).
>
> A linguagem 'é' coloquial, cotidiano com marcas de oralidade: "OK". Em alguns momentos, utiliza corretamente a colocação pronominal, "convidar-te" "deixa-la". Busca-la, enquanto em outros, comete erros crassos como: "voçe", "incluzive", "prezenca", "partisipar" a palavra "ALEGRIA" escrita com letra maiúscula para demonstrar a intensidade do sentimento. (A-P 8)

Como é perceptível, os comentários sobre os pontos destacados não são ideais, aliás, estão bem longe disso, mas entendemos ser algum progresso levar o professor a avaliar o texto a partir de modelo formado por outros pontos além da ortografia e gramática. Reconhecemos, todavia, pelas respostas analisadas, que não é (nem será) tarefa fácil levar o professor a mudar sua prática pedagógica, porque isso requer do docente um preparo teórico difícil de ser adquirido em cursos rápidos e com poucas leituras.

A proposta de trabalho dos alunos-professores

O objetivo maior do exercício era levar o aluno-professor a elaborar uma proposta de trabalho que tivesse como objetivo tratar adequadamente os textos analisados. O que se observou, contudo, foi que nem sempre esse comando foi compreendido. Na maioria das vezes os professores formularam propostas em que não se incluíam as cartas e as redações apresentadas no exercício. Nesse caso, propunham trabalhar com textos literários, letras de música, redações dos próprios alunos etc., ou qualquer outra atividade de redação, como se vê nas respostas apresentadas abaixo:

> Para tentar diminuir o problema, reuniria a sala em grupos de no máximo quatro pessoas, e pediria para cada grupo analisar pequenos trechos de textos elaborados por outros grupos. Após a analise detectariam os problemas existentes e com suporte nos livros gramaticais, revistas baseando-se em jornais e revistas os alunos seriam levados a uma interação comunicativa. Por fim, reescreveriam o texto apresentando-os com criatividade e recursos disponibilizados pela escola. (A-P 1)

> Como sugestão de atividade pediria para os alunos escreverem um texto argumentativo, com tema sugerido, utilizando a variante padrão culto, procuraria os problemas comuns e analisaria-os na lousa com a participação dos alunos.
>
> Para fixação levaria alguns anúncios, televisivos, ou de revistas, ou panfletos comerciais, que estejam transcritos ou escritos com a norma padrão popular, pediria aos alunos para que os transcrevessem os mesmos utilizando a norma padrão culto, transformando-os como necessária e discutiríamos juntos a razão pela qual os textos estavam em determina variante da língua portuguesa.
>
> Exemplo de texto inicial:
>
> TA NAS CASAS BAHIA
> TA EM CASA (A-P 8)

Poucos alunos, por exemplo, A-P 8, elaboraram uma proposta com as cartas, como se solicitou no enunciado da questão. Essa aluna organizou um plano em três passos: no primeiro, propôs que os alunos fizessem uma reflexão sobre o perfil sociolinguístico dos autores da carta 2; no segundo, propôs levar os alunos a uma avaliação da coerência do texto e da análise de sua estruturação linguística; o terceiro, seria a reescrita da carta, observando sempre a fidelidade ao sentido original. Veja-se o primeiro passo proposto:

> 1º Passo: Começaria com a carta 2, distribuindo-na em grupos com quatro alunos e pediria uma leitura e discussão dos grupos. Eles deveriam atentar primeiro para imaginar a condição social dessa pessoa, seu nível cultural, a idade, a localidade (onde essa pessoa deveria morar?)... Cada grupo realizaria esse diagnóstico e depois seria apresentado e discutido entre os demais grupos. O objetivo de tal atividade, [sic] seria a discussão sobre o como as questões que serviram para diagnosticar a pessoa, são importantes para analisar a forma de comunicação utilizada pelo remetente no caso. (A-P 8)

Algumas sugestões para o trabalho com as cartas

Depois de tudo isso, fica a pergunta: qual era a expectativa dos docentes acerca das respostas dessa questão? De pronto, vale dizer que o professor não deve levar para a sala de aula as terminologias das teorias linguísticas estudadas. O professor tem de conhecer as teorias para ter condições de conduzir o trabalho, para levar o aluno a desenvolver suas habilidades e competências linguísticas pela leitura e interpretação dos textos propostos. A diferença é que o docente fará o aluno enxergar o discurso e o texto em sua totalidade. Em outras palavras, o aluno será beneficiado por um trabalho mais produtivo e competente se o professor estiver preparado para trabalhar (interpretar, analisar) a língua em uso.

Por exemplo, com o material ora em exame, em primeiro lugar, os alunos seriam levados à leitura dos textos, e o professor poderia fazer uma sondagem sobre a atitude dos alunos frente aos textos lidos; talvez houvesse, de partida, um "estranhamento" quanto à norma linguística praticada nos textos. Depois, talvez, o professor pudesse provocar uma reflexão sobre os textos, a partir de algumas perguntas, tais como:

1.	Quem escreve as cartas? É possível traçar um perfil sociolinguístico desses escritores? A linguagem usada revela esse perfil? Exemplifique com dados dos textos.
2.	Que gênero discursivo foi escrito? Qual é o objetivo dessa variedade de texto? Em que situações sociais esses enunciados são usados? Quais são suas características básicas? Elas estão presentes nos textos analisados? Os textos cumprem seu objetivo? Por quê? Em relação ao registro/nível de linguagem usado pelos escritores, podem-se considerar os textos adequados? Explique.
3.	Quanto aos modos do discurso (narração descrição, dissertação), quais deles estão presentes nos enunciados? Exemplifique.
4.	Em relação à norma culta, em que aspectos as cartas são dela desviantes e em que pontos são concordantes? Explique-os a partir da análise dos seguintes pontos: seleção lexical; organização das frases; organização gramatical.
5.	As cartas revelam alguma relação da fala com a escrita? Qual a importância disso nessa forma de texto? Em que aspectos a reprodução da oralidade é mais perceptível?
6.	As cartas devem ser "retextualizadas", agora na perspectiva da norma culta. Depois, comente que efeitos de sentido esse procedimento provoca no texto.

Depois de toda essa reflexão e atividade, o professor, seguramente, terá levado o aluno a fazer um verdadeiro estudo linguístico, o que deve ser, sempre, o objetivo da aula de língua portuguesa.

Considerações finais

A análise desse exercício revelou que, mesmo depois de uma longa exposição a uma nova metodologia para realizar o estudo da língua portuguesa em sala de aula, os professores têm muita dificuldade em se distanciar do modelo tradicional de aula. Embora o ponto de partida para o trabalho com a língua portuguesa, desde o primeiro conteúdo estudado no início do curso, tenha sido aquele segundo o qual a aula de português deve ser *um laboratório de estudo da língua em funcionamento*, o aluno-professor não demonstrou ter assimilado essa premissa. Como se procurou mostrar, por meio de conferências, leituras, discussões e exercícios, o professor deve partir, sempre, da análise do discurso, dos dados da enunciação aparentes no texto, no enquadramento daquele texto em uma dada situação de comunicação para, depois, alcançar o enunciado, a língua.

O que se observa, contudo, é ainda uma tendência à realização de um trabalho extremamente apegado ao "certo/errado", tanto em relação às normas ortográficas quanto às regras gramaticais. Mesmo assim, considera-se que um trabalho como esse, desenvolvido no âmbito de um curso de capacitação, não se perde porque insere na perspectiva do docente algumas outras possibilidades de trabalho que, em algum momento, ele usará com mais propriedade. Nesse caso, por exemplo, pôde-se observar que a preocupação com o tratamento da oralidade, sua relação com a escrita e os problemas de coesão e coerência textuais começaram a surgir.

Fica, então, uma esperança de que os docentes tenham sempre oportunidade de construir seu trabalho a partir da observação da realidade linguística para que, assim, possam levar seus alunos a usarem mais competentemente a língua que têm à disposição, quer na modalidade falada, quer na escrita.

A partir da experiência descrita, o professor pode pensar em pedir que seus alunos redijam cartas pessoais. Esse é um exercício antigo na escola, embora, em geral, não tenha surtido efeitos desejados por não vir acompanhado da reflexão devida sobre as características desse gênero discursivo, tal como vimos expondo até aqui. Para finalizar, então, sugerimos a seguinte proposta:

Proposta de trabalho com elaboração de cartas

1.	Levar os alunos a refletir sobre as situações de comunicação em que é possível, na sociedade moderna, ter lugar uma carta (pessoal ou não).
2.	Apresentar aos alunos diferentes modelos de cartas: pessoais, comerciais, oficiais ou institucionais em geral.
3.	Levar os alunos a refletir sobre os objetivos de cada carta.
4.	Levar os alunos a refletir sobre as diferenças e semelhanças formais existentes entre cada tipo de carta.
5.	Levar os alunos a observar as características da linguagem e do estilo em que cada carta é vazada.
6.	Levar os alunos a descrever as características fundamentais do gênero discursivo carta, a partir dos seguintes pontos: atividade social ou esfera a partir da qual a carta é gerada: estilo de linguagem do gênero, em cada caso; formato, com destaque para elementos estáveis ou variáveis.

7. Levar os alunos à redação de cartas a amigos, familiares ou outros destinatários, fazendo-os observar os objetivos e as características gerais do gênero e, em particular, as especificações de cada caso, a partir dos objetivos e do destinatário de cada carta.

Bibliografia

AUTHIER-REVUZ, Jacqueline. *Ces mots qui ne vont pas de soi*: boucles réflexives et non-coïncidences du dire. Paris: Larousse, 1995, t. 1 e 2.

BAKHTIN, MIKHAIL. (VOLOCHÍNOV). *Marxismo e filosofia da linguagem:* problemas fundamentais do método sociológico na ciência da linguagem. Trad. do francês por Michel Lahud e Yara Frateschi Vieira. 4. ed. São Paulo: Hucitec, 1988.

BAKHTIN, Mikhail. Os gêneros do discurso. *Estética da criação verbal*. Trad. do francês por Maria Ermantina Galvão Gomes Pereira. São Paulo: Martins Fontes, 1992, pp. 279-326.

BRONCKART, Jean-Paul. *Atividade de linguagem, textos e discursos*: por um interacionismo sócio-discursivo. Trad. Anna Rachel Machado, Péricles da Cunha. São Paulo: Educ, 1999.

DIONISIO, Ângela; MACHADO, Anna Rachel; BEZERRA, Maria Auxiliadora. *Gêneros textuais & ensino*. 2. ed. Rio de Janeiro: Lucerna, 2002.

FAÏTA, Daniel. A noção de 'gênero discursivo' em Bakhtin: uma mudança de paradigma. In: BRAIT, Beth (org.). *Bakhtin, dialogismo e construção do sentido*. Campinas: Editora da Unicamp, 1997.

FIORIN, José Luiz. Modos de organização do discurso: a narração, a descrição e a dissertação. In: MARTINS, Ana Maria et al. (coord.). *Língua portuguesa*. São Paulo: FDE, Diretoria Técnica, 1994, pp. 61-70.

HOUAISS, Antônio; VILLAR, Mauro de Salles. *Dicionário Houaiss da Língua Portuguesa*. Rio de Janeiro: Objetiva, 2001.

MARCUSCHI, Luiz Antônio.*Da fala para escrita*: atividades de retextualização. São Paulo: Ática, 2001.

______. Gêneros textuais: definição e funcionalidade. In: DIONISIO, Ângela; MACHADO, Anna Rachel; BEZERRA, Maria Auxiliadora. *Gêneros textuais & ensino*. 2. ed. Rio de Janeiro: Lucerna, 2002, pp. 19-36.

PINTO, Edith Pimentel. *O português popular escrito*. São Paulo: Contexto, 1990.

PRETI, Dino. *Sociolinguística*: os níveis de fala. 7. ed. São Paulo: Edusp, 1994.

______. A propósito do conceito de discurso urbano oral culto: a língua e as transformações sociais. In: ____. (org.). *O discurso oral culto*. São Paulo: Humanitas, 1997.

______. (org.). *Análise de textos orais*. 4. ed. São Paulo: Humanitas, 1999.

SILVA, Vera Lúcia Paredes da. Variações tipológicas no gênero textual carta. In: KOCH, Ingedore Villaça e BARROS, Kazuê (orgs.). *Tópicos em linguística de texto e análise da conversação*. Natal: EDUFRN, 1997, pp. 118-24.

Anexos

As cartas apresentadas neste tópico estão publicadas em Edith Pimentel Pinto (1990).

Carta 1

Querida C..., como vai tudo bem?
pois espero que esteja tudo em paz com voçe e toda sua família. Olha escrevo esta a fim de convidar-te para um passeio na praia em Guarapari.
Pois vai ser maravilhoso a gente vai ficar um mes durante as ferias. Vamos sair daqui no dia 20 incluzive voce tem que chegar no maximo ate dia 17. No ultimo caso se sua mãe não deixa-la vir sozinha da um alô pra gente antes do dia 14 que meu irmão irá busca-la OK?
Não deixe de vir pois mamãe e papai ficará muito satisfeito com sua prezença.
E agora vou terminar pois tenho que ir para aula conto com voce para partisipar da nossa Alegria.
Um beijo para voce e sua mãe
tchau
G...

Carta 2

cara amiga, A...
Como vai? Voce esta boa eu vou indo bem, fiz boa viagem e estou gostando muito da Qui.
A... voce esta estudando muito eu estou estudando bastante acho que vou tirar boas notas.
Aqui e bom demais e uma cidade grande tem muitas logas, vitrina supermecado cubre, cinema tem paquinhos tambem e midivito muito no fim de semana.
A... eu estou sentido muita saudade de minas acho que na feira ire passa uns dias com a minha familia, talvez eu irei na sua casa.
po hoge e so termino eviando abraco para voce e todos que conheco
C...

Sugestão de atividade

Sob o ponto de vista da modalidade escrita (e suas condições de produção), analise os problemas existentes na carta a seguir.

Para E... O... M... R...
Este é um dia em que eu escrevo com todos os meus, sentimentos e tristezas, por não poder estar com voceis, minha familia. Edilene, fabiana e o nosso querido serginho. Que me tras muitas saudades por estar tão longe. Mas que sera por pouco tempo, se deus quizer.
Eu aqui não estou Bem, mas não esta me faltando nada. Eu tenho tudo de que presizo uma familia de que, amo muito. E isto faz com que eu me sinta muito melhor. Neste dia, esta sendo muito dificil me esquecer de voce Lene meu amor do Serginho que e a coisa mais linda deste mundo e fabiana.
Eu tenho certeza que sera por poucos tempo esta minha angustia. Mas eu não me dizespero, estou caumo e esperando o dia de poder abraçar voces todos. E a minha querida mãe que é a coisa mais importante deste mundo para mim, e para você, lene, Serginho, fabiana Mauricio debora Bete. So espero não demorar muito este dia. Hoje esta fazendo treze dias que estou longe de voces. E se tudo der serto não ficarei mais esta semana aqui se deus quizer. E com estas poucas linhas que espresso todos os meus sentimentos por vocês todos.
E aqui eu termino estas palavras que vão de todo o meu coração.
ass
L...C...P...

(Cartas publicadas em: Pinto, Edith Pimentel. *O português popular escrito*. São Paulo: Contexto, 1990.)

Notas

1 Cf. Fiorin (1994, p. 61): "Isso significa que essas três categorias [narração, descrição e dissertação] são modos diferentes de organização do discurso, que correspondem a finalidade distintas, e não propriamente a tipos de texto."

2 Cf. Preti (1994, p. 35): "Um dialeto social comum serviria como um meio-termo entre ambos [o dialeto social culto e o dialeto social popular] e teria uma aceitação ampla nas camadas de uma classe média medianamente escolarizada, nos meios de comunicação e, também, no próprio organismo escolar, pelo menos no ensino mais moderno, que leva em conta essas variações socioculturais no aprendizado da língua."

3 Diferentemente de outros gêneros, como, por exemplo, os artigos científicos, as teses, os ensaios, a literatura de modo geral. Mesmo dentro do gênero carta, há diferentes formas, como as cartas empresarial e comercial, por exemplo, que rejeitam outra norma que não a culta.

4 Esse registro comum tanto tem marcas de informalidade como de formalidade, mesmo quando realizado por pessoas de baixa escolaridade.

5 As cartas foram publicadas por Pinto (1990).

6 Para que o leitor tenha mais clareza sobre o trabalho aqui realizado, apresentamos anexo o exercício com as cartas pessoais analisadas pelos alunos-professores.

7 Não se tratou neste texto de analisar a qualidade desses comentários.

8 Os exercícios analisados estão identificados pela rubrica A-P, que significa aluno-professor. Os textos estão transcritos *ipsis litteris*.

A divulgação científica: uma abordagem dialógica do enunciado

Sheila V. Camargo Grillo
Flávia Sílvia M. Ferraz

"Não existe a primeira nem a última palavra, e não há limites para o contexto dialógico (este se estende ao passado sem limites e ao futuro sem limites)."
Mikhail Bakhtin

A teoria dialógica do Círculo de Bakhtin

A teoria decorrente da obra de Bakhtin e seu Círculo concebe o enunciado e seus gêneros sob o ponto de vista das relações dialógicas que os constituem e que estão na base dos sentidos por eles produzidos. Quem quiser trabalhar com essa teoria para analisar textos, discursos, enunciados, precisará, porém, estar atento a duas características.

Primeiramente, os conceitos bakhtinianos, como bem aponta Brait (2006), não constituem um conjunto de categorias prévias e prontas para serem aplicadas na análise de textos e discursos, com a finalidade de interpretá-los e compreender a sua forma de produção de sentidos. E, em segundo lugar, os textos e discursos, ao serem concebidos como "objetos falantes", uma vez que emergem de sujeitos autores (que falam), são abordados de forma a fazer emergir seu modo próprio de produção de sentidos. Nessa direção, compreendemos que as noções bakhtinianas (como cronotopo, polifonia, carnavalização etc.) são decorrentes de uma grande atenção à especificidade das obras analisadas, e não de um conjunto de noções prévias a serem aplicadas.

Sem perdermos essa especificidade, podemos identificar na obra de Bakhtin o esboço de um programa de pesquisa, designado com o nome de *metalinguística* e que tem por objeto de estudo as relações dialógicas e a palavra bivocal. A delimitação da metalinguística se faz na oposição complementar à linguística saussuriana da época, segundo a hipótese de que o conhecimento das unidades da comunicação discursiva (os enunciados) proporcionaria uma melhor compreensão das unidades da língua (fonemas, morfemas, orações etc.).

Norteando-nos pelo programa da metalinguística, escolhemos como objeto de análise a divulgação científica na mídia impressa no Brasil, a partir das noções de enunciado, dialogismo e gêneros do discurso, com o propósito de compreender o modo próprio de organização e de produção de sentidos dos textos analisados. Estamos interessados em detectar como os enunciados da divulgação científica refletem e refratam a realidade por eles abordada.

Divulgação científica: dialogismo e gêneros do discurso

Circunscrevendo o terreno

A linguagem, de acordo com a esfera em que se concretiza, elabora os fatos da realidade mediados pelos gêneros discursivos e seus enunciados. Assim, uma descoberta científica será projetada de formas distintas em diferentes esferas. As publicações acerca do evento da reclassificação do então planeta Plutão como "planeta-anão" demonstram as respectivas apropriações do fato científico tomadas por diferentes esferas – a científica, a jornalística e a escolar – e serão objeto de nossa análise.

A perspectiva teórica aqui adotada inspira-se nas noções decorrentes da obra do Círculo de Bakhtin. Essa teoria dialógica foi elaborada a partir da reflexão do Círculo de pensadores russos do século XX formado, entre outros, por Bakhtin, Medevdev e Voloshinov, a respeito da linguagem. Dentre as categorias-chave conceituais para a análise, destacam-se aquelas que também são objetos centrais para esta teoria: as noções de enunciado, dialogismo e gêneros do discurso.

Os objetivos principais são a descrição e a compreensão do modo de produção de sentido dos textos selecionados por meio de uma análise dialógica, ou seja, que leve em conta a responsividade dos enunciados entre si e em relação aos sujeitos falantes.

A abordagem dialógica selecionada para análise justifica-se pela possibilidade de observação dos modos de refração e reflexão da realidade por meio da linguagem em diferentes instâncias: na concretização do enunciado e na elaboração dos gêneros, bem como no seu trânsito entre as esferas.

O *corpus* é composto por textos de divulgação científica em duas esferas de circulação. A prática da divulgação científica opera com gêneros que transitam por diferentes esferas, tal como a científica e a jornalística. Logo, a análise procurará verificar os elementos constituintes do gênero reportagem de divulgação científica de forma comparativa.

Primeiramente, serão apresentadas as noções da teoria do Círculo em seus aspectos mais relevantes para nossos propósitos: enunciado, dialogismo e gêneros discursivos. Em seguida, os procedimentos metodológicos, bem como a apresentação do *corpus*, apontarão os caminhos que levarão à análise dialógica. Finalmente, a análise desenvolver-se-á a partir dos elementos constituintes dos gêneros, estilo, forma composicional e conteúdo temático.

As categorias conceituais do Círculo de Bakhtin

Recorreremos aos conceitos centrais do Círculo de Bakhtin para analisar os modos de produção de sentido no gênero reportagem de divulgação científica. As noções da teoria do Círculo de Bakhtin selecionadas são: enunciado, dialogismo e gêneros discursivos e seus elementos constitutivos.

Enquanto unidade discursiva da comunicação verbal, o enunciado é uma unidade que transcende o nível linguístico em sua materialidade. Contrariamente, uma oração ou palavra podem conter significado, mesmo que isoladas do todo do enunciado, mas não apresentam sentido fora de um contexto de fala. Em *Marxismo e filosofia da linguagem*, Bakhtin/Volochinov (1992) configura a natureza dialógica do enunciado.

> Toda enunciação, mesmo na forma imobilizada da escrita, é uma resposta a alguma coisa e é construída como tal. Não passa de um elo na cadeia dos atos de fala. Toda inscrição prolonga aquelas que a precederam, trava uma polêmica com elas, conta as reações ativas da compreensão, antecipa-as. (1992, p. 98)

A questão do dialogismo é central para a teoria do Círculo. Bakhtin chegou a elaborar a ideia de uma disciplina chamada Metalinguística – que Todorov (1981) chamou de "Translinguistique" para não confundir com a noção de metalinguagem –, para dar conta do exame das relações dialógicas entre enunciados. Em "O discurso em Dostoiévski", capítulo final do livro *Problemas da poética de Dostoiévski* (2003b), Bakhtin nos explica o objeto da metalinguística dizendo que "as relações dialógicas (inclusive as relações dialógicas do falante com sua própria fala) são objeto da metalinguística" (p. 182). Pode-se considerar que a metalinguística proposta pelo Círculo tinha como objetivo debruçar-se, mais precisamente, sobre as relações dialógicas do discurso. Nesse mesmo texto, a metalinguística é concebida como o estudo do discurso enquanto fenômeno concreto, complexo e multifacetado.

Pode-se considerar que todo o processo de enunciação é dialógico, pois retoma elementos que já foram concretizados anteriormente e "prepara o terreno" aos novos enunciados concretos que cada nova situação sócio-histórica fará emergir na língua. Ou seja, "cada enunciação, cada ato de criação individual é único e não reiterável, mas em cada enunciação encontram-se elementos idênticos aos de outras enunciações no seio de um determinado grupo de locutores" (Bakhtin/Volochinov, 1992 [1929], p. 77).

Todo enunciado, em sua modalidade escrita ou oral, obedece às coerções do gênero discursivo e, consequentemente, da esfera de que faz parte. O enunciado em suas diferentes formas (relativamente) estáveis e típicas, ao contrário das formas da língua – em sua estabilidade, coerção e normatividade –, pertence a diferentes gêneros do discurso.

> [...] todos esses três elementos – o conteúdo temático, o estilo, a construção composicional – estão indissoluvelmente ligados no todo do enunciado e são igualmente determinados pela especificidade de um determinado campo da comunicação. Evidentemente, cada enunciado particular é individual, mas cada campo de utilização da língua elabora seus *tipos relativamente estáveis de enunciado*, os quais denominamos *gêneros do discurso*. (Bakhtin, 2003a, p. 261)

Os três elementos que constituem os gêneros discursivos – conteúdo temático, estilo e forma/construção composicional – são complementares entre si e apresentam especificidades provenientes de cada esfera em que estão inseridos. Esses fatores conferem aos enunciados o seu caráter estável.

O conteúdo temático pode ser considerado a própria forma de apreensão da realidade por meio dos gêneros discursivos. Participam de sua construção tanto elementos estáveis da significação quanto elementos extraverbais que integram a situação de produção, recepção e circulação.

O estilo refere-se à individualidade de expressão de cada autor ou dos diferentes tipos de enunciados, por meio da seleção dos recursos lexicais e sintáticos de um sistema linguístico. Bakhtin (2003a) aponta a existência não somente do estilo individual do falante, mas também considera o estilo próprio de cada gênero discursivo. "Em cada campo existem e são empregados gêneros que correspondem às condições específicas de dado campo; é a esses gêneros que correspondem determinados estilos." (p. 266). Ambos os estilos satisfazem aos gêneros discursivos.

A forma composicional diz respeito ao tipo de estruturação que o enunciado assume de acordo com o gênero ao qual pertence. Está ligada a uma "forma padrão e relativamente estável de estruturação de um todo", segundo Bakhtin (2003a, p. 301) e pode ser considerada o seu elemento mais característico.

Os conceitos levantados servirão de base para a compreensão dos modos de produção de sentido presentes no *corpus*. O caráter dialógico da linguagem, bem como a constituição dos gêneros do discurso, são categorias conceituais fundamentais para as questões que se seguirão.

Apresentação do *corpus* e metodologia

O *corpus* inicial de análise é constituído por um conjunto de textos que compõe uma reportagem de divulgação científica do jornal *O Estado de S. Paulo* ("Astronomia: sobe e desce de planetas", OESP, 25/08/2006, A20) e por um texto do gênero reportagem de divulgação científica da revista *Pesquisa Fapesp* ("Éramos nove", *Pesquisa Fapesp* n. 127, set. 2006, pp. 40-1).

A seleção inicial do *corpus* pautou-se pelos seguintes critérios: um *instante discursivo* – na acepção de Moirand (2007) de uma produção discursiva que surge na mídia a propósito de um fato do mundo real e que desaparece rapidamente – sobre a mudança de *status* do antigo planeta Plutão, apreendido em sua *circulação* em um *jornal impresso* e em uma *revista de divulgação científica* financiada por um órgão de fomento à pesquisa no Brasil. Essa escolha justifica-se, primeiramente, pela hipótese de que a comparação de um mesmo instante discursivo em duas esferas de circulação permite evidenciar os traços dialógicos particulares e o modo próprio de organização e produção de sentido de cada gênero de enunciado e, em segundo lugar, pela necessidade de delimitação de um *corpus* passível de ser analisado em uma monografia de pequena extensão. Trata-se de apreender dois modos de circulação discursiva da ciência no Brasil.

Conforme a metodologia proposta por Bakhtin (2003c), a análise dos textos buscará a sua inserção em um contexto enunciativo (esfera, coenunciadores, tempo, espaço) e dialógico mais amplo, no qual eles estão em contato com outros textos anteriores e posteriores (por meio de alusões, citações, antecipações etc.). A leitura atenta do *corpus* resultou na seleção de dois aspectos do gênero reportagem para servirem de categorias de análise: as diferenças na construção composicional, hipertextual no jornal impresso diário e textual na revista mensal, ambas de forte caráter dialógico interdiscursivo e interlocutivo; e a questão da nomeação do planeta na sua relação com os dizeres-fonte (escritor-jornalista, cientista etc).

Análise

A análise do *corpus* será divida em duas partes, a fim de melhor organizar a abordagem das duas categorias anteriormente descritas: a construção composicional e a dimensão dialógica da nomeação.

Construção composicional e hiperestrutura

Os textos selecionados para análise diferem significativamente sob o ponto de vista de sua construção composicional, apesar de ambas as publicações possuírem um forte caráter interdiscursivo e interlocutivo.

Segundo Lugrin (2001), as publicações possuem diferentes abordagens quanto à escolha da estruturação da informação. Ao passo que a imprensa mais especializada utiliza textos lineares e elementos infográficos mais simples, a imprensa popular tende a utilizar a chamada hiperestrutura para compor e apresentar os seus textos. Assim, as esferas pelas quais circulam seus enunciados levam a uma estruturação particular da informação favorecendo a hiperestrutura em alguns casos, a saber, em gêneros da esfera jornalística voltada a um público específico.

A estrutura composicional textual encontrada no enunciado do periódico mensal *Pesquisa Fapesp* contrasta com a organização hipertextual do jornal impresso diário *O Estado de S. Paulo* (OESP). Enquanto a revista opera com um texto de leitura linear, a reportagem de OESP constrói-se sob a forma de um conjunto de textos menores fragmentados por boxes explicativos em seu interior.

Em OESP, a interdiscursividade é estabelecida em quatro módulos textuais. O primeiro módulo, "Plutão é rebaixado a planeta-anão", cumpre a função primordial da prática de divulgação científica, a de aproximar o leitor à esfera científica por meio de elementos infográficos, explicações, termos que possuem maior circulação na esfera da ideologia do cotidiano, maior didatização. Os demais relacionam a realidade factual a diferentes domínios: da política em "Definição traz alívio, mas também vergonha e estranheza"; da educação em "'Temos que esquecer os livros'" e da astrologia em "Os astrólogos avisam: vida dos que são regidos por Plutão não muda". Diferentemente, o texto da revista organiza-se sob o escopo de um único título e subtítulo, "Éramos nove", sendo que o autor estabelece a interdiscursividade por meio do diálogo exclusivo com o posicionamento dos astrofísicos.

De acordo com a pesquisa realizada por Lugrin (2001), que chega a fazer uma distinção entre "imprensa de qualidade" e "imprensa popular", a opção pela hiperestrutura dá-se de acordo com o nível de especialização do veículo e de seu público-alvo. A separação ou junção dos artigos varia notadamente em função do leitor.

O leitor presumido de *OESP* faz parte de um grupo mais heterogêneo, fato que é refletido pela escolha dos diferentes desdobramentos do acontecimento originário da esfera científica. Logo, a construção composicional oferecida pela hiperestrutura torna-se mais interessante não somente no ato de captar o público-alvo e tornar a publicação mais vendável, mas também por potencializar o caráter informativo da reportagem, fragmentando pontos de vista em blocos menores e compactos. A questão do rebaixamento de Plutão, em *OESP*, passa da esfera científica para a jornalística, como prática de divulgação científica, vinculada à educação, política e astrologia, áreas presumidamente de interesse do leitor-alvo.

Por outro lado, a revista circula, majoritariamente, na comunidade científica.[1] Seu texto linear é marcado por um posicionamento bem delimitado e explícito a favor do rebaixamento do planeta. Ao contrário da reportagem de *OESP*, a não-interferência de elementos hipertextuais, como *box* explicativo, e a não-fragmentação do texto favorecem a fluidez de uma argumentação que visa trazer o leitor para um ponto de vista único. Ou seja, nesse caso, diferentemente da imparcialidade almejada pelo jornal, a interdiscursividade é organizada de modo a destacar uma única voz, a dos astrofísicos.

Visivelmente, o *OESP* utiliza a hiperestrutura como forma de organização interdiscursiva e interlocutiva, ao contrário da revista *Pesquisa Fapesp*. A hiperestrutura é um elemento de estruturação da informação intermediária e facultativa, situada entre o veículo, o jornal, e seus enunciados, neste caso reportagem de divulgação científica, que surge de um processo de fragmentação ou agrupamento formado por elementos textuais e verbo-visuais. As principais tendências acarretadas pela evolução da hiperestrutura repercutem na leitura esporádica de textos múltiplos organizados em pequenos módulos (mosaicos) e no desenvolvimento visual do "layout" da publicação e confere uma nova importância aos gêneros jornalísticos, assim como ocorre em *OESP*.

De acordo com Lugrin (2001), sua função principal é a de marcar diferentes instâncias ou posições enunciativas, uma vez que a circulação do sentido é interior à hiperestrutura. Ou seja, as unidades enunciativas mais autônomas marcam diferentes posicionamentos e possibilitam um diálogo mais explícito entre as diferentes vozes delimitadas em cada pequeno texto.

Nomeação e dialogismo

A divulgação científica nos textos do *corpus* insere-se em um contexto "trilogal" (Moirand, 2007) do qual participam três instâncias discursivas: o mediador (escritor do jornal e escritor da revista) que fica entre o discurso da ciência e o dos leitores. Em face desse contexto trilogal, a análise dos textos sobre a mudança de estatuto de Plutão apreendeu, por um lado, os traços de uma atividade-chave discursiva para o discurso científico, a nomeação de seus objetos de estudo e pesquisa, e, por outro, a atividade discursiva de nomeação em textos de divulgação científica na esfera jornalística e na esfera jornalístico-científica.

Na esfera científica, a produção de conhecimento compreende a criação de termos especializados a fim de controlar o seu conteúdo, mesmo que isso não ocorra de forma totalmente fixa. Os textos do *corpus* tematizam um ato de "rebatismo" dentro da comunidade científica, dando origem a uma unidade lexical a ser codificada na língua, o que vai ao encontro da concepção de Bakhtin (2003a [1952-1953], p. 268) de que "Nenhum fenômeno novo (fonético, léxico, gramatical) pode integrar o sistema da língua sem ter percorrido um complexo e longo caminho de experimentação e elaboração de gêneros e estilos." A atividade discursiva científica de nomeação está representada nos elementos do peritexto do jornal e da revista, mas já em diálogo com o contexto discursivo dos leitores:

OESP	Pesquisa Fapesp
Título: Plutão é rebaixado a planeta-anão **Título auxiliar:** Astrônomos reavaliam definição clássica, criam nova categoria e o sistema solar passa a ter só oito membros **Título:** Definição causa alívio, mas também vergonha e estranheza **Título auxiliar:** Chefe de missão da Nasa para Plutão diz que mudança não tem rigor científico	**Título:** Éramos nove **Título auxiliar:** O pequeno e gélido Plutão é rebaixado de *status* e o sistema solar volta a ter oito planetas

As diferenças estilísticas entre as duas esferas (jornal diário e revista mensal de órgão de financiamento à pesquisa) aparecem já nos títulos. Os do jornal trazem uma síntese do conteúdo da reportagem, ao mesmo tempo em que representam o modo de funcionamento da comunidade científica: debates conflituosos e criação de consensos. De forma complementar, os títulos auxiliares nomeiam os agentes (astrônomos, chefe de missão da Nasa para Plutão) e a atividade (reavaliam, criam, diz) que produziram o fato relatado no título.

Diferentemente, o título da revista se constrói por uma alusão[2] ao título do romance *Éramos seis* (Maria José Dupré, 1943), que foi ainda adaptado para a televisão na forma de telenovela. A revista aborda o fato da esfera científica, estabelecendo o diálogo com a esfera literária. Assim a revista participa, na perspectiva de Moirand (2007), na difusão de memórias coletivas das comunidades linguageiras e na constituição das memórias individuais de seus leitores. O título auxiliar encarrega-se de trazer os dados referenciais da esfera científica, sem, contudo, fazer referência aos agentes (cientistas) da atividade discursiva nomeada ("é rebaixado").

Nesses elementos do peritexto,[3] observamos uma primeira diferença significativa entre as duas esferas: os jornais evidenciam os conflitos dentro da comunidade científica enquanto a revista privilegia os consensos. Essa diferença é reforçada no corpo dos textos:

OESP	Pesquisa Fapesp
"A decisão foi tomada ontem por unanimidade pelos membros presentes – cerca de 300 de 2.500 – na reunião da União Astronômica Internacional (UAI), em Praga, na República Checa. 'A palavra planeta e sua noção podem ter conotação emocional porque são coisas que aprendemos quando crianças', diz Richard Binzel, do Instituto de Tecnologia de Massachusetts, que ajudou a forjar a nova definição. 'Trata-se realmente de ciência. Muitos Plutões esperam para ser descobertos.'" (p. A20) "Alan Stern, chefe da missão Novos Horizontes da Nasa que enviou no início do ano uma sonda para Plutão, disse se sentir 'envergonhado'. 'Essa é uma definição feita de qualquer jeito. É ciência ruim.'" (p. A21)	"Foi a correção pública de um erro histórico, que há mais de sete décadas incomodava a maioria dos astrofísicos. Plutão perdeu o *status* de planeta e nosso sistema voltou a ter apenas oito membros, de acordo com uma resolução aprovada em 24 de agosto passado, depois de acaloradas discussões, inclusive de ordem semântica, pela 26ª assembleia geral da União Astronômica Internacional, reunida em Praga. 'Não havia mais argumentos científicos para defender a manutenção de Plutão como planeta', afirma o astrofísico Enos Picazzio, da Universidade de São Paulo (USP)" (p. 40) Com exceção de algumas vozes dissonantes, em especial de pesquisadores norte-americanos que alegavam razões mais históricas que científicas para se conservar o antigo *status* de Plutão, a decisão da União Astronômica Internacional (UAI) de reclassificar esse pequeno objeto gelado foi bem recebida." (p. 41)

O escritor da reportagem do jornal traz as vozes em conflito, por meio do discurso direto que mostra as palavras dos cientistas. A posição enunciativo-valorativa desse escritor assemelha-se a um "regente de orquestra" que seleciona, organiza e hierarquiza as vozes das fontes, dissimulando-se atrás delas.

Bastante distinta é a posição enunciativo-valorativa do escritor do texto de *Pesquisa Fapesp*, que traz os discursos diretos apenas de cientistas que apoiam a mudança, como vimos, em outra perspectiva, na seção anterior. As vozes discordantes são resumidas sob as designações gerais: "acaloradas discussões" e "com exceção de algumas vozes dissonantes". Essas vozes não aparecem no texto, pois não chegamos a ouvi-las, mas apenas aprendemos, de forma passageira, que elas ocorreram. Aqui o escritor coloca em primeiro plano a sua posição valorativa ao inseri-la logo no primeiro período do texto ("Foi a correção de um erro histórico") e, mais adiante, ao desvalorizar as vozes opositoras ("alegavam razões mais históricas que científicas"). Com isso, configura-se um "enunciador-comprometido" com a posição hegemônica na comunidade científica, fato que temos observado nos textos dessa publicação.[4]

Essas diferenças podem ser explicadas pelos contextos enunciativos e dialógicos. O contexto enunciativo do jornal diário caracteriza-se, entre outros, por uma reação imediata a um fato do mundo real que, no caso em questão, ocorreu no dia anterior, enquanto que o da revista de órgão de financiamento à pesquisa dispõe de um tempo maior. Por conseguinte, o modo de enunciação da reportagem jornalística assume uma posição "objetivante" que procura orquestrar as vozes em diálogo, ao passo que o da revista deixa sua opinião transparecer. O modo de enunciação "subjetivante" da revista coloca-nos a questão das fronteiras entre os gêneros reportagem e editorial, pois o texto faz uma clara avaliação do fato e usa as vozes dos cientistas para sustentar sua posição valorativa, tal como ocorre nos editoriais. O contexto enunciativo do periódico propicia um alargamento do contexto dialógico da reportagem, que pressupõe não só o discurso da comunidade científica, mas também conta com os textos jornalísticos anteriores que transformaram um fato do mundo real em acontecimento discursivo midiático.

O contexto dialógico é outro fator de explicação dessas diferenças no modo de enunciar e organizar os textos. Sobretudo o dialogismo interlocutivo, que compreende a atitude responsiva dos leitores presumidos, é diferenciado nas duas esferas: o jornal, conforme assinalado anteriormente, dirige-se a um público mais amplo e diversificado de leitores; já a revista, embora circule em bancas de jornais, tem a maior parte de sua tiragem destinada à comunidade científica. Cremos que o público-alvo do jornal compõe-se, em grande parte, por sujeitos externos à comunidade científica e que tem uma posição mais distanciada e possivelmente mais crítica em relação às suas decisões. Por outro lado, o leitor da revista, composto na sua maioria pela comunidade científica brasileira, está mais suscetível a apoiar a decisão de um organismo científico internacional (do qual alguns fazem parte), o que gera a clara posição favorável do escritor da sua reportagem.

Por fim, a nova denominação de Plutão pela comunidade científica e a sua divulgação pelo jornal e pela revista demonstram as fronteiras entre os recursos morfossintáticos oferecidos pela língua e os seus funcionamentos dialógicos no gênero.

Do ponto de vista da língua, a comunidade científica criou um neologismo a partir de recursos disponíveis: dois itens lexicais preexistentes – "planeta" e "anão" – associados por meio do processo morfossintático da composição que os gramáticos definem como "a junção de dois elementos identificáveis pelo falante numa unidade nova de significado único e constante" (Bechara, 2003, p. 351).

Do ponto de vista enunciativo, a escolha dos termos e a atualização do processo da composição são fruto do dialogismo interno à comunidade científica:

OESP	Pesquisa Fapesp
"A situação se complicou com o avanço dos instrumentos no século 20. Com isso, os cientistas perceberam que Plutão – um corpo gelado, pequeno e com órbita em diagonal – parecia-se muito mais com outros asteroides do Cinturão de Kuiper, um aglomerado de asteroides que circunda o sistema, do que com os planetas clássicos." (p. A20)	"Para alguns astrofísicos, a definição de planeta aprovada no encontro de Praga é falha ao não fazer referências claras a quais parâmetros físicos (massa, elementos químicos etc.) caracterizam esse tipo de corpo celeste. Mais polêmicas ainda seriam as recém-criadas categorias de astros, a dos 'planetas anões', que parece ser um prêmio de consolação para os fãs de Plutão, e a dos 'pequenos corpos do sistema solar', expressão guarda-chuva." (p. 41)

O nome composto "planeta anão" constitui uma solução de meio termo que faz ressoar as duas vozes em conflito dialógico dentro da comunidade científica, configurando o que Bakhtin chama de "palavra bivocal". Na estrutura interna ao nome composto, o elemento determinado "planeta" traz a posição daqueles que defendem a manutenção de Plutão como planeta, e o determinante "anão" acrescenta um traço semântico para evidenciar a posição da maioria da comunidade científica que não o vê com as mesmas características de planetas prototípicos (Terra, Marte, Vênus etc.). A mudança de nome se insere em um interdiscurso polêmico, ou seja, se dá como resultado da disputa de tomadas de posições em relação à realidade.

A exigência denominativa do discurso científico dá lugar a duas atitudes discursivas distintas na divulgação científica nas duas esferas. O jornal diário incorpora o novo termo "planeta-anão" com hífen e sem aspas. Do ponto de vista da língua, o hífen liga "elementos das palavras compostas que mantêm a sua independência fonética, conservando cada um a sua própria acentuação, porém formando o conjunto perfeita unidade de sentido" (Bechara, 2003, p. 99). Embora não seja obrigatório para configurar uma palavra composta, a escolha do jornal sinaliza, juntamente com a ausência das aspas, a incorporação imediata do termo composto como parte do léxico da língua a ser empregado em seus textos.

Por outro lado, a revista não usa o hífen e, com apenas uma exceção, coloca aspas em todas as ocorrências do novo nome composto. Segundo Moirand

(2007), o uso das aspas marca a distância entre o discurso dos escritores e as palavras vindas do exterior, mas, com o decorrer do tempo, a maior parte das palavras e expressões perde as aspas. Como relacionar, porém, o enunciador-comprometido da revista com o uso das aspas, que denotaria distanciamento? Uma hipótese é que as ocorrências de "planeta anão" no texto da revista indicam um maior cuidado na incorporação de termos elaborados pela comunidade científica. Ao usar as aspas, a revista configura seu lugar de mediadora entre o discurso científico e o discurso dos leitores, ou seja, autorrepresenta seu lugar externo à comunidade científica,[5] preservando-se de possíveis críticas.

Considerações finais

A análise dialógica dos enunciados de divulgação científica permitiu a compreensão e a identificação dos aspectos interdiscursivos e interlocutivos que permearam a construção composicional e o ato de nomeação do discurso científico representado na esfera jornalística.

A construção composicional da reportagem do jornal pautou-se pela configuração em hiperestrutura, motivada pela heterogeneidade de seu leitor e pela interdiscusividade com diferentes esferas da cultura (escolar, científica, cotidiana). De forma distinta, a estrutura da reportagem da revista criou as condições para uma posição enunciativo-valorariva comprometida com uma das vozes dentro da comunidade científica, conduzindo o leitor para um ponto de vista único.

O tema da renomeação do planeta Plutão foi propício para perceber os limites e as continuidades entre as formas da língua e as suas atualizações nos enunciados. A análise do composto "planeta anão", com ou sem hífen, evidenciou que a linguagem representa o mundo atravessada pelos conflito dialógicos das instâncias enunciativas envolvidas.

Portanto, conforme proposto pelo Círculo de Bakhtin, o dialogismo e todas as noções por ele compreendidas – alteridade, encontro, conflito, interação – estão na base da produção de sentidos dos enunciados e de seus gêneros.

Bibliografia

Bakhtin, M. M./Volochinov, V. N. *Marxismo e filosofia da linguagem.* Trad. Michel Lahud e Yara Frateschi Vieira. 6. ed. São Paulo: Hucitec, 1992[1929].

Bakhtin, M. M. Os gêneros do discurso. *Estética da criação verbal.* Trad. Paulo Bezerra. São Paulo: Martins Fontes, 2003a [1952-1953], pp. 261-306.

______. *Problemas da poética de Dostoiévski*. Trad. Paulo Bezerra. São Paulo: Martins Fontes, 2003b[1963].

______. Metodologia das ciências humanas. *Estética da criação verbal.* Trad. Paulo Bezerra. São Paulo: Martins Fontes, 2003c [1974], pp. 393-410.

Bechara, Evanildo. *Moderna gramática portuguesa*. 37. ed rev. e ampl. Rio de Janeiro: Lucerna, 2003.

Brait, Beth. Análise e teoria do discurso. In: ______ (org.). *Bakhtin*: outros conceitos-chave. São Paulo: Contexto, 2006, pp. 9-33.

Ferreira, Aurélio Buarque de Holanda. *Novo dicionário Aurélio de Lingua Portuguesa.* 2. ed. rev. e ampl. Rio de Janeiro: Nova Fronteira, 1986.

Grillo, Sheila V. C. Gêneros primários e gêneros secundários no círculo de Bakhtin: implicações para a divulgação científica. *Alfa,* Unesp, v. 52, n. 1, 2008. (no prelo).

Lugrin, Gilles. Le Melange dês genres dans l'hyperestructure. In: Adam, Jean-Michel, Herman, Thierry e Lugrin, Gilles. *SEMEN*, Presses Universitaires de Franche-Comté, n. 13, 2001.

Mello, Sylvio Ferraz de Mello. *A nova definição de planeta.* Disponível em: <http://www.astro.iag.usp.br>. Acesso em: 28 de fevereiro de 2008.

Moirand, Sophie. *Les Discours de la presse quotidienne*: observer, analyser, comprendre. Paris: PUF, 2007.

Todorov, Tzvetan. *Mikhail Bakhtine:* le principe dialogique. Paris: Seuil, 1981.

Anexos

SEXTA-FEIRA, 25 DE AGOSTO DE 2006
O ESTADO DE S. PAULO
VIDA& A21

ASTRONOMIA: SOBE E DESCE DE PLANETAS

Definição causa alívio, mas também vergonha e estranheza

Chefe de missão da Nasa para Plutão diz que mudança não tem rigor científico

O clima entre os astrônomos que participaram ontem em Praga da definição do conceito de planeta era de alívio pela questão ter sido finalmente resolvida. Houve quem comemorou, mas também quem lamentou a novidade.

Alan Stern, chefe da missão Novos Horizontes da Nasa que enviou no início do ano uma sonda para Plutão, disse se sentir "envergonhado". "Essa é uma definição feita de qualquer jeito. É ciência ruim." A sonda vai demorar 9 anos e meio para chegar a Plutão – desde ontem um planeta-anão –, ao custo de US$ 700 milhões.

"É como um divórcio amigável", disse Jack Horkheimer, diretor do Planetário do Museu de Ciência de Miami e apresentador de um programa de astronomia em um canal de TV americano. "O status legal mudou, mas a pessoa, não. Apenas está solteira de novo."

'SEJA O QUE FOR'

"Não sei como lidar com isso, é como perder o emprego", confessou a viúva de Clyde Tombaugh, o descobridor de Plutão, morto em 1997. "Mas eu entendo que a ciência não é algo que fica inerte, ela segue em frente", resignou-se Patrícia, de 93 anos. Ela também disse acreditar que seu marido acompanharia a mudança com interesse e aceitaria o veredicto da União Astronômica Internacional (UAI). "Clyde disse antes de morrer: '(Plutão) Está aí. Seja o que for'."

"Essa é uma grande questão principalmente para o público, não muito para os cientistas. Alguns podem estar chateados, mas já faz tempo que nos referimos a ele como um planeta menor", minimizou Richard Miller, da Universidade de Chicago.

Cerca de 2.500 astrônomos de 75 países compareceram à conferência da UAI, mas só 300 participaram da votação para qualificar com mais precisão as categorias de corpos que compõem o sistema solar. ● AP E REUTERS

NOVAS DEFINIÇÕES

- **O sistema solar:** Agora é formado por planetas clássicos, anões e pequenos corpos
- **Planetas clássicos:** Giram ao redor do Sol, têm massa para manter a forma esférica e órbita limpa. "Ao longo do tempo, acumulam poeira e rochas", explica Gastão Lima Neto, da USP
- **Planetas-anões:** Têm duas características dos clássicos, mas a órbita não é limpa. É o caso de Plutão, cuja órbita se sobrepõe à de Netuno – cumpre rota diagonal em relação aos outros planetas
- **Transnetunianos:** Definição já usada para corpos localizados depois de Netuno – Plutão inclusive
- **Pequenos corpos:** Asteróides e cometas do sistema solar

MICHAL CIZEK/AFP

REBAIXADO – Astrônomos definem status de Plutão: 300 votantes

Os astrólogos avisam: vida dos regidos por Plutão não muda

Plutão, o planeta do poder segundo a astrologia, é quem manda no mapa astral do presidente Luiz Inácio Lula da Silva. Segundo o astrólogo Maurício Bernis, professor da escola de astrologia Regulos, "Plutão está no meio do céu de Lula e determina sua vida profissional". Apesar do registro do presidente ser datado do dia 6 de outubro, ele nasceu no dia 27, ou seja, sob o signo de escorpião, que é regido por Plutão.

Mas o presidente – e os outros escorpianos – nada perdem com o rebaixamento de Plutão, garantem os astrólogos. "É só uma mudança de nomenclatura, ele continua no mesmo lugar, com a mesma massa", diz o astrólogo Alexandre Fucher. "É um problema para astrônomos e não para astrólogos", diz Bernis.

Há, no entanto, quem já não desse tanta importância para Plutão em seus mapas astrais. Para o astrólogo Assuramaya, o ex-planeta é pequeno demais para "desviar a vibração que interfere no ser humano". "A mudança de agora não altera nada na astrologia." O mapa astral é uma espécie de foto do céu tirada na hora em que alguém nasceu, que mostra a posição dos astros e sua suposta influência na personalidade e vida da pessoa. ● R.C.

HEMOCENTRO

Orientação sexual volta a ser critério

Os hemocentros do País não estão mais proibidos de questionar os doadores de sangue sobre sua orientação sexual. A desembargadora Federal Isabel Gallotti, do Tribunal Regional Federal da 1ª Região, concedeu liminar à Anvisa, derrubando, assim, o veto, mantido desde 27 de julho. A Sociedade Brasileira de Hematologia e Hemoterapia comemorou a decisão. "Os exames sorológicos não são suficientes", diz Carlos Chiattone, presidente da SBHH.

PARALISIA INFANTIL

SP vacina 3,1 milhões de crianças amanhã

A Secretaria de Estado da Saúde planeja vacinar amanhã, das 8 às 17 horas, pelo menos 3,1 milhões de crianças com até 5 anos contra paralisia infantil (poliomielite). A expectativa da secretaria é atingir a meta de 95% de adesão. O Estado tem cerca de 3,2 milhões de crianças nessa faixa etária. Cerca de 21 mil postos de vacinação, 50 mil profissionais e 4,8 milhões de doses de vacinas contra poliomielite estarão à disposição da população.

CORREÇÃO

Ao contrário do que foi publicado na edição de 18/8, há vacina para leishmaniose, mas sua eficácia não é reconhecida oficialmente. ●

AMBIENTE

Galápagos em alerta com espécies não nativas

QUITO

Os habitantes do arquipélago equatoriano das Galápagos estão em alarme por causa da descoberta de dois animais de espécies estranhas à região, catalogada como Patrimônio Natural da Humanidade pela Unesco.

O Parque Nacional Galápagos informou ontem que os habitantes encontraram uma espécie de iguana verde. Os guardas do parque capturaram o animal, que ficará nos cuidados do Comitê Interinstitucional para Controle e Manejo de Espécies Introduzidas. O réptil habita o litoral equatoriano e tem ampla presença desde a América Central até o Brasil. "A iguana verde, ao contrário das iguanas de Galápagos, se reproduzem com facilidade, o que faz sua presença no arquipélago gerar disputa por espaço e alimento com as nativas das ilhas", declarou a direção do parque.

Além disso, um morador da ilha Santa Cruz entregou uma tartaruga fêmea adulta supostamente do gênero *Rhinoclemmys*, que havia encontrada em um terreno baldio. "Apesar de existir um mecanismo de inspeção e quarentena criado para evitar a entrada de mais espécies exóticas, continuam sendo registrados episódios dessa natureza", lamentou a direção do parque. ● EFE

A20 | SEXTA-FEIRA, 25 DE AGOSTO DE 2006
O ESTADO DE S.PAULO

VIDA&

Quem fuma acelera envelhecimento facial
Pesquisa da Santa Casa aponta que processo é 3,5 vezes mais rápido em fumantes o PÁG. A22

Brasileiro compra mais remédio pela internet
Medicamentos são o 2.º item mais importado em oito Estados, atrás apenas de alimentos o PÁG. A22

ASTRONOMIA: SOBE E DESCE DE PLANETAS

Plutão é rebaixado a planeta-anão

Astrônomos reavaliam definição clássica, criam nova categoria e o sistema solar passa a ter só oito membros

Cristina Amorim

Foram 76 anos de notoriedade. Até que ontem Plutão foi rebaixado de categoria. A partir de agora, o sistema solar tem oito planetas, não mais nove: Mercúrio, Vênus, Terra, Marte, Júpiter, Saturno, Urano e Netuno.

Eles se chamarão "clássicos". Plutão, seu vizinho 2003 UB313 (ainda sem nome, mas apelidado de "Xena") e Ceres (antes considerado um asteróide parrudo entre Marte e Júpiter) pertencem a uma família recém criada, a dos planetas-anões – que pode crescer nos próximos meses com a inclusão de outros corpos parecidos e já encontrados no sistema.

A decisão foi tomada ontem por unanimidade pelos membros presentes – cerca de 300 de 2.500 – na reunião da União Astronômica Internacional (UAI), em Praga, na República Checa.

"A palavra planeta e sua noção podem ter conotação emocional porque são coisas que aprendemos quando crianças", diz Richard Binzel, do Instituto de Tecnologia de Massachusetts, que ajudou a forjar a nova definição. "Trata-se realmente de ciência. Muitos Plutões esperam para ser descobertos."

QUEM VAI, QUEM FICA

- **Desce:** Plutão, rebaixado a planeta-anão. Ele tem as mesmas características dos planetas chamados clássicos, mas não tem a órbita 'limpa', ela passa pela de Netuno
- **Sobe:** O asteróide Ceres foi promovido a planeta-anão, como Xena (2003 UB313), que nem mesmo nome oficial tem, só apelido
- **Nem sobe nem desce:** Caronte quase foi promovido, mas continua a ser uma lua de Plutão

SER OU NÃO SER

A noção comum parece simples: objeto redondo que gira em torno do Sol. "Mas ela era meio intuitiva", explica o astrônomo Gastão Bierrenbach Lima Neto, da Universidade de São Paulo, e nunca na história da astronomia havia sido formalizada. Dessa forma, cada descoberta no sistema solar gerava uma nova discussão.

A situação se complicou com o avanço dos instrumentos no século 20. Com isso, os cientistas perceberam que Plutão – um corpo gelado, pequeno e com órbita em diagonal – parecia-se muito mais com outros asteróides do Cinturão de Kuiper, um aglomerado de asteróides que circunda o sistema, do que com os planetas clássicos.

A questão foi mantida em banho-maria até 2003, quando o americano Michael Brown, do Instituto de Tecnologia da Califórnia, anunciou a descoberta de Xena, tão grande quanto Plutão e parte inequívoca da família Kuiper. O debate pegou fogo, a UAI teve de se mexer e colocar no papel, finalmente, o que faz um planeta ser um planeta.

Foram dois anos de debate e propostas diferentes para resolver a questão – a última, apresentada na semana passada, aumentava para doze o número de planetas do sistema solar. "Oito é suficiente. Vou ficar lembrado na história como o cara que matou Plutão", disse Brown. ● COM AP

'Temos que esquecer os livros'

Mudanças só estarão atualizadas a partir de 2008

Renata Cafardo

Os livros didáticos brasileiros só poderão ensinar o rebaixamento de Plutão em 2008. A compra de obras para cerca de 17 milhões de alunos de 1ª a 4ª série do ensino público para 2007 já foi iniciada pelo Ministério da Educação (MEC). O conteúdo dos livros, portanto, já havia sido aprovado antes da votação de ontem.

"Temos que esquecer o livro agora", diz a professora de geografia do Colégio Bandeirantes Ana Paula Zanini. A partir de hoje, a escola estimulará pesquisas na internet, em jornais e revistas para ensinar as novas definições. Lá, fala-se dos planetas na 5ª série e no ensino médio.

"Só o que podemos fazer é colocar no nosso site um artigo falando da nova nomenclatura", diz o diretor editorial das editoras Ática e Scipione, que juntas representam a maior parte do mercado de livros didáticos. Elas fornecem ao governo cerca de 30 milhões de livros por ano. Para as escolas privadas, são 9 milhões.

Não existe uma determinação oficial sobre a série em que os professores devem abordar o tema sistema solar, tanto na escola pública quanto na particular. Segundo o MEC, a decisão fica por conta dos sistemas de ensino. Há os que incluem o assunto em ciências, mas o mais comum é que faça parte de geografia.

Os alunos do Colégio Mngno, na zona sul da capital, começam a estudar os planetas na 2ª série. Ontem, a diretora da escola decidiu que as próprias crianças farão as modificações na apostila sobre o assunto. "Elas vão trazer materiais, fazer pesquisas na internet e reescrever o que mudou", diz Cláudia Tricate. "É uma oportunidade de aprenderem construindo o conhecimento."

Para a professora de geografia do Colégio Ítaca, Adriana Furlan, que não usa livros didáticos, o rebaixamento de Plutão será discutido de outro modo. "Vamos aproveitar para falar que não existem verdades absolutas", diz. ●

estadao.com.br
Mais informações no site http://www.estadao.com.br

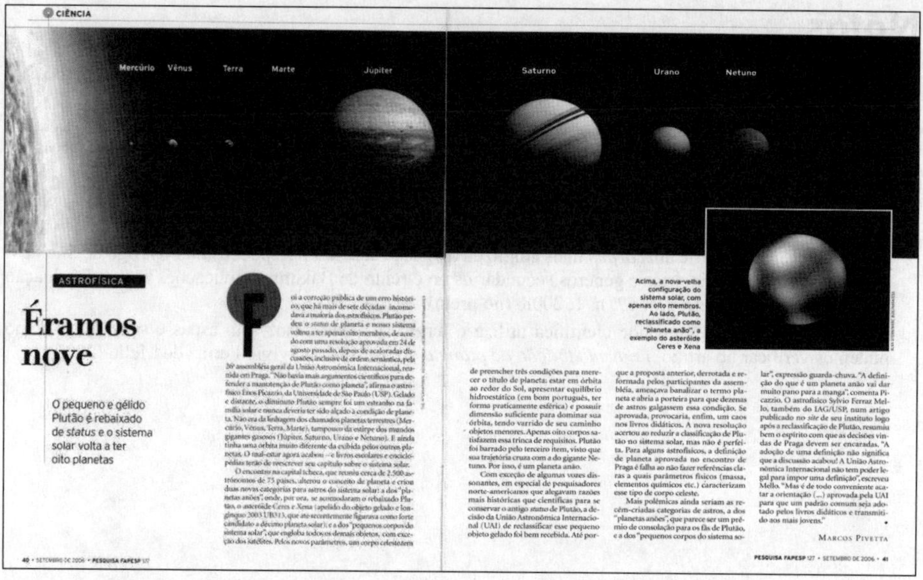
CIÊNCIA

Mercúrio Vênus Terra Marte Júpiter Saturno Urano Netuno

ASTROFÍSICA

Éramos nove

O pequeno e gélido Plutão é rebaixado de *status* e o sistema solar volta a ter oito planetas

Acima, a nova-velha configuração do sistema solar, com apenas oito membros. Ao lado, Plutão, reclassificado como "planeta anão", e exemplo do asteróide Ceres e Xena

MARCOS PIVETTA

Sugestões de leitura

Leituras introdutórias à teoria do Círculo de Bakhtin

BRAIT, Beth (org.). *Bakhtin*: conceitos-chave. São Paulo: Contexto, 2005.

______ *Bakhtin*: outros conceitos-chave. São Paulo: Contexto, 2006.

CLARK, Katerina; HOLQUIST, Michael. *Mikhail Bakhtin*. Trad. J. Guinsburg. São Paulo: Perspectiva, 1998.

FARACO, Carlos Alberto. *Linguagem & diálogo*: as idéias lingüísticas do círculo de Bakhtin. Curitiba: Criar, 2003.

Cuidados na elaboração da monografia

1) Deixe bem claro e explícito, logo na introdução, o objetivo central;
2) Justifique, ao longo do texto, as escolhas empreendidas (teóricas, metodológicas, analíticas etc.);
3) Selecione um *corpus* compatível de ser analisado na extensão prevista;
4) Zele pela coerência interna, ou seja, o que for apresentado na introdução deve ser desenvolvido na análise e retomado na conclusão;
5) A conclusão é um momento-chave do trabalho, pois é o lugar para a *retomada* e a *síntese* das descobertas ou os avanços da análise;
6) Cuide da correta e completa apresentação das referências bibliográficas. Se seu professor não apresentar regras específicas, sugere-se a consulta à ABNT (Associação Brasileira de Normas Técnicas) para "Informação e documentação – referências – elaboração", que pode ser encontrada na biblioteca da sua universidade.

Notas

1 De acordo com informações do site, a revista *Pesquisa Fapesp* tem, em 2008, uma tiragem de 35.700 exemplares e é enviada gratuitamente para uma lista de 22 mil pesquisadores.

2 "1. Ato ou efeito de aludir. 2. Referência vaga e indireta. 3. Menção, referência, relação. 4. *Ret.* Apreciação indireta de uma pessoa ou de um ato, por meio de referência a um fato ou personagem conhecidos" (Ferreira, 1986, p. 95).

3 O peritexto designa certos aspectos da construção composicional que circundam o texto (título, título auxiliar, infográficos, nome do autor, olho etc.)

4 Para conhecer análises de um *corpus* mais amplo da revista *Pesquisa Fapesp*, consultar o artigo de Sheila V. C. Grillo, "Gêneros primários e gêneros secundários no círculo de Bakhtin: implicações para a divulgação científica", em Alfa, Unesp, v. 52, n. 1, 2008. (no prelo).

5 Observamos que a comunidade científica utiliza o termo "planeta anão" sem aspas e sem hífen, como pudemos verificar no artigo *A nova definição de planeta* do astrofísico Sylvio Ferraz de Mello (2008).

O ensaio jornalístico: escolhas lexicais, referenciação e a fabricação da realidade

Maria Lúcia da Cunha Victório de Oliveira Andrade

> "Ele [o menino mais velho] tinha querido que a palavra virasse coisa e ficara desapontado quando a mãe se referira a um lugar ruim, com espetos e fogueiras. Por isso rezingara, esperando que ela fizesse o inferno transformar-se. [...]
> Agora tinha idéia de aprender uma palavra, com certeza importante porque figurava na conversa de sinhá Terta. Ia decorá-la e transmiti-la ao irmão e à cachorra. Baleia permaneceria indiferente, mas o irmão se admiraria invejoso.
> – Inferno, inferno.
> Não acreditava que um nome tão bonito servisse para designar coisa ruim."
> Graciliano Ramos

A fabricação da realidade

Ao lermos esse trecho do romance *Vidas secas*, de Graciliano Ramos, percebemos que o enunciador nos conta a reação do menino mais velho ao ouvir a palavra *inferno* pela primeira vez. Ele fica repetindo e apreciando o termo diante do olhar solitário da cachorra Baleia, denunciando o fascínio que as palavras podem exercer diante do desconhecimento de seu significado e a ilusão criada pela linguagem: "Ele tinha querido que a palavra virasse coisa...". Esse episódio revela ainda a importância da percepção/cognição do homem em relação ao mundo/realidade e como se dá a captação, intelectualmente, através de "óculos sociais".[1]

Na verdade, o menino mais velho do romance evidencia o que ocorre com qualquer indivíduo quando se encontra diante de uma palavra nova, nunca antes ouvida ou lida em seu contexto social e, na explicação de Bachelard (1957): "[...] primeiro o meu devaneio, depois a minha percepção, em seguida a minha representação, e, enfim, a minha retificação e o meu esquema...".[2] A partir dessa citação, podemos verificar que aquilo que julgamos ser a realidade é apenas um produto de nossa percepção cultural.

Partindo do ensaio de Roberto Pompeu de Toledo, intitulado "Autoridade é uma coisa, eficácia é outra" e publicado na revista *Veja* em 14 de novembro de 2007, pretendemos analisar como as escolhas lexicais feitas pelo enunciador refletem a ideologia e como o enunciador fabrica a realidade a partir de objetos-de-discurso, ou seja, como, ao selecionar os referentes, o enunciador não espelha diretamente o mundo real, mas constrói e reconstrói os elementos no interior do próprio discurso. Também é nosso interesse abordar a função que o gênero ensaio – uma prática de linguagem socialmente situada – exerce na mídia impressa. Para tanto, tomaremos como base o pressuposto de que a referenciação constitui uma atividade discursiva (Koch e Marcuschi, 1998; Marcuschi e Koch, 2002; Mondada e Dubois, 2003[3]), observando como esse processo de percepção evidencia que a realidade é construída, mantida e alterada não somente pela forma como nomeamos o mundo, mas, e principalmente, pela forma como interagimos com ele, isto é, interpretamos e construímos nossos mundos por meio da interação com o contexto de situação[4] e o contexto sócio-histórico-ideológico.

É sabido que o ensaio – embora publicado em revista de grande circulação nacional que objetiva informação, divulgação e entretenimento – continua revelando rigor lógico e coerência de argumentação e, por isso mesmo, exige grande conhecimento cultural e certa maturidade intelectual não só por parte do enunciador (escritor), mas também do coenunciador (leitor).

Com base nos trabalhos de Van Dijk (1999, 2000a, 2000b, 2003), refletiremos em que medida o uso da linguagem – como prática social – é marcado, expressa opiniões com fundamentos ideológicos e como esses fundamentos se reproduzem em nossa sociedade, instaurando um conhecimento partilhado entre os leitores. Segundo o autor, "as ideologias são consideradas crenças básicas compartilhadas por grupos e é preciso localizá-las no que se define como memória social, juntamente com o conhecimento e atitudes sociais dos membros de determinado grupo" (Van Dijk, 2003, p. 10). No ensaio sob análise, o jornalista apresenta sua visão sobre o caos aéreo vivido pelos brasileiros no segundo semestre de 2007 e a postura do ministro da Defesa diante dos fatos.

O ensaio jornalístico e o processo de referenciação

No meio acadêmico, o *ensaio* pode ser definido como um texto que apresenta um estudo bem desenvolvido, formal, discursivo sobre determinado tema. Deve apresentar exposição lógica, reflexão, argumentação rigorosa com alto nível de interpretação e julgamento pessoal. Segundo Severino (2000, p. 153), "no ensaio há maior liberdade por parte do autor, no sentido de defender determinada posição sem que tenha de se apoiar no rigoroso e objetivo aparato de documentação empírica e bibliográfica", como acontece nos artigos científicos, nas dissertações e teses. O *ensaio* constitui, portanto, uma peça longa, em linguagem técnico-científica, "com objetivo lógico-discursivo e de caráter intelectualista" (cf. Castello, 1999). Abriga-se comumente nas chamadas ciências sociais, nas quais encontra um campo fecundo para as investigações teóricas que busca promover.

Lopes (2004) indica que o termo *ensaio* foi utilizado pela primeira vez, em 1580, pelo escritor francês Michel Eyquem de Montaigne no título de sua obra *Ensaios*. O livro contém pequenas composições sobre temas variados, dos mais correntes aos mais formais. Ainda segundo Lopes, as composições desse tipo já eram usuais no século XVI, mas o título do autor francês apresenta uma expressão de caráter inovador. Com relação ao uso do termo *ensaio*, Montaigne[5] explicava que, por serem tentativas literárias, eram como ensaios, esboços informais, próximos às conversas cotidianas (cf. Burke, 2006).

Entretanto, a partir do século XIX, tanto o significado do termo como o gênero textual tornaram-se bastante conhecidos. E, nas palavras de Lopes:

> Deixando de ser um escrito de feição provisória, típico de um tempo de incertezas e de conjeturas – filosóficas, sobretudo! –, o ensaio ganhou *status* literário, passando a significar a expressão de uma opinião, sem, no entanto, apresentar preocupação com um rigor acadêmico ou com uma reflexão profunda. Nascia, assim, um gênero propício às reflexões contidas na famosa indagação atribuída a Montaigne: *"o que sei?"*. (2004, p. 36).

Michel Eyquem de Montaigne trata em sua obra de assuntos diversos: amizade, virtude, sociedade. Seus textos são, provavelmente, autênticos documentos da civilização ocidental, que revelam a importância de o ser humano encontrar o caminho da verdade, da justiça, sem esquecer a relatividade das coisas humanas.

Na visão de Huisman (2000, p. 179), a obra do pensador francês é "ondulante e diversa". Constitui-se de reflexões e comentários sobre os vários fatos da história passada e presente. Acima de tudo, o assunto de *Ensaios* é a insatisfação do enunciador com o seu tempo, bem como uma reflexão sobre a morte; entretanto, camuflando todas essas questões, o autor descreve a si mesmo: "O que descrevo sou eu mesmo. Eu sou a matéria de meu livro". Vejamos mais de perto as palavras de Huisman sobre o ensaísta:

> Montaigne é um ser móvel como a sua obra; dá-se à digressão, utiliza a metáfora, passeia o pensamento através dos meandros das frases. No entanto, essa liberdade não deixa de dissimular um rigor e uma articulação premeditada. Fiel à filosofia antiga de Sêneca e de Plotino, Montaigne representa o pensamento de seu século. Moderado, partidário do meio-termo, ele é um diletante refinado e mundano. Adepto da felicidade terrestre, simboliza o *honnête homme* por excelência. (2000, p. 180)

Relacionado aos fatos, aos eventos do cotidiano, o *ensaio jornalístico* apresenta caráter informal, exprimindo, geralmente, as ideias do enunciador relativas às suas reações diante dos acontecimentos observados ao seu redor. Como já foi dito, o ensaio manifesta articulação lógica e coerência de argumentação, ainda que seja publicado em revista de grande circulação nacional. Em uma perspectiva interacionista, o texto é fruto de um processo que se define no próprio percurso argumentativo. Isso pode explicar a presença de índices de interatividade presentes no texto sob análise: no conhecimento partilhado entre enunciador e coenunciador e revelado na relação intertextual (*Com isso, vamos nos familiarizando com seu jeitão seguro de dizer as coisas....*), ou na exclamação do enunciador sobre o ministro em foco (*Grande Jobim!*), no uso de modalizadores (*Pode até não conseguir transferir a dureza de suas ordens para o terreno da eficácia, infelizmente*), na avaliação dos fatos (*O interlocutor sente-se diminuto, diante de tão zeloso cultor da lógica e do rigor do pensamento. Só os fatos é que, teimosos, não se curvam*) e nas citações que dão sustentação aos episódios vivenciados pelo ministro e que remetem a conhecimentos partilhados pelos interlocutores e relativos à política nacional.

Classificado como *ensaio* pelo próprio veículo de sua publicação (revista *Veja*), o texto desvela características emergentes das inter-relações entre as condições de produção e as ações de linguagem relativas ao gênero. Segundo Burke (2006), o ensaio, tal como é praticado pela mídia brasileira, não se baseia em "pensamento rigoroso nem em pesquisa extensiva", mas busca a adesão do interlocutor para as ponderações apresentadas. O ensaísta visa mais à empatia do que à erudição com o objeto em foco, para poder, assim, conseguir a adesão do leitor.

Em relação aos ensaios de *Veja*, verificamos que eles estão fielmente sempre na última página da revista e que seu autor, o jornalista Roberto Pompeu de Toledo, além de manter essa coluna semanal, também faz parte do grupo de editores especiais. Por meio da enunciação constituída em seus textos, percebemos que as estratégias de construção do discurso (citações, escolhas lexicais, paralelismos, perguntas retóricas, inserções, operadores argumentativos, entre outras) visam transmitir a opinião do enunciador a respeito do tema em pauta e estabelecer uma aproximação mais efetiva com o leitor, buscando envolvê-lo e criando maior cumplicidade para que ele também seja seu coenunciador. Na verdade, os textos revelam e desvelam um enunciador que, talvez na trilha de Montaigne, sinta-se insatisfeito com o seu tempo, com a sociedade em que vive e busque, por meio da reflexão, dividir com seu leitor suas dúvidas, anseios e preocupações, como podemos verificar nas últimas palavras do ensaio: “Há um campeonato, porém, que lidera mais disparado do que o São Paulo no futebol: o da simulação de autoridade.”

Representação da ideologia e processo de referenciação

Segundo Van Dijk (1999, p. 175), as ideologias são definidas como crenças fundamentais de um grupo e de seus membros. Pelo fato de constituir-se por sistemas de ideias de grupos sociais e movimentos, as ideologias não apenas dão sentido ao mundo (desde o ponto de vista do grupo), como também proporcionam o fundamento das práticas sociais dos membros de cada grupo. Frequentemente, as ideologias surgem da luta e do conflito de um grupo, estabelecendo a oposição entre **Nós** e **Eles**.

Uma das práticas sociais mais importantes que as ideologias determinam é o uso da linguagem e do discurso. Estes, por sua vez, também influenciam a forma de adquirir, aprender ou mesmo modificar as ideologias. De modo geral, nosso discurso – especialmente quando falamos como membros de um grupo – expressa opiniões com fundamento ideológico. Assim, pode-se afirmar que o ensaio em foco revela a opinião do enunciador (jornalista) sobre a figura do ministro da Defesa, Nelson Jobim, comparando-o física e espiritualmente ao general De Gaulle.

Ainda na visão de Van Dijk, o quadro teórico dos estudos sobre ideologia precisa ser multidisciplinar, já que os conceitos de ideologia e discurso não podem ser tratados de modo adequado apenas em uma disciplina: exigem uma análise em todas as disciplinas das humanidades. Entretanto, o autor trata desse grande número potencial de disciplinas em três grupos: estudos do *discurso* (aspectos relacionados ao uso da linguagem, interação, comunicação), *cognição* (aspectos mentais das ideologias, como natureza das ideias e crenças, sua relações com as opiniões e o conhecimento) e *sociedade* (os aspectos históricos, sociais, políticos e culturais, sua natureza baseada no grupo e seu papel na reprodução ou na resistência ao domínio) (cf. Van Dijk, 2000a).

Assim, devemos entender as ideologias como "crenças compartilhadas socialmente e associadas às propriedades características de um grupo, como a identidade, a posição na sociedade, os interesses e os objetivos, as relações com outros grupos, a reprodução e o meio natural" (Van Dijk, 2003, p. 8).

As representações semânticas que definem o "significado" do discurso são apenas uma pequena seleção da informação representada no modelo que se usa na composição do discurso. O enunciador e o coenunciador devem compartilhar o mesmo fundamento comum, na medida em que constroem e compreendem o discurso, criando efeitos de sentido que revelam a intencionalidade e a aceitabilidade comunicativas.

Nessa perspectiva, os modelos contextuais funcionam como uma espécie de mecanismo de controle geral no processo de construção discursiva. Seguem a pista de nossas intenções e objetivos, informam-nos aquilo que o interlocutor já sabe, as relações sociais atuais entre os participantes, onde nos encontramos, o tempo e a situação social atual etc. Por exemplo, a própria distribuição dos textos na mídia em que é divulgado já transmite ao leitor algumas pistas para o processo de construção da leitura de tais textos, por parte do coenunciador: um ensaio na página final de uma revista de circulação nacional, um editorial na segunda página de um jornal, uma crônica na seção de esportes, um caderno de entretenimento numa revista semanal etc. Essas categorias são necessárias na medida em que nos orientam em relação ao discurso e situam-nos adequadamente no ato comunicativo. A adaptação discursiva evidencia ainda a capacidade do enunciador de construir seu discurso, selecionando um estilo que se enquadre no contexto comunicativo. Será mais ou menos formal, escolherá uma palavra ao invés de outra, em função de onde ou com quem fala e quais são suas intenções no jogo interacional.

As ideologias dos meios de comunicação perpassam os textos de modo geral: as manchetes, os editorias, os artigos de fundo, as crônicas, os ensaios. Segundo Van Dijk, "as ideologias não somente controlam o que dizemos ou escrevemos, mas também o modo como fazemos" (2003, p. 20). Enquanto membro de um grupo social, o jornalista manifesta suas ideologias concretas nas ações e nas interpretações, ou seja, na medida em que elabora seu discurso, faz escolhas linguísticas que revelam, em sua prática social, sua visão de mundo ou sua opinião sobre o tema em foco (o enunciador nomeia o ministro Jobim de ministro dos Desastres Aéreos).

A ideologia das notícias não se limita apenas ao conteúdo e ao estilo dos textos, também inclui a captação das notícias, as fontes de informação, a interação entre os jornalistas e demais profissionais de imprensa, a organização de suas atividades. As ideologias profissionais e sociais dos jornalistas controlam quem será investigado, analisado, entrevistado. Portanto, as diversas atividades que definem as notícias e a realização de um jornal diário ou de uma revista semanal se baseiam nas ideologias dos atores sociais que participam como membros de grupos sociais diversos.

Em termos linguísticos, é mais fácil encontrar influências da ideologia no significado semântico e no estilo de um discurso do que na morfologia (formação de palavras) e certos aspectos da sintaxe (formação de orações), porque estas últimas dependem muito menos do contexto. As escolhas lexicais, isto é, a construção dos referentes que um autor seleciona para caracterizar um personagem em seu texto revelam uma opção diretamente relacionada com sua opinião, que é dependente de sua posição ideológica e das atitudes relativas ao grupo que representa. Assim, no ensaio escolhido para análise, verificamos que o jornalista elabora um texto que busca traçar um perfil do personagem envolvido (o ministro Jobim) a partir de sua postura e de suas atitudes.

Cabe esclarecer que a referenciação é vista como um processo que se desenvolve dinamicamente, na interação, segundo contextos diferenciados, e que as atividades de construção/constituição de sentidos atuam sobre objetos de discurso (cf. Koch e Marcuschi, 1998; Marcuschi e Koch, 2002; Mondada e Dubois, 2003) em lugar de representar objetos do mundo "real" ou "objetivo".

Nessa perspectiva, é fundamental considerar o papel do contexto nas atividades de constituição dos referentes selecionados para compor o texto.

Mondada e Dubois (2003, p. 20) propõem um novo olhar aos processos constitutivos da referenciação, em que os sujeitos constroem na intersubjetividade das negociações, por meio de práticas discursivas e cognitivas, social e culturalmente situadas, versões públicas do mundo. Em vez de considerar as categorias e os objetos de discurso como dados, preexistentes e, portanto, dotados de estabilidade, as autoras partem do princípio de que tais categorias e objetos são elaborados no curso das atividades dos sujeitos, transformando-se segundo os contextos em que estão inseridas. Nesse sentido, categorias e objetos de discurso são marcados por uma instabilidade constitutiva, observável por meio de operações cognitivas ancoradas em práticas, em atividades verbais e não verbais negociadas na interação.

Segundo Marcuschi e Koch (2002, p. 37), essa perspectiva adotada pelas autoras não nega a existência da realidade extramente, nem estabelece a subjetividade como parâmetro do real, tampouco dá à linguagem um poder criador de realidades. E os autores acrescentam:

> Nosso cérebro não opera como um sistema fotográfico do mundo, nem como um sistema de espelhamento, ou seja, nossa maneira de ver e dizer o real não coincide com o real [...]. O cérebro é um aparato que reelabora os dados sensoriais para fins de apreensão e compreensão. Nossa tese é a de que essa reelaboração se dá essencialmente no discurso. Não postulamos uma reelaboração subjetiva, individual, em que cada qual pode fazer o que quiser. A reelaboração deve obedecer a restrições impostas pelas condições culturais, sociais, históricas e, finalmente, pelas condições de processamento decorrentes do uso da língua.

Análise do ensaio

Em conformidade com Fairclough (1989 e 2001), podemos afirmar que o ensaio sob análise deve ser lido como um texto que evidencia uma prática social reveladora das noções de ideologia e poder que se aproxima do enfoque discursivo interacionista de Bakhtin (1986 e 1992). Nessa perspectiva, o discurso deve ser visto como um elemento inerente a práticas sociais, quer como parte da atividade, quer como representação discursiva sobre ela.

Para compor o perfil do personagem envolvido, o enunciador introduz o ensaio – "Autoridade é uma coisa, eficácia é outra" – por meio de uma fala do ministro Nelson Jobim. Entretanto, o enunciador o denomina *ministro do Desastre Aéreo*, e não ministro da Defesa:

> A fiscalização existe. A eficácia dessa fiscalização é que é o problema. O problema da existência da fiscalização é uma coisa, e outra coisa é a eficácia da fiscalização.

No processo de referenciação instaurado pelo enunciador, observamos que nas escolhas lexicais o ensaísta emprega termos reveladores de sua perspicácia como escritor, dado que seleciona com precisão as palavras que compõem a imagem que deseja construir do ministro, pois Jobim recebeu destaque na mídia ao assumir o ministério da Defesa num momento de crise do sistema aéreo (desastres, greves de controladores de voos, manifestações nos aeroportos).

Outra característica é assinalada pelos comentários do jornalista a respeito do ministro. Emprega o operador argumentativo *mas* para destacar a exposição do ministro na mídia, visto que anteriormente, quando foi membro do Supremo Tribunal Federal, não estava tão em evidência:

> Jobim frequenta já há algum tempo a cena nacional, mas nunca esteve tão exposto. Com isso vamos nos familiarizando com seu jeitão seguro de dizer as coisas, temperado por um certo enfado, como se cansado de ter de explicar questões tão óbvias.

Em outro momento do texto, o enunciador volta a avaliar as atitudes do ministro:

> Jobim é dado à propedêutica. A palavra é difícil, e pede esclarecimento. [...] Assim, antes de mais nada, ao comentar o acidente aéreo do Campo de Marte, em São Paulo, no qual morreram oito pessoas, ele ensinou a diferença entre fiscalização e eficácia da fiscalização. O propedeuta que nele habita já atacara antes.

Na explanação do perfil do ministro, o enunciador vale-se de linguagem metafórica para explicar a independência dos fatos em relação ao ministro, tido como figura poderosa (por meio da referenciação, o ministro é caracterizado como *zeloso cultor da lógica e do rigor do pensamento*). Entretanto, a escolha mais significativa é quando o enunciador destaca como fica o interlocutor diante de um ministro "dado à propedêutica":

> O propedeuta impressiona. O interlocutor sente-se diminuto, diante de tão zeloso cultor da lógica e do rigor do pensamento. Só os fatos é que, teimosos, não se curvam.

Mas o ministro não se abala e de sua posição (das alturas de seu etéreo assento) explica a diferença entre fiscalização e eficácia da fiscalização. Por fim, para o enunciador, a imagem do ministro pode ser definida por sua autoridade:

> Só numa coisa o ministro é mais forte do que na propedêutica: na exibição de autoridade [...]. O problema é fazer a autoridade traduzir-se em medidas práticas.

Por meio das atitudes do ministro descritas no ensaio, o jornalista revela, em conformidade com Duby (1979, p. 130), que é em função da "imagem que constroem e que nunca fornece o reflexo fiel que os homens pautam a sua conduta". As figuras públicas, sejam elas celebridades do mundo artístico, esportistas ou políticos, representam modelos de comportamento "que são o produto de uma cultura e que mais ou menos se ajustam, no decorrer da história, às realidades materiais".

No texto sob análise, o enunciador expressa sua opinião em relação à atitude do ministro Jobim em episódios específicos que são relembrados. Essa manifestação evidencia-se em uma prática social, isto é, o ensaio jornalístico. O caráter dinâmico do texto e seu respectivo contexto podem ser verificados no processo de referenciação estabelecido pelo enunciador e identificado pelos leitores. Segundo Kerbrat-Orecchioni (1990), o discurso é uma atividade condicionada pelo contexto, mas que também é transformadora desse mesmo contexto. Desse modo, o processo de referenciação instaurado pelo ensaísta – indivíduo que ocupa um determinado espaço de domínio público – permite ao leitor a criação de um campo de possibilidades para sua atuação no mesmo domínio jornalístico, de acordo com restrições impostas pelas circunstâncias.

Considerações finais

O objetivo deste capítulo foi refletir sobre o processo de construção textual a partir das escolhas lexicais, observando como elas refletem a ideologia e como o enunciador fabrica a realidade a partir de objetos-de-discurso. Desse modo pudemos verificar como o jornalista cria os referentes no interior do próprio discurso, evidenciando o seu olhar sobre os fatos, as pessoas, enfim, sobre a sociedade.

Após a análise apresentada, acreditamos que o ensaio de autoria do jornalista Roberto Pompeu de Toledo cria, por meio das estratégias apontadas, um efeito de sentido de ironia em relação ao personagem analisado, na medida em que esboça um perfil desse indivíduo, apontando seus traços mais significativos e revelando uma personalidade forte. Seu ensaio é o produto de uma interação social que reflete não só o pensamento de uma comunidade, seu contexto sócio-histórico-ideológico, mas acima de tudo desvela de modo elegante e particular o seu processo de produção. Assim, podemos nos valer das palavras de Brait (1993, p. 200), para quem a interação funda-se "no olhar avaliativo" daqueles que participam dessa atividade; no que se refere à escrita, o enunciador precisa ser hábil para poder atingir seu coenunciador, já que este desempenha um papel social e discursivo bastante significativo (Kerbrat-Orecchoni, 1990, p. 89) na construção textual.

Bibliografia

BAKHTIN, M. *Marxismo e filosofia da linguagem.* São Paulo: Hucitec, 1986.

____. *Estética da criação verbal.* São Paulo: Martins Fontes, 1992.

BLIKSTEIN, I. *Kaspar Hauser ou a fabricação da realidade.* 4. ed. São Paulo: Cultrix, 1995.

BRAIT, B. O processo interacional. In: PRETI, D. (org.). *Análise de textos orais.* São Paulo: Humanitas, FFLCH/USP, Projetos Paralelos, 1993, v. 1, pp. 189-213.

BURKE, P. *Um ensaio sobre ensaios.* Trad. José Marcos Macedo. Disponível em: <http://www.portrasdasletras.com.br>. Acesso em: 07/11/2006.

CASTELLO, J. A prática do ensaio com elegância e firmeza. *O Estado de S. Paulo*, Caderno 2, 5 jun. 1999.

DUBY, G. História social e ideologias das sociedades. In: LE GOFF, J.; NORA, P. *História*: novos problemas. 2. ed. Rio de Janeiro: Francisco Alves, 1979, pp. 130-45.

FAIRCLOUGH, N. *Language and Power.* New York: Longman, 1989.

____. *Discurso e mudança social.* Brasília: Editora da UnB, 2001.

HUISMAN, D. *Dicionário de obras filosóficas.* Trad. Ivone Castilho Benedetti. São Paulo: Martins Fontes, 2000.

KERBRAT-ORECCHIONI, C. *Les interactions verbales.* Paris: Armand Colin, 1990, v. 1.

LOPES, M. A. P. T. *Processos inferenciais de referenciação na perspectiva sócio-discursiva.* Belo Horizonte, 2004. Tese (Doutorado) – Universidade Federal de Minas Gerais.

KOCH, I. G. V.; MARCUSCHI, L. A. Processos de referenciação na produção discursiva. *D.E.L.T.A.*, n. 14, 1998, pp. 169-90. Número especial.

MAINGUENEAU, D. *Análise de textos de comunicação.* Trad. M. Cecília P. de Souza e Silva e Décio Rocha. São Paulo: Cortez, 2001.

MARCUSCHI, L. A.; KOCH, I. G. V. Estratégias de referenciação e progressão referencial na língua falada. In: ABAURRE, M. B. M.; RODRIGUES, A. C. S. (orgs.). *Gramática do português falado:* novos estudos descritivos. Campinas/São Paulo: Editora da Unicamp/Fapesp, 2002, v. VIII, pp. 31-56.

Mondada, L.; Dubois, D. Construção dos objetos de discurso e categorização: uma abordagem dos processos de referenciação. In: Cavalcante, M. M.; Rodrigues, B.B.; Ciulla, A. (orgs.). *Referenciação*. São Paulo: Contexto, 2003, pp. 17-52.

Montaigne, M. de. *Ensaios*. Trad. Sérgio Milliet. São Paulo: Abril Cultural. Coleção Os Pensadores, 1972, v. XI.

Severino, A. J. *Metodologia do trabalho científico*. 21. ed. rev. e ampl. São Paulo: Cortez, 2000.

Van Dijk, T. A. *Ideologia*: una aproximación multidisciplinaria. Barcelona: Gedisa, 1999.

__________. El estudio del discurso. In: Van Dijk. T. A. (org.). *El discurso como estructura y proceso*. Barcelona: Gedisa, 2000a, v. 1, pp. 21-65.

__________ El discurso como interacción en la sociedad. In: Van Dijk. T. A. (org.). *El discurso como interacción social*. Barcelona: Gedisa, 2000b, v. 2, pp. 19-66.

__________. Ideología y discurso: una introducción multidisciplinaria. Barcelona: Universidad Pompeu Fabra, 2003. Disponível em: <http://www.discursos.org>. Acesso em: 20 de novembro de 2007. 43 pp.

Fontes

Ramos, Graciliano. *Vidas secas*. São Paulo: Record, 1984.

Veja – edição de 14 de novembro de 2007, p. 190.

Anexo

Autoridade é uma coisa, eficácia é outra

"O caos aéreo, de pura teimosia, sobrevive de ordens e à pose do ministro Jobim"

Roberto Pompeu de Toledo

O ministro dos Desastres Aéreo, Nelson Jobim, explicou assim, na semana passada, a questão da fiscalização das condições em que operam os aviões no país: "A fiscalização existe. A eficácia dessa fiscalização é que é o problema. O problema da existência da fiscalização é uma coisa, e outra coisa é a eficácia dessa fiscalização". Jobim frequenta já há algum tempo a cena nacional, mas nunca esteve tão exposto. Com isso vamos nos familiarizando com seu jeitão seguro de dizer as coisas, temperado por um certo enfado, como se cansado de ter de explicar questões tão óbvias. O ministro, da altura de mais de 1,90 metro às proeminências do nariz e do abdome, tem o perfil do general De Gaulle. Recortem-se as silhuetas de um e de outro e elas se encaixarão como uma peça de quebra-cabeça em seu molde. Da semelhança física, o modelo gaullista expandiu-se para o espírito do ministro. Ele fala do alto, e não apenas pela vantagem que lhe dá a estatura. Tal qual as do francês, suas sentenças, mesmo que ditas na pista de um aeroporto, ou na floresta, com uma sucuri entre os braços, soam como vindas da cátedra, do púlpito, ou, caso se ache pouco, do Olimpo, do assento etéreo onde se acomoda.

Jobim é dado à propedêutica. A palavra é difícil, e pede esclarecimento. Propedêutica é o ensino que precede o ensino. É a definição das preliminares que devem balizar o estudo das questões. Assim, antes de mais nada, ao comentar o acidente aéreo do Campo de Marte, em São Paulo, no qual morreram oito pessoas, ele ensinou a diferença entre fiscalização e eficácia da fiscalização. O propedeuta que nele habita já atacara antes. No dia 4 de outubro: "Precisamos caminhar para uma percepção de segurança. Uma coisa é ter segurança, e outra é que as pessoas percebam isso. Temos agora a segurança do sistema, mas não conseguimos fazer ainda com que as pessoas percebam isso". No dia 24 de outubro: "O problema aéreo é composto de três patamares: segurança, regularidade e pontualidade. Com a equação dos problemas de pistas, a questão da segurança está resolvida. Agora, a regularidade e a pontualidade dependem de uma série de medidas [...]".

O propedeuta impressiona. O interlocutor sente-se diminuto, diante de tão zeloso cultor da lógica e do rigor do pensamento. Só os fatos é que, teimosos, não se curvam. Oito dias depois de o ministro decretar que "a questão da segurança está resolvida", três helicópteros caíram em São Paulo. Mais três dias, e deu-se o desastre do Campo de Marte. Quanto à regularidade e à pontualidade – os outros "patamares" do problema –, a espera dos passageiros nos saguões dos aeroportos foi transferida para o interior dos aviões, estacionados longo tempo, antes de obter autorização de decolar. E as companhias aéreas encontraram uma deslavada forma de burlar a proibição de viagens superiores a 1000 quilômetros a partir do Aeroporto de Congonhas: pegam um voo, digamos São Paulo – Salvador, e desdobram-no em dois, São Paulo – Rio e São Paulo – Salvador. Nas burlas deslavadas em grau máximo, os passageiros nem precisam descer do avião, na escala do Rio. Nas burlas de deslavagem média, mas de absurdo máximo, descem e minutos depois são convocados a subir no mesmo avião.

O ministro não se abala. Foi nesse quadro, com as coisas funcionando desse jeito, que, das alturas de seu etéreo assento, estabeleceu a distinção entre fiscalização e eficácia da fiscalização. Grande Jobim! Não faria muita diferença se dissesse: "A fiscalização não existe. O problema é que a fiscalização não fiscaliza". Por extensão, os galhofeiros poderiam repicar: "Ministro existe. O problema é que não administra". Ou: "Governo existe. O problema é que não governa". Como o ministro é forte na propedêutica, deu um nó na questão para interpor-lhe uma preliminar, ensinando que é preciso analisar bem, e com cuidado, antes de dizer que não há fiscalização.

Só numa coisa o ministro é mais forte do que na propedêutica: na exibição de autoridade. Memorável foi o brado do seu discurso de posse, desferido como golpe de bodurna na testa do dócil antecessor: "Aja ou saia, faça ou vá embora". Era o fantasma do general De Gaulle a revirar-se em suas entranhas. De Gaulle tresandava autoridade pelos poros da pele, pelas grossas narinas, até pelos fios de cabelo. Da aparência de autoridade, assim como da aparência de De Gaulle, Jobim está bem servido. O problema é fazer a autoridade traduzir-se em medidas práticas. Ou, posto de outra forma: "A autoridade existe. A eficácia dessa autoridade é que é o problema". O ministro é um especialista em disparar ordens pela imprensa. Na sequência do desastre do Campo de Marte, intimou as companhias a prover a manutenção de seus aviões e arrematou: "Cobraremos isso com muita força". Grande Jobim! Pode até não conseguir transferir a dureza de suas ordens para o terreno da eficácia, infelizmente tão necessária. Há um campeonato, porém, que lidera mais disparado do que o São Paulo no futebol: o da simulação de autoridade.

Sugestões de leitura

1) Ler o texto “Crítico teatral vai ao casamento”, de Millôr Fernandes, que está na obra *Trinta anos de mim mesmo*. São Paulo: Círculo do Livro, 1978, p. 78.

É interessante observar a construção textual a partir das escolhas lexicais feitas pelo enunciador para descrever a cena do casamento na perspectiva de um crítico de espetáculos teatrais.

2) Entre no site <www.escritores.org> e acesse o item referente ao texto “Instruções para subir uma escada”, de Júlio Cortazar, que está no livro *Histórias de cronópios e de famas*. São Paulo: Círculo do Livro, 1981, pp. 24-5. Se preferir, procure essa obra em uma biblioteca.

Não deixe de observar como o enunciador consegue construir seu texto sem nomear os referentes. Verifique o que ele precisa fazer para evitar o uso dos nomes (referentes) conhecidos por todos os leitores. Para que você possa ter uma pequena ideia do texto, aqui vai o primeiro parágrafo em que o enunciador descreve a escada, sem a nomear:

> Ninguém terá deixado de observar que frequentemente o chão se dobra de tal maneira que uma parte sobe em ângulo reto com o plano do chão, e logo a parte seguinte se coloca paralela a esse plano, para dar passagem a uma nova perpendicular, comportamento que se repete em espiral ou em linha quebrada até alturas extremamente variáveis.

3) Procure ler outros ensaios de Roberto Pompeu de Toledo na revista *Veja* ou acessando o site <www.veja.com.br>.

Sugestões de atividades:

1) Acesse o site <www.cineplayers.com> e assista ao filme *O enigma de Kaspar Hause* do diretor Werner Herzog, trabalho de 1974. A sinopse do filme é a seguinte: Em 1828, na cidade de Nuremberg, Alemanha, o misterioso jovem Kaspar Hauser é deixado em uma praça após passar toda a sua vida trancado em uma torre. Aos poucos, ele busca integrar-se à sociedade e entender sua complexidade. Como nunca havia falado com ninguém, ele tem dificuldade para interagir com as pessoas, pois não conhece nenhuma palavra para poder se comunicar.

Procure observar como a personagem começa a usar a linguagem e observe como o autor da obra trata a relação entre língua, pensamento, conhecimento e realidade. Como é possível conhecer a realidade por meio dos signos linguísticos (uso dos referentes)? Qual o alcance da língua em relação ao pensamento e ao conhecimento? Até que ponto os signos linguísticos são ou não coincidentes com a realidade extralinguística?

2) Após ter o lido o texto de Julio Cortázar, indicado anteriormente, procure criar um texto semelhante com o título: "Instruções para escovar os dentes" ou, se preferir, "Instruções para andar de bicicleta".

Notas

1 Termo empregado por Schaff, na obra Langage et conaissance, Paris, Anthropos, 1974 (cf. Blikstein, 1995).

2 Autor da obra La poétique de l'espace, Paris, PUF, 1957 (Citado por Blikstein, 1995, p. 86).

3 A versão original deste texto foi publicada em obra organizada por Berrendonner e Reichler-Béguelin, Du sintagme nominal aux objets-dediscours, Neuchâtel, Université de Neuchâtel, 1995, pp. 237-305.

4 Termo proposto por Malinowski, em 1923, e desenvolvido, posteriormente, por J. R. Firth, em 1950, em *Personality and language in Society*. Em sua essência, os dois pesquisadores trabalham com a noção segundo a qual a linguagem somente emerge à existência quando funciona em algum meio. O homem não experimenta a linguagem em seu isolamento, mas sempre em relação a alguma situação (cenário, pessoas, atos, acontecimentos) da qual deriva seu significado. A noção de situação se refere apenas às porções do entorno que são pertinentes ao discurso que está sendo produzido.

5 Humanista que viveu entre 1533 e 1592.

O artigo de opinião: a argumentação no discurso jornalístico

Zilda G. O. Aquino

"O que há tão poderoso e magnífico como mudar, pelo discurso de um só, as paixões de um povo?"
Cícero

O jogo estratégico na produção discursiva

O discurso jornalístico, presente na mídia falada, escrita, digital, veiculado pelo rádio, televisão, imprensa e internet, movimenta o mundo da notícia à nossa volta. Lemos, ouvimos e vemos (repetitivamente, se for o caso) as notícias da maneira como os jornalistas as reconstroem por meio de seu discurso.

O conhecimento de questões voltadas à argumentação pode auxiliar o leitor a conhecer como se organiza o discurso jornalístico, entre outros, e a reconhecer as estratégias discursivas nele utilizadas.

Tomamos a capa (primeira página) de um periódico de grande circulação na mídia impressa e, ainda, um artigo opinativo veiculado por esse mesmo jornal, com a perspectiva de criar um modelo de análise significativo para o leitor, que lhe permita compreender o jogo estratégico que o discurso jornalístico encerra, pois, como qualquer outro discurso, não está imune à subjetividade.

Imprensa: um olhar sobre a sociedade

Pode-se dizer que é por meio do discurso que os indivíduos se conhecem e se reconhecem em uma sociedade. O discurso jornalístico não escapa a essa concepção. A mídia permite a seus leitores conhecer fatos ocorridos por meio das notícias que veicula. Esse é o principal papel do jornal, como prestador de serviços à sociedade.

Presente no cotidiano dos brasileiros desde o século XIX, quando circulou o *Correio Braziliense*, em 1º de junho de 1808, o primeiro jornal impresso no Brasil surgiu com a chegada da corte portuguesa no Rio de Janeiro. No que diz respeito a jornais impressos em São Paulo, destaca-se *O Farol Paulistano*, que teve curta duração (1827-1831). Em seus dois séculos de existência, o jornal impresso foi se modificando e cumpre hoje papéis de informar e debater assuntos de interesse de uma comunidade.

Há que se observar, entretanto, que a transmissão dessas informações, os debates propostos, entre outros, não ocorrem aleatoriamente. É possível localizar um jogo estratégico que pode levar o leitor a agir numa dada direção – é disso que iremos tratar.

Selecionamos um jornal de grande circulação, a *Folha de S.Paulo*, para procedermos à análise das estratégias utilizadas em artigos veiculados por esse periódico e observarmos o papel que elas cumprem no direcionamento da notícia.

O discurso jornalístico na mídia impressa

O fato desencadeia a notícia e esta abre a possibilidade de se produzirem inúmeras matérias que podem ser publicadas no mesmo dia e/ou em dias subsequentes ao lançamento da primeira. Prado (2006, p. 1) afirma que o jornalista passa "do fato para a narração do fato, em que a presença da subjetividade é inevitável".

Ocorre que a notícia corresponde à maneira como o jornalista compreende o fato, e a compreensão demanda, além do conhecimento da língua e de seu léxico, a mobilização de saberes, o levantamento de hipóteses, a reconstrução do contexto que, muitas vezes, pode corresponder à construção de um novo contexto e ao modo como a empresa jornalística aceita, permite, quer que esse fato seja apresentado, para que o periódico seja consumido.

De acordo com Charaudeau (2006), a mídia, de modo geral, transforma um acontecimento em notícia interpretada por um jornalista que organiza seu discurso de acordo com o público-alvo do jornal para o qual trabalha. Esse discurso corresponde à possibilidade de se propagar uma crença, legitimando grupos dominantes.

Enfim, seja por seu caráter de não corresponder fielmente à realidade, mas de representá-la, seja pelo modo como o jornalista organiza seu discurso, pode-se observar que as notícias "são construídas por alguém com algum propósito, consciente ou inconsciente, mediadas por valores e investidas de ideologia" (Ramos, 1982, p. 250).

Ao observarmos a notícia veiculada por um periódico, no caso a *Folha de S.Paulo*, em 11/04/2008, podemos localizar um exemplo concreto de construção da notícia mediada por valores e com propósito bem definido. Eis o que foi noticiado sobre um dos suspeitos da morte da menina Isabella:

> Jatobá deixa delegacia sob gritos de "assassina".

O periódico consegue impacto entre os leitores, pois sabe que a sociedade reconhecerá de quem se trata e que papel ocupa (Jatobá = madrasta = assassina). O julgamento ("assassina") surge antes da sentença judicial. O jornal não a julga diretamente, senão pela "voz do povo". A posição do periódico está, assim, protegida, ao mesmo tempo que marcada pelo recorte que faz do fato. Afinal, não diz apenas que Jatobá saiu da delegacia, mas que o fez sob gritos específicos.

O interesse pela leitura tende a continuar, e o jornal anuncia em dias posteriores (01/05/2008):

> Para polícia, casal Nardoni mentiu e matou Isabella por descontrole emocional.

Novamente, a *Folha de S.Paulo* reporta-se à posição de alguém, de representantes da sociedade (polícia), para proceder a avaliações (o casal mentiu e matou). O periódico exime-se, assim, de avaliar diretamente. Reporta-se, recortando a fala de outros.

Partindo do pressuposto de que o periódico é confiável, assim como a fonte citada (polícia), o leitor é levado a incorporar a posição do jornal. Nesse sentido, é digno de ser destacado o papel que pode desempenhar a seleção lexical, conforme indicamos em trabalho de 2003.[1] A escolha do léxico pode ser entendida como algo que não ocorre fortuitamente no discurso, mas perfeitamente concatenada aos demais elementos que o organizam.

A argumentação no discurso jornalístico

Os dois exemplos indicados permitem-nos analisar o discurso sob o olhar da Argumentação. Parece-nos imprescindível compreender o modo a partir do qual os sujeitos utilizam a língua para levar seu interlocutor a aceitar o que ele diz e a agir como ele quer. Perelman e Olbrechts-Tyteca já salientavam que "a argumentação é uma ação que tende sempre a modificar um estado preexistente" (1996, p. 61). Nesse sentido, a argumentação age por meios discursivos, provocando uma ação sobre aqueles que se pretende modificar. Essa posição permite-nos afirmar que os textos que produzimos, falados, escritos, digitados, organizam-se estrategicamente para persuadirmos nosso interlocutor a compreender de nosso modo, e não de outro, um estado de coisas. Tais estratégias constituem expedientes para que ele (no caso, o leitor) acredite numa ideia, numa ação, numa notícia, enfim, no que o jornal veicula. O jornalista precisa adaptar seu discurso aos efeitos procurados.

Os segmentos de discurso jornalístico analisados expõem determinadas estratégias que foram selecionadas com as finalidades que se apresentavam naquela instância, porém outros segmentos, certamente, demandarão a localização de outras estratégias que não as aqui indicadas. A frequência e a prática de análises propiciarão o desenvolvimento dessa competência.

Muitas vezes, o discurso se organiza a partir de implícitos, de falas reportadas, por inúmeras razões, dentre as quais o fato de que a evasão, o que se deixa nas entrelinhas, pode livrar alguém de acusações ou, por outro lado, pode passar despercebido pelo leitor ingênuo. Nesse sentido, Van Dijk (2006) chama a atenção para o fato de que podem surgir consequências negativas, se o discurso for manipulativo e se os interlocutores forem incapazes de apreender as possíveis intenções desse discurso ou de perceber as amplas consequências de crenças ou ações apresentadas pelo manipulador.

Estamos, então, no campo do que se discute quanto à formação da opinião pública. Questão central quando se trata da mídia, as relações de poder aí instituídas foram amplamente discutidas por Fairclough (1989), entre outros. Segundo esse autor, o poder envolve controle de um sobre outro grupo e se estabelece por meio da persuasão, da dissimulação e da manipulação.

Sabemos que o jogo da manipulação é perigoso, mas só ocorre quando o interlocutor não consegue alcançar o que o manipulador está tentando fazer. Este tem como perspectiva o desconhecimento, a ingenuidade do interlocutor/leitor. O leitor maduro, capaz de uma leitura crítica, tem condições de perceber e de controlar os efeitos da informação divulgada.

Muitas vezes, o jogo da manipulação institui-se de modo sutil, tornando, por vezes, difícil sua identificação. Pode, por exemplo, ocorrer por meio da tentativa de imparcialidade, da edição de entrevistas, de reportagens etc. O que podemos dizer é que a tentativa de ser imparcial corresponde a uma verdadeira estratégia de manipulação da imprensa.

O jornal *Folha de S.Paulo*

A *Folha de S.Paulo* é um dos periódicos mais importantes entre os que circulam diariamente na capital de São Paulo. Pertence à empresa Folha da Manhã, parte do Grupo Folha que hoje opera em diversos segmentos: jornais (*Folha*, *Agora*), periódicos especiais (*Valor Econômico*), empresa de distribuição (Transfolha), banco de dados (Datafolha), editora e gráfica (Plural, Publifolha), internet (UOL), entre outros.

Fundada em 1921, a Folha surgiu como *Folha da Noite*, passou a *Folha da Tarde* e, depois, *Folha da Manhã*. Em 1º de janeiro de 1960, as Folhas se fundiram e surgiu a Folha de S.Paulo.

Sua tiragem é de, aproximadamente, 411.000 exemplares, em edições que alcançam, por vezes, mais de 300 páginas. Inclui diversos cadernos, alguns fixos, como Opinião, Cidades, Economia, Esportes, Ilustrada outros semanais, como Informática, Turismo.

Trata-se de um jornal considerado de elite, que circula entre as classes A e B, de acordo com informações da empresa (Pesquisa Datafolha realizada em 2000).

Tem por lema ser "Um jornal a serviço do Brasil" e apresenta características que se modificaram ao longo dos anos, especialmente após a organização do Manual da Redação em 1984, e um novo Manual da Redação em 1992, mais a edição de 2006. Nesta, ao tratar da objetividade, a empresa reconhece que "Não existe objetividade em jornalismo. Ao escolher um assunto, redigir um texto e editá-lo, o jornalista toma decisões em larga medida subjetivas, influenciadas por suas decisões pessoais, hábitos e emoções" (p. 46).

A esse respeito, os estudiosos envolvidos com o discurso jornalístico concordam e são unânimes. Entre eles, destacamos Marcondes Filho (1989), para quem a seleção das notícias, das manchetes, da apresentação na página, a decisão, inclusive, de omitir determinada notícia é atribuição do jornalista e, sem dúvida, ele aí deixa suas marcas.

Por outro lado, é preciso destacar que a *Folha de S.Paulo* é reconhecida pelos críticos como um periódico que tenta não se comprometer, embora ela indique em seu site que sempre esteve à frente dos fatos, tomando iniciativas importantes, mostrando-se a favor do povo, não do governo, e marcando seu papel em momentos cruciais da política brasileira na segunda metade do século XX (como ocorreu com o caso do pedido de *impeachment* do presidente Collor).

De qualquer modo, pode-se dizer que o leitor seleciona o periódico que quer ler e identifica-se com ele. Essa cumplicidade é observada pela empresa jornalística que, muitas vezes, pela voz de seu editorial e até pelo que publica o *ombudsman*, tenta resgatar a posição de leitores que enviam cartas com teor de indignação quanto a alguma matéria veiculada. Argumentam, exemplificam e contra-argumentam, tentando a adesão dos leitores e sua consequente fidelidade.

Análise do artigo "Vida Severina e vida Serafina"

Selecionamos o artigo "Vida Severina e vida Serafina", produzido por Carlos Eduardo Lins da Silva, *ombudsman* da *Folha de S.Paulo*, veiculado em 04/05/2008, no caderno A. Analisaremos o gênero artigo de opinião, veiculado pela imprensa escrita nesse periódico, que circula não só na cidade de São Paulo, mas em muitas capitais dos estados brasileiros.

Para que melhor se compreenda de que trata o discurso de Lins da Silva, é necessário conhecermos o contexto em que circula esse artigo. Ele é uma resposta às cartas enviadas pelos leitores com conteúdo referente à posição das capas de revista anunciadas na primeira página do jornal que circulou em 27/04/2008, como se observa a seguir.

UM JORNAL A SERVIÇO DO BRASIL ★ ★ ★ WWW.FOLHA.COM.BR

FOLHA DE S.PAULO

DOMINGO, 27 DE ABRIL DE 2008

revista da folha

vida de carroceiro

Em 4 dias, repórter anda 50 km coletando lixo e ganha R$ 13,60

domingo a domingo

FOLHA LANÇA NOVA REVISTA

MÔNICA BERGAMO
O MELHOR DO MÊS DE ABRIL

OS BASTIDORES DA MODA

RUY CASTRO
JEANNE MOREAU CHEGA AOS 80

SÉRGIO DÁVILA
QUEM É A MULHER DE OBAMA

GRÁTIS NOVA REVISTA

serafina

São anunciadas duas revistas gratuitas, produzidas e distribuídas pelo Grupo Folha: a *Revista da Folha* (que circula há algum tempo) e uma nova revista, *Serafina*, lançamento que passou a circular na edição dessa data.

O leitor, num primeiro contato, avalia espaços, compara títulos, observa ilustrações e, assim, a primeira página gera efeitos do real: hierarquiza e estratifica as leituras, conforme salienta Rebelo (2000).

A *Revista da Folha* ocupa parte da lateral esquerda do periódico e anuncia "Vida de carroceiro". Ao lado do título, localiza-se um pequeno texto com as indicações "Em 4 dias, repórter anda 50 km coletando lixo e ganha R$13,60". A lateral direita do anúncio dessa revista é ilustrada por um indivíduo fotografado de costas, vestindo camiseta de alças, boné com a aba para trás e puxando um carrinho de catador. Pelo perfil do rosto, é possível observar a barba por fazer.

Na mesma faixa, porém com maior destaque, pois ocupa o dobro do tamanho do anúncio anterior, localiza-se, à direita da primeira página, o anúncio do lançamento da *Serafina*. Nasceu com a proposta de veicular informações sobre personalidades que atuam em diversos segmentos sociais. Essa primeira capa foi ilustrada com a foto de uma modelo, de frente, meio corpo, salientando-se a maquiagem do rosto, que destaca olhos perdidos, sedutores, fúteis, traços de nariz e lábios que atendem ao que se espera esteticamente do rosto feminino em 2008. O outro detalhe que merece atenção é que ela ganha muitíssimo mais que o carregador.

As duas capas de revista chamam a atenção para situações contrastantes em nossa sociedade, representadas pela miséria (vida do carregador) e pela ostentação (vida de personalidades). A decisão de alocar os dois textos em espaço paralelo não pareceu casual, conforme já indicara Marcondes Filho (1989). Alguns leitores o perceberam e enviaram cartas ao *ombudsman*, e este tentou resgatar a posição do jornal, por meio do texto assinado e publicado em 04/05/2008, aqui reproduzido:

Vida Severina e vida Serafina

> *O caminho que vai garantir relevância aos jornais diários em sua luta pela sobrevivência não passa por revistas que tratam de celebridades*

NO ALTO DA capa da *Folha* de domingo passado, estavam lado a lado a vida Severina descrita por João Cabral de Melo Neto ("vida a retalho que é cada dia adquirida") e a vida Serafina, que ele não designou assim, mas a que se referiu ao falar das "belas avenidas onde estão os endereços e o bairro da gente fina" em "Morte e Vida Severina", auto de natal pernambucano de 1955.

Lá estavam o carroceiro, que ganha R$ 13,60 para percorrer 50 km de ruas, e a modelo, que recebe R$ 15 mil para desfilar nos 30 metros de passarela. Ela fatura R$ 500 por metro; ele, R$ 0,000272.

É possível argumentar que se tratava de uma boa descrição do Brasil, já apelidado de Belíndia (mistura de Bélgica e Índia), a "terra de contrastes", como diz o chavão.

Provavelmente a vizinhança editorial não ocorreu porque o jornal quisesse chamar a atenção do leitor para o abismo social que separa ricos de pobres nesta sociedade. É mais provável que tenha resultado de uma fórmula engessada, que manda colocar lado a lado os suplementos, no caso as revistas do jornal.

Os mais sensíveis terão se sentido afrontados com o disparate da oposição exibida involuntariamente. Como se duas reportagens, uma sobre o cardápio de um restaurante cinco estrelas e outra sobre o rancho servido num presídio, tivessem sido editadas juntas na página de gastronomia.

A novidade jornalística não era a exibição das diferenças de renda, mas a estreia de Serafina, o novo produto da edição dominical a cada mês da *Folha*, cuja proposta é "passear" por nomes em evidência no Brasil e no mundo, segundo a diretora do núcleo de revistas do jornal disse a "Meio&Mensagem".

É uma revista que trata de celebridades. Minha opinião é que não passa por aí o caminho que vai garantir relevância aos jornais diários em sua luta pela sobrevivência. No entanto, devo analisar o produto sob a ótica dos leitores e da lógica estratégica que a *Folha* se propõe a seguir.

Dos leitores que se dirigiram ao *ombudsman* para comentar a revista, 60% não gostaram. Dos demais, 20% disseram ter gostado, mas reclamaram por ela não circular além da Grande São Paulo, Rio e Brasília. Os outros 20% reclamaram da falta de mulheres e negros entre os personagens focalizados.

No gênero das revistas de celebridades, Serafina me parece um bom produto. Acho esquisito o título, que a exemplo de "Piauí" parece querer chamar a atenção ao explorar a contradição entre um produto sofisticado e um nome associado à pobreza, algo um pouco acintoso e debochado, a meu ver.

Creio que as páginas iniciais se parecem desnecessariamente demais com o modelo "Caras". Nos últimos 25 anos, este jornal tem imposto padrões à imprensa; não é agora que deveria precisar copiar o dos outros. De resto, Serafina pareceu-me acima da média das similares.

A dúvida é se o leitor da *Folha* aprecia esse gênero. A maior parte dos que se manifestaram chamou a revista de "lixo", "lamentável", "inútil", "tendenciosa". Alguns a classificaram de "muito linda", "novo design". Acredito que a maioria silenciosa a tenha aprovado sem entusiasmo.

Tudo isso são opiniões, discutíveis, portanto. Irrefutável é que um grupo de assinantes e compradores avulsos está sendo prejudicado ao não receber Serafina com o seu jornal, embora pague por ele o mesmo preço (ou mais).

Qual seria a reação editorial da *Folha* se produtores de leite passassem a vender para fora dessas regiões embalagens com 900 ml pelo mesmo preço do litro vendido em São Paulo, Rio e Brasília?

Carlos Eduardo Lins da Silva é o *ombudsman* da *Folha* desde 24 de abril de 2008. O *ombudsman* tem mandato de um ano, renovável por mais dois. Não pode ser demitido durante o exercício da função e tem estabilidade por seis meses após deixá-la. Suas atribuições são criticar o jornal sob a perspectiva dos leitores, recebendo e verificando suas reclamações, e comentar, aos domingos, o noticiário dos meios de comunicação.

Iniciaremos a análise pelo título do artigo, "Vida Severina e vida Serafina". Lado a lado, postos na primeira página, e lado a lado, retomados no título do artigo. O primeiro faz referência à *Morte e Vida Severina*, obra de João Cabral de Mello Neto, como lembra o *ombudsman*; o segundo, opõe-se, estabelecendo o contraste entre as possibilidades de vida e as posições apresentadas por João Cabral. Esses dois elementos selecionados do léxico (Severina e Serafina) chamam a atenção e contrastam, para indicar o próprio contraste da vida das personagens (carroceiro *vs.* modelo).

Em trabalhos anteriores (vide nota 1), destacamos que a escolha lexical pode ser entendida não como algo que ocorre fortuitamente no discurso, mas concatenada de modo perfeito aos demais elementos que o organizam, para surtir os efeitos esperados. O mesmo se pode dizer da escolha das imagens e da posição que estas ocuparão na primeira página do jornal.

O *ombudsman* admite o contraste entre as duas realidades, decorrentes das duas possibilidades de trabalho, ao formular:

> Lá estavam o carroceiro, que ganha R$ 13,60 para percorrer 50 km de ruas, e a modelo, que recebe R$ 15 mil para desfilar nos 30 metros de passarela. Ela fatura R$ 500 por metro; ele, R$ 0,000272.

Modaliza,[2] imediatamente, ao lançar argumentos que se marcam por "É possível" (3º parágrafo) e acaba por chamar a atenção do leitor para um argumento utilizado pela *Folha* – a descrição. O leitor atento pode localizar um procedimento que efetivamente ocorreu.

> É possível argumentar que se tratava de uma boa descrição do Brasil, já apelidado de Belíndia (mistura de Bélgica e Índia), a "terra de contrastes", como diz o chavão.

Novamente, utiliza-se da modalização ao iniciar o 3º parágrafo "Provavelmente", para estabelecer uma relação de causa/consequência. E assim procedendo, mais uma vez apresenta ao leitor uma estratégia passível de organizar o discurso.

> Provavelmente a vizinhança editorial não ocorreu porque o jornal quisesse chamar a atenção do leitor para o abismo social que separa ricos de pobres nesta sociedade. É mais provável que tenha resultado de uma fórmula engessada, que manda colocar lado a lado os suplementos, no caso as revistas do jornal.

Nesse mesmo parágrafo, com "É mais provável", modaliza mais uma vez, e com isso apresenta um discurso que quer cumprir o papel atribuído ao *ombudsman*: defende o leitor, mas defende a empresa também. A modalização é marca significativa para a construção desse discurso evasivo que afirma sem querer afirmar, que apresenta apenas possibilidades. Quer atribuir ao jornalista que procedeu à organização da primeira página do jornal um papel ingênuo de quem apenas cumpre a "lição", o que contraria os resultados das pesquisas de alguns estudiosos, como já o citamos, e do próprio *Manual da Folha*, edição 2006.

Acaba por confirmar que a oposição foi apresentada, mas acrescenta a avaliação quanto ao papel do jornalista – foi um ato involuntário, como se observa no parágrafo seguinte:

> Os mais sensíveis terão se sentido afrontados com o <u>disparate da oposição exibida</u> *involuntariamente*.

A avaliação do jornalista encaminha a leitura na direção que ele quer: ocorreu um disparate, mas foi involuntário. Com a avaliação, quer abonar a posição de seu colega, eximindo-o de culpabilidade. A avaliação, nesse caso, é estratégica.

Com seu discurso, o *ombudsman* contrapõe-se a algo que não se apresentou como novidade e, com essa estratégia, revela que a questão do contraste social é algo já conhecido, como se observa a seguir:

> A novidade jornalística não era a exibição das diferenças de renda, mas a estreia de Serafina, o novo produto da edição dominical a cada mês da *Folha*, [...]

A contraposição, que se apresenta por meio da construção "não isto, mas aquilo", nega a primeira parte do enunciado, na tentativa de apagá-la, e encaminha para a segunda parte do enunciado, que indica qual é a novidade que fica e que é positiva.

O *ombudsman* recorre a dados estatísticos para apresentar a posição dos leitores. Pelo que se conhece da Teoria da Argumentação (Perelman e Olbrechts-Tyteca, 1996), os dados estatísticos podem contribuir para que se consiga a adesão dos interlocutores; é preciso, porém que a fonte seja segura e que o levantamento dos dados não seja frágil. A indicação dos dados, localizados no segmento a seguir, aliada à maneira como se caracteriza a posição dos participantes ("gostaram", "disseram ter gostado", "reclamaram") permitem depreender inconsistência e fragilidade da pesquisa, uma vez que não se revelam as razões de gostar, não gostar ou reclamar. A estratégia, neste caso, não é eficaz para que se obtenha adesão.

> Dos leitores que se dirigiram ao *ombudsman* para comentar a revista, 60% não gostaram. Dos demais, 20% disseram ter gostado, mas reclamaram por ela não circular além da Grande São Paulo, Rio e Brasília. Os outros 20% reclamaram da falta de mulheres e negros entre os personagens focalizados

Procede à análise frágil em relação a *Serafina*, em que se destaca: "parece um bom produto" – uma modalização que se distancia da assertiva. Muito mais contundente seria a afirmação de que é um bom produto e não é o que se constata:

> No gênero das revistas de celebridades, "Serafina" me parece um bom produto.

Utiliza-se de comparação com outra revista, como se observa no parágrafo:

> Creio que as páginas iniciais se parecem desnecessariamente demais com o modelo "Caras".

A comparação constitui estratégia que fortalece o locutor, porém, isso só ocorre se o elemento que se apresenta à comparação for reconhecido como algo ou alguém reconhecido pelo grupo social, para que se consiga adesão do leitor e não é isso o que acontece, como se pode observar. A comparação de *Serafina* faz-se com a *Caras*, entendida pela sociedade como uma revista que se ocupa de tratar da vida dos artistas, de personalidades, e que o faz de modo fútil.

Procede a citações do discurso dos leitores, reportando-se a uma avaliação destes em relação a *Serafina*. Esse recorte do *ombudsman* é significativo, pois revela sua posição quanto à revista:

> A dúvida é se o leitor da *Folha* aprecia esse gênero. A maior parte dos que se manifestaram chamou a revista de "lixo", "lamentável", "inútil", "tendenciosa".

Ao citar entre aspas o discurso dos leitores (discurso reportado = DR), o jornalista abre a possibilidade de criar determinado efeito de sentido, para atingir seu propósito, que é deixar implícita a voz do jornal. Trata-se de um jogo linguístico-discursivo em que se diz por meio da voz do outro e, assim, a voz do jornal marca-se via voz do leitor. Ocorre a impossibilidade de transferência de responsabilidade, pois foi o outro quem disse.

Encerra seu discurso, com uma interrogação, sem deixar explícita sua posição quanto à seleção e formatação da primeira página do jornal que promoveu o envio de cartas de leitores, como se observa em:

> Qual seria a reação editorial da *Folha* se produtores de leite passassem a vender para fora dessas regiões embalagens com 900 ml pelo mesmo preço do litro vendido em São Paulo, Rio e Brasília?

A pergunta, nesse segmento, constitui estratégia utilizada pelo jornalista para evitar uma assertiva que poderia comprometê-lo. Deixa ao encargo do leitor a resposta e a finalização de seu texto.

A partir da análise a que procedemos, destacamos algumas estratégias utilizadas pelo *ombudsman* em seu discurso:

- Citações de discurso reportado
- Comparação
- Dados estatísticos
- Descrição
- Interrogação
- Seleção lexical
- Modalizações
- Avaliação
- Contraposição

Uma retomada possível

Tivemos por objetivo discutir questões relacionadas ao discurso jornalístico e à argumentação. Observamos um artigo opinativo veiculado pela mídia escrita, para compreender sua organização e detectar as estratégias argumentativas utilizadas nesse discurso.

A perspectiva foi criar um modelo de análise que auxiliasse os leitores a se tornarem proficientes, de tal modo que pudessem refletir sobre o fato de que o discurso jornalístico não é ingênuo, estando, pois, longe de simplesmente cumprir seu papel de informar. Junto à informação segue o recorte, a opinião, o direcionamento que o discurso do jornalista imprime ao fato e que gera um sistema de valores. Assim, não se trata de observar apenas o que se fala, mas também o modo como e por que se fala a respeito de algo.

Entendemos que a análise de apenas um texto não permite a visualização de muitos dos recursos de que se dispõe para uma produção discursiva, porém possibilita que se inicie a compreensão de como podem funcionar os mecanismos linguísticos postos em jogo em um contexto específico e em um gênero de discurso particular. Os resultados têm-nos levado a reconhecer traços peculiares a um evento comunicativo específico, visualizados no mesmo gênero discursivo – o artigo de opinião.

O jogo de modalizações tem-se apresentado como instrumento eficaz na manipulação de notícias, porque opera por meio de recursos que podem passar imperceptíveis ao leitor e que, por essa razão, podem esconder relações de poder.

É importante lembrar que não só o artigo de opinião está marcado pelas relações de poder, pela ideologia. O discurso, de modo geral, assim se apresenta.

O que podemos dizer é que a tentativa de ser imparcial corresponde a uma verdadeira estratégia de manipulação da imprensa e, consequentemente, da *Folha de S.Paulo*.

Enfim, conhecer o discurso é conhecer a sociedade que ele reflete, com suas tradições, seus valores, suas crenças.

Bibliografia

Aquino, Zilda Gaspar Oliveira de. O léxico no discurso político. In: Preti, Dino (org.). *Léxico na língua oral e na escrita*. São Paulo: Humanitas/FFLCH-USP, 2003, pp. 195-210. Projetos Paralelos – NURC-SP, 6.

Charaudeau, Patrick. *Discurso das mídias*. Trad. Ângela S. M. Correa. São Paulo: Contexto, 2006.

Fairclough, Norman. *Discourse and Power*. New York: Longman, 1989.

FOLHA DE S.PAULO. *Manual da redação*. São Paulo: Publifolha, 2006.

MARCONDES FILHO, Ciro. *O capital da notícia*: jornalismo como produção social de segunda natureza. São Paulo: Ática, 1989.

PERELMAN, Chaim; OLBRECHTS-TYTECA, Lucie. *Tratado da argumentação*: a nova retórica. Trad. Maria Ermantina Galvão. São Paulo: Martins Fontes, 1996.

PRADO, Valéria Aparecida Galioti Silva. *O percurso de uma entrevista no jornal*: alguns procedimentos linguísticos discursivos na passagem do oral para o escrito e suas consequências para a interpretação da enunciação. São Paulo, 2006. Dissertação (Mestrado em Língua Portuguesa) – Pontifícia Universidade Católica de São Paulo.

RAMOS, Murilo César Oliveira. *News, Class and Ideology*: A Study of Labor Coverage in Two Brazilian Elite Newspapers. Tese apresentada à University of Misouri/Columbia (EUA), 1982.

REBELO, José. *O discurso do jornal*. Lisboa: Editorial Notícias, 2000.

VAN DIJK, Teun Adrianus. Discourse and Manipulation. *Discourse and Society*. London: Sage, v. 17, n. 2, 2006. pp. 359-83.

Sugestões de atividade

1) Acompanhe a mesma notícia na *Folha de S.Paulo* e no jornal *Agora*. Observe:
   - como a notícia é veiculada;
   - quais verbos de introdução da notícia são utilizados;
   - que outras estratégias argumentativas se destacam que não as aqui indicadas.

2) Proceda ao levantamento do léxico em artigo de opinião dos dois periódicos do Grupo Folha: *Folha de S.Paulo* e *Agora*. Observe o uso estratégico dos elementos linguísticos selecionados. Sustente suas análises com a obra de Ana Rosa Ferreira Dias (*O discurso da violência*: as marcas da oralidade no jornalismo popular. São Paulo: Cortez, 1996).

3) Ao ler as notícias, analise as imagens que estão junto ao texto. Observe o quanto as imagens são significativas na veiculação da notícia e na fixação do que interessa ao jornalista. Mesclam-se a linguagem verbal e a não verbal.

Notas

1 Localiza-se no capítulo "O léxico no discurso político", na obra *O léxico na fala e na escrita*, publicada pelo Projeto da Norma Urbana Culta, núcleo de São Paulo (Nurc-SP), série Projetos Paralelos, v. 6.

2 A modalização aqui apresentada refere-se à necessidade ou à possibilidade de ocorrência de algo. Não podemos nos esquecer de que o estudo das modalidades e da modalização tem-se apresentado a partir de diversas propostas, como a de Parret, "La pragmatique des modalités", em Langages, 43.

O fórum eletrônico no Orkut: uma análise discursiva do hipertexto

Karin Gutz Inglez

> "A linha consta de um número infinito de pontos, o plano, de um número infinito de linhas; o volume, de um número infinito de planos, o hipervolume, de um número infinito de volumes... Não, decididamente não é este, *more* geométrico, o melhor modo de iniciar meu relato."
>
> Jorge Luis Borges

O labirinto virtual

O escritor argentino Jorge Luis Borges pode ser considerado um visionário. Já em seu conto "O livro de areia", de 1975, o estranho objeto descrito (um livro) é hoje lembrado como uma metáfora apropriada para as infinitas páginas que formam o labirinto que conhecemos como World Wide Web (www). Parte do que o autor escreveu nas primeiras linhas do conto e que usamos como epígrafe deste capítulo revela o que são imaginação e memória. Trata-se, na verdade, de um hipertexto ou labirinto que não termina nunca, pois, para o autor, dentro da biblioteca infinita, já existia um link para o livro infinito: "O livro cíclico é Deus", conforme explicara o autor em outro conto, "A biblioteca de Babel", de 1944. Segundo Borges, o universo – designado por alguns de Biblioteca – compõe-se de um número indefinido e talvez infinito de galerias hexagonais. Ele a define como "uma esfera cujo centro é qualquer hexágono, cuja circunferência é inacessível", pois é infinita. É interessante verificar como o autor termina o conto: "A Biblioteca é ilimitada e periódica, já que os mesmos volumes se repetem na mesma desordem que seria uma ordem: a Ordem".

Podemos dizer que no mundo digital cada usuário escolhe um percurso a seguir, delineado por seus interesses, no infindável caminho de possibilidades que esse "labirinto virtual" proporciona aos internautas.

O avanço da internet em muitas esferas da atividade humana e a possibilidade desse veículo de associar em um só meio som, texto e imagem fizeram surgir novas formas de expressão, despertando o interesse dos pesquisadores em caracterizar as diversas manifestações dos gêneros discursivos no ambiente virtual. Ao analisar os gêneros discursivos, os estudiosos buscam não apenas descrever a língua, mas compreendê-la, com o intuito de identificar os propósitos que levam os membros de uma comunidade discursiva a se comunicar de determinada maneira.

Principalmente a partir de 2004, surgiram na internet algumas importantes comunidades virtuais ou redes de relacionamento. No Brasil, o melhor e mais bem-sucedido exemplo de rede de relacionamentos é o Orkut. Por se tratar de um fenômeno recente, ainda são poucos os estudos que se destinam a analisar as possibilidades interativas presentes nessas redes, sua produção linguística e o seu papel social.

Este capítulo investiga o funcionamento dos fóruns eletrônicos em comunidades do Orkut, procurando contribuir com os estudos recentes destinados a caracterizar a versão digital do gênero fórum de discussão e impulsionando as pesquisas sobre a produção discursiva nessas redes de relacionamento.

A análise do material fundamenta-se nos parâmetros para a caracterização dos gêneros emergentes definidos por Marcuschi (2005) e, mais especificamente, na investigação do comportamento dos conectores de causa e condição presentes nos textos.

Os gêneros digitais

Em busca de uma definição de gênero para a análise de textos midiáticos, Pinheiro (2002) considera a concepção bakhtiniana a mais adequada, pois a flexibilidade de sua teoria possibilita que seus fundamentos sejam compatíveis com os textos contemporâneos. Sua definição de gêneros primários (conversa cotidiana, bilhete, por exemplo) que se reformulam originando novos gêneros discursivos é essencial à compreensão da diversidade de gêneros presentes na atualidade.

De acordo com Marcuschi (2005), os gêneros discursivos resultam de relações complexas entre um meio, um uso e a linguagem. No que se refere ao meio eletrônico, observam-se peculiaridades para usos sociais, culturais e comunicativos que não podem ser visualizadas na interação face a face, propiciando o surgimento de novos gêneros. Para Xavier e Santos:

> [...] essas novas tecnologias de comunicação, especificamente a hipermídia e o seu produto linguístico mais significativo, o hipertexto, possibilitam o surgimento de gêneros textuais/discursivos híbridos, isto é, que fundem gêneros primários e secundários entre si num mesmo suporte físico, cujo resultado é um gênero de discurso de terceira ordem, que, na esteira da classificação bakhtiniana, se poderia denominar de gênero terciário do discurso. (2000, p. 53)

Marcuschi (2005) analisa alguns gêneros terciários emergentes na internet. Os gêneros identificados pelo autor são: e-mail, *chat* em aberto (*room-chat*), *chat* reservado (bate-papo virtual reservado), *chat* agendado (ICQ ou MSN, mais usado atualmente), *chat* privado (bate-papo virtual em salas privadas), entrevista com convidado, aula virtual, *chat* educacional, videoconferência interativa, listas de discussão,[1] *weblogs* e endereço eletrônico. Entre os mais praticados estão os e-mails, os *chats*, as listas de discussão e os *weblogs*; recentemente, aulas virtuais também se popularizaram.

Segundo o autor, esses gêneros discursivos parecem projeções de outros já existentes. No caso específico dos fóruns eletrônicos, Xavier e Santos (2005, p. 30) avaliam que esse gênero emergente pode ser considerado uma reedição do gênero fórum:

> o gênero fórum, antes da informatização das sociedades contemporâneas, sempre foi conhecido como um gênero de discurso que consiste em discutir problemáticas específicas em comunidades civil e institucional, a fim de, pela exposição das opiniões diversas em um amplo debate, encontrar coletivamente mecanismos e estratégias que venham solucionar as dificuldades que lhe deram origem. As decisões ali tomadas gozariam de legitimidade e, portanto, deveriam ser consensualmente adotadas por todos os seus participantes, corresponsáveis por sua elaboração, implementação e sucesso.

Segundo os autores, o gênero fórum eletrônico guarda determinadas semelhanças com a sua versão original e foi incrementado por inovações tecnológicas que lhe deram mais abrangência espacial – *ubiquidade* – e participação irrestrita por qualquer indivíduo – *universalidade*.

Com o intuito de descrever alguns gêneros emergentes na internet, Marcuschi (2005) parte dos postulados teóricos sobre os gêneros discursivos de Bakhtin ([1927] 2003), Halliday (1978), Miller (1984), Swales (1990) e Bronckart (1999), acrescenta aspectos que surgem no ambiente virtual e estabelece uma série de parâmetros a serem observados na análise das novas formas textuais existentes na internet. Dentre esses parâmetros, encontram-se a avaliação da relação temporal da interação (síncrona ou assíncrona), sua duração, a extensão do texto, o formato textual (turnos encadeados, texto corrido, sequências soltas ou estrutura fixa), a quantidade de participantes (dois, múltiplos ou grupo fechado), a relação entre os participantes (conhecidos, anônimos ou hierarquizados), como se dá a troca de falantes (alternada ou inexistente), a função da interação (interpessoal, lúdica, institucional ou educacional), as características do tema (livre, combinado ou inexistente), o estilo da interação (monitorado, informal ou fragmentário), se o texto apresenta semioses (só texto escrito, oral e escrito, texto e imagem) e como se dá a recuperação das mensagens (gravadas ou voláteis).

De acordo com Marcuschi (2005), uma das características centrais dos gêneros em ambientes virtuais é a alta interatividade, apesar de serem gêneros escritos. Segundo o autor, essa particularidade lhes dá um caráter inovador no contexto das relações entre fala e escrita. Além disso, a possibilidade de inserção de elementos visuais e sonoros nos textos também cria produções discursivas com uma integração de recursos semiológicos.

Outro aspecto comum aos discursos produzidos na internet é a centralidade na escrita. Nota-se, em função das novas possibilidades técnicas desse meio de comunicação, um processo de transformação da escrita. Isso porque os novos meios de comunicação requerem uma escrita mais dinâmica e interativa, uma escrita on-line, que passa a ser mais espontânea e não planejada, que tende à maior informalidade e à menor monitoração e cobrança, em razão da fluidez e volatilidade do meio.

Em muitos gêneros eletrônicos, como e-mails, *chats* e blogs, verifica-se que a escrita empregada reproduz estratégias da língua falada. No que se refere aos fóruns eletrônicos, Gouti (2003, p. 73) menciona que "comunicar em um fórum de debate é utilizar um canal de transmissão escrito em uma situação de comunicação muito próxima à da língua oral".

Nosso interesse neste capítulo é analisar o funcionamento do gênero fórum eletrônico em comunidades do Orkut. Erickson (1997, p. 4) ressalta a relevância do estudo da comunicação virtual sob a perspectiva dos gêneros, tendo em vista que a interação on-line tem o potencial de acelerar enormemente a evolução dos gêneros discursivos. De acordo com Marcuschi (2005, p. 14), a análise de gêneros emergentes na internet é importante em razão de seu grande desenvolvimento, de suas peculiaridades formais e funcionais e da possibilidade de permitir que sejam revistos conceitos tradicionais, como linearidade, estrutura, coesão, coerência e a relação entre fala e escrita. Além disso, o estudo da comunicação virtual sob a perspectiva dos gêneros é considerado relevante para entender os hábitos linguísticos e sociais das novas "tribos" que surgem na internet e contribui, dessa forma, para a compreensão do fenômeno Orkut.

O gênero fórum de debates

A caracterização dos fóruns eletrônicos de comunidades do Orkut foi feita com base nos parâmetros para análise de gêneros emergentes estabelecidos por Marcuschi (2005). A partir desses critérios, realizou-se uma consulta a mais de cem comunidades dessa rede de relacionamentos, procurando situar seus fóruns em relação aos parâmetros definidos. Num segundo momento, foram coletadas duas páginas de dez fóruns eletrônicos sobre temas diversos para a composição de um *corpus* mínimo de análise.

Os fóruns que constituem o *corpus* apresentam uma produção discursiva intensa e tem no mínimo 10 participantes, totalizando 200 intervenções com uma média de 83 palavras cada. Nesse material, também foi realizada uma análise mais específica dos conectores de causa e condição, com o intuito de fazer algumas observações sobre o funcionamento da coesão e da coerência e obter pistas da função social desse gênero nas comunidades do Orkut.

Apresentação e contextualização do *corpus*

Diversas redes de relacionamento surgiram no ciberespaço desde o início dos anos 2000. Dentre as que mais se desenvolveram, destacam-se Myspace, Facebook e Orkut. O Orkut teve início em 19 de janeiro de 2004 e desde então tem-se disseminado intensamente entre os internautas, especialmente os brasileiros. Os dados fornecidos pelo próprio site informam que os brasileiros representam 53,27% dos mais de 68 milhões de usuários cadastrados (consulta em 27/09/2007).

O Orkut transformou-se no ponto de encontro de brasileiros na internet e é o site mais consultado no Brasil na atualidade (Fonte: alexa.com. Consulta em 05/02/2008). Nessa comunidade virtual, reúnem-se usuários das mais diversas idades, embora a principal faixa etária presente seja a dos 18 a 25 anos (60,61%).

As ferramentas disponibilizadas aos usuários pelo site têm-se modernizado a cada dia. Atualmente, é possível postar até mesmo vídeos e sons a amigos. Dentre as atividades mais realizadas pelos usuários, encontram-se as atualizações no próprio perfil social, pessoal ou profissional (como inclusão de novas fotos e vídeos) e a visita a perfis de outros usuários.

Outras atividades constantes são o envio de *scraps*[2] e a elaboração de depoimentos. Como uma das principais funções do sistema é o estabelecimento de contato, a comunicação entre os membros da rede é bastante fática, realizada por curtas trocas de mensagens ("Oi, te achei, q saudade!", "Kd vc, me liga!!!!", "Fala, recebeu meu e-mail?"). Em um dos poucos estudos existentes até o momento sobre as produções discursivas no Orkut, Toscano (2007) caracteriza os *scraps* da seguinte maneira:

> no geral, essas mensagens têm a macrofunção de reafirmar as boas relações sociais e se valem de recursos de ordem diversa – alongamentos, citações de risos (tipos e intensidades variados), *emoticons* (*smiles*), desenhos, abreviaturas – que dão a saber aos destinatários os estados de espírito e humores do remetente.

Os *scraps* são muito utilizados justamente por serem uma forma rápida de estabelecimento de contato. Além disso, podem ser empregados para propor que conversas reservadas, mais longas, sejam realizadas fora da rede. Nesses casos, nota-se que o Orkut funciona como uma extensão do mundo não virtual, permitindo a manutenção de círculos de amizade e a discussão de situações cotidianas.

A busca por comunidades também é uma atividade frequente. Existem comunidades sobre os mais diversos temas no Orkut, que podem ser encontradas nas páginas dos próprios usuários, nas categorias organizadas pelo Orkut ou nas buscas por palavras-chave.

Cada comunidade possui um dono, que pode escolher até dez mediadores para ajudá-lo a administrá-la. O dono da comunidade pode apagar postagens e até banir membros de sua comunidade.

A seguir, pode ser visualizada a página da comunidade "Racismo, não!!!":

Figura 1 – Página da comunidade "Racismo, não!!!".

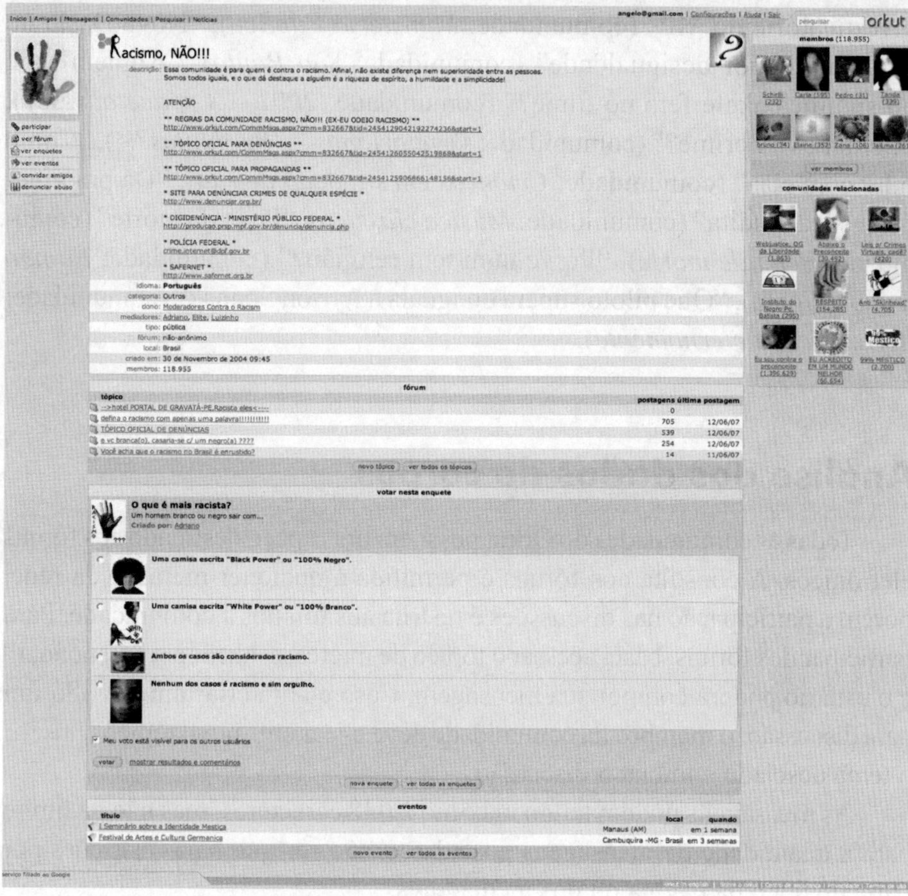

Fonte: <http://www.orkut.com>; acessado em 14/10/2007.

Na estrutura da página da comunidade, o espaço onde se situam as discussões é nomeado de *fórum* e cada uma das discussões em andamento é chamada de *tópico*. No entanto, seguindo a tendência de outros estudos sobre fóruns eletrônicos, considera-se fórum não apenas o espaço no qual são arquivadas as discussões, mas as próprias discussões em si.

Para situar os fóruns eletrônicos que se realizam nas comunidades do Orkut em relação aos parâmetros para caracterização dos gêneros emergentes definidos por Marcuschi (2005), foram consultados aleatoriamente mais de cem fóruns eletrônicos do Orkut e coletados dez fóruns para compor um *corpus* mínimo. Os fóruns recolhidos são: "Não credito na recuperação do mundo – e você?" (comunidade: *O que está havendo com o mundo*), "Poder investigatório do MP" (comunidade: *Ministério Público*), "Nova Daslu no país com maior desigualdade" (comunidade: *São Paulo*), "Alguem sabe oq significa akele feto no filme?" (comunidade: *2001 – A space odyssey*), "Comer ovo é crime?" (comunidade: *Vegetarianos >?Perguntas?<*), "Como lidar com elas" (comunidade: *Crianças em situação de rua*), "Dá pra viver de música erudita" (comunidade: *Música clássica*), "Pena de morte" (comunidade: *Pena de morte*), "Pq vc num tem religião?" (comunidade: *Eu não tenho religião*), "Que piloto supera ou iguala a Ayrton Senna?" (comunidade: *Ayrton Senna eternamente*).

Análise dos dados do *corpus*

Todas as comunidades do Orkut possuem um espaço destinado aos fóruns eletrônicos. A consulta aos fóruns é permitida a qualquer membro da rede, porém a participação nas discussões é restrita aos filiados à comunidade. Para participar dos fóruns, basta acessar o tópico de interesse, clicar em "responder" e o usuário poderá compor sua mensagem. Caso queira criar um novo fórum para discussão, o membro da comunidade deve clicar em "novo tópico", inserir o tema desejado e iniciar a discussão.

As mensagens podem ter no máximo 2.048 caracteres, mas não há limite para a quantidade de mensagens postadas, a não ser que haja restrições por parte do dono da página ou dos mediadores.

Os fóruns em andamento ficam armazenados na página da comunidade e são organizados de acordo com a ordem temporal das contribuições (dos fóruns que possuem contribuições mais recentes para os com contribuições mais antigas).

Diferentemente de outros fóruns presentes na *web* em que os textos são inseridos em uma página em forma de *hiperlinks*, as postagens nos fóruns do Orkut são dispostas de forma linear. Desse modo, as postagens inseridas podem ou não se referir à mensagem imediatamente anterior. Nos casos em que a postagem dirige-se a um participante que se encontra distante, em termos espaciais, na página da discussão, normalmente são utilizadas marcas textuais explícitas para orientar e facilitar a identificação do destinatário da postagem; como "concordo com o Luis de Santo André" e "Resposta ao Paulo Eduardo".

Embora o intervalo entre as mensagens seja normalmente de alguns dias, no *corpus* há postagens com intervalos de apenas 20 minutos e fóruns que permanecem "adormecidos" sem receber mensagens por até três meses e depois voltam a ter postagens adicionadas, retomando o tema em discussão.

Conforme também detectado por Paiva e Rodrigues Junior (2004), na análise de fóruns educacionais, a possibilidade de acesso a mensagens anteriores a qualquer momento é uma particularidade desse gênero discursivo que pode favorecer a reflexão sobre o tema e ulterior comentário.

Nos fóruns do Orkut, os usuários participam das discussões usando a sua identidade (definida no seu perfil), mas há casos de participações anônimas. Os fóruns que compõem o *corpus* contam, em conjunto, com a participação de 143 pessoas identificadas por nome e foto do seu perfil e 9 participações anônimas. Nota-se, portanto, que a participação de anônimos é pouco frequente nos fóruns analisados.

A produção textual dos interactantes também indica que a maioria dos participantes dos fóruns do *corpus* parece não se conhecer. Essa característica distingue esse gênero discursivo de outros que também se manifestam no Orkut, como os *scraps* e os depoimentos. Nesses gêneros, as intervenções realizam-se predominantemente entre amigos, e o alto grau de conhecimento partilhado entre eles transparece nas suas produções discursivas, o que não se observa nos fóruns.

Em relação à faixa etária dos participantes, é possível perceber uma variação em função do tema em debate. A consulta ao perfil dos participantes dos fóruns que compõem o *corpus* revela que, dentre aqueles que disponibilizaram essa informação em sua página, a média de idade é de 25 anos, ou seja, está dentro da faixa etária mais presente no Orkut.

Mais especificamente em relação à produção discursiva nos fóruns do Orkut, a forma como os usuários participam depende muito do tipo de comunidade em que se realiza a discussão. Há comunidades, como "compulsivas por brincos", "cancerianas", "adoro tomar sol" etc., às quais os usuários se filiam normalmente por se identificarem com o tema e não para propor discussões sobre o assunto. Nessas comunidades, a participação dos usuários restringe-se, basicamente, à filiação e a umas poucas trocas de informações, normalmente superficiais.

A produção discursiva nesses casos é bastante breve e as intervenções não possuem mais que uma ou duas frases. Esses textos apresentam um léxico coloquial, grande número de grafias irregulares sob o ponto de vista da ortografia-padrão, mas que são convencionadas nesse meio de comunicação, como *naum*, *num*, *tb*, *akele* etc. As gírias, os erros de digitação e gramaticais em relação à norma-padrão culta, os alongamentos vocálicos, as repetições e o emprego das reticências para representar a segmentação sintática e substituir a pontuação convencional são comuns, bem como o uso de *emoticons,* como pode ser observado em uma intervenção feita por Ana Paula na discussão sobre cancerianas solteiras (Figura 2).

Figura 2 – Trecho do fórum "Cancerianas solteiras" realizado na comunidade *Cancerianas.*

> Ana Paula 1/17/2006 5:28 AM
> Oiiiii! Tb sou canceriana ... solteira ... e no horóscopo chinês tb sou cão... ☺
> Só tem uma coisinha... sou Gaúcha! hehehe. Não desiste não "D."... quem sabe aparece uma aí em SP!
> Bjos
>
> Fonte: <http://www.orkut.com>; acessado em 14/10/2007.

Existem também comunidades em que se verifica uma produção discursiva mais intensa, como no caso daquelas que foram selecionadas para compor o *corpus*. Nesse tipo de comunidade, a participação dos usuários nos fóruns se dá por intervenções mais longas, instigadas pelo tema em debate, normalmente polêmico e de grande apelo popular.

Nota-se nesses fóruns maior variação entre o grau de formalidade das produções. Há intervenções informais, como as descritas anteriormente, mas podem ser observadas também produções com maior grau de formalidade, em que se verifica o uso de pontuação convencional, seleção vocabular mais específica, sintaxe mais complexa, características de um texto relativamente planejado previamente. Como exemplo, tem-se a intervenção anônima na discussão "Poder investigatório do MP" (Figura 3).

Figura 3 – Trecho do fórum "Poder investigatório do MP" realizado na comunidade *Ministério Público.*

> Anonymous 11/21/2004 5:38 PM
>
> Bom, no cível é lícito ao promotor proceder a investigação quando entender necessária, segundo a CF. Dessa forma, quanto ao penal, a Constituição Federal não mencionou, não proibiu nem autorizou expressamente. Assim, em razão da necessidade e seriedade com que tal questão está sendo tratada pelo MP, deve ser declarada constitucional a investigação pelo MP, visto que sua função precípua é a defesa da sociedade, guardião da constituição.
>
> Fonte: <http://www.orkut.com>; acessado em 14/10/2007.

No que se refere às relações de causa e condição, a análise de toda a produção textual do *corpus* revela a presença de 48 conectores distintos para estabelecer essas conexões. Nota-se, no entanto, que apenas os seguintes conectores são mais incidentes: *mas*, *se*, *para*, *porque*, *pois*, *por*, *então*, *quando*, *para que* e *por isso*. Esses conectores representam 81,2% de todas as ocorrências.

O fato de as relações de causa e condição serem predominantemente expressas por apenas dez conectores condiz com o caráter informal detectado nas produções desse gênero discursivo, indicando pouca preocupação dos usuários com a seleção e a variedade do léxico empregado. Conforme também ressaltado por Xavier e Santos:

> esse suposto "laisser-faire" linguístico e ideológico vem confirmar a tendência deste gênero digital à informalidade e ao pouco compromisso dos seus usuários principalmente com como dizem o que dizem. (2005, p. 37)

O conector mais empregado é o *mas*, responsável por 25% das conexões de causa e condição realizadas. A grande incidência desse conector confirma algumas constatações feitas por Gouti (2003). Segundo esse autor, a atividade argumentativa realizada nos fóruns de discussão origina produções linguísticas que orientam o conjunto dos enunciados para o conflito. Dessa forma, esse tipo de interação relaciona-se mais ao emprego de formas de expressão da competitividade do que da cooperatividade, o que propicia o uso de marcadores de oposição.

A análise das postagens também revela uma menor incidência de conectores de condição (23,4%) do que de causa (76,6%). A baixa incidência de construções condicionais pode estar relacionada a algumas condições de produção do gênero fórum eletrônico.

Ao analisar o funcionamento dos fóruns do portal Terra, Xavier e Santos (2005, p. 37) mencionam que a produção discursiva nesse gênero realiza-se, normalmente,

> no calor da emoção de um debate, em razão da alta polarização dos temas que geralmente são disponibilizados na rede, levando os interlocutores a darem respostas imediatas, sem uma argumentação mais sólida e amadurecida.

A ausência de uma reflexão mais amadurecida sobre os temas também pôde ser detectada no *corpus* proveniente do Orkut. Essa característica das produções discursivas pode ser indicada como um dos fatores responsáveis pelos baixos índices de construções condicionais encontrados, já que, por produzir seu discurso apressadamente, é possível que o usuário não se atenha a formular hipóteses sobre as questões debatidas.

Além disso, o fato de as intervenções nesse gênero discursivo se realizarem, predominantemente, entre usuários que não se conhecem também pode estar relacionado aos baixos índices de construções condicionais encontrados.

A influência do anonimato na produção discursiva dos fóruns eletrônicos é discutida por Xavier e Santos (2005, p. 35). Segundo os autores, a possibilidade do anonimato ou a ausência da obrigatoriedade de identificação propicia um descompromisso com o conceito de "linguística e politicamente correto", já que a imagem do falante não é ameaçada. Essa condição dá aos usuários a possibilidade de procederem retoricamente com menos cuidado do que se estivessem diante de conhecidos, permitindo que certos argumentos que se encontram no plano hipotético já sejam apresentados como factuais.

A análise dos conectores de causa e condição presentes no *corpus* também revelou que a função predominante desses recursos é estabelecer a coesão no interior da postagem (98,8%), e não entre as intervenções (1,2%). A observação de outros processos coesivos como a referenciação e a continuidade tópica mostra que, em 57% das intervenções do *corpus*, os interactantes fazem uso de seu discurso apenas para se manifestar em relação à questão central em discussão no fórum, não dando continuidade aos assuntos introduzidos por outros participantes.

O fato de os fóruns do Orkut não serem organizados em *hiperlinks,* como no caso de muitos fóruns educacionais, pode desfavorecer a continuidade tópica e a interação entre os participantes, visto que as postagens vão sendo acumuladas nas páginas e pode ser tedioso ao usuário reler páginas anteriores para tentar se reportar ou retomar algum tópico de interesse. Quando acontece a interação, ela se realiza normalmente de forma bastante pontual e entre interactantes que se encontram "próximos" em termos de páginas dos fóruns. É como se cada página constituísse uma espécie de ambiente e os interactantes se restringissem a interagir com os usuários que se encontram nele.

Ao sintetizar as características essenciais dos fóruns eletrônicos, Xavier e Santos (2005, p. 34) afirmam que

> [...] a multiplicidade de ações de linguagem (Bolter, 1991) manifestadas no *FE* não o faz perder sua característica essencial que é promover a discussão em torno de uma questão social controversa e de servir como instrumento de reflexão e construção coletiva para a solução de um dado problema. O *FE* continua a preservar a função inicial de jogar com argumentos, refinar raciocínios, fazer ecoar e desenvolver novas ideias, reafirmar ou modificar posições e, sobretudo, aprofundar conhecimentos que permitam decisões mais conscientes.

Embora seja necessário o estudo de outros aspectos dos fóruns eletrônicos que se realizam no Orkut para delinear melhor o seu funcionamento, os dados analisados mostram que algumas das características observadas por Xavier e Santos (2005) encontram-se mais diluídas nessa modalidade de fórum.

O jogo entre argumentos é articulado nas intervenções analisadas; no entanto, o baixo grau de envolvimento dos participantes com as propostas de seus interlocutores indica que a busca de soluções coletivas não parece ser a motivação principal para a participação nos fóruns do Orkut. Neles, parte dos usuários utiliza o espaço mais para expor suas opiniões, revoltas, experiências pessoais, preferências e desejos do que para dialogar com o intuito de chegar a soluções comuns ou mesmo persuadir o outro. Além disso, há fóruns no Orkut sobre os temas mais diversos e, à medida que a temática se afasta de questões polêmicas, parece haver uma redução na densidade informacional, na articulação dos argumentos e no grau de envolvimento entre os participantes.

Para esses usuários, a participação nos fóruns parece funcionar como um dos componentes do seu perfil. Ao criar seu perfil no Orkut, o usuário insere suas fotos e vídeos, elenca seus amigos, exibe os depoimentos recebidos, mostra as comunidades com as quais se identifica e nelas insere seu posicionamento diante dos temas em debate, sem, necessariamente, estar interessado em discutir o assunto com outros interlocutores, o que o leva, muitas vezes, a nem voltar a participar do mesmo fórum.

Considerações finais

O objetivo deste texto foi caracterizar um gênero emergente da mídia digital: o fórum de debates. Na análise dos fóruns de comunidades do Orkut, pudemos mostrar que algumas características já identificadas por outros pesquisadores também foram observadas nessa versão de fórum eletrônico. Dentre essas particularidades, podem-se mencionar:

a) as interações nos fóruns realizam-se predominantemente entre interlocutores que não se conhecem;
b) a argumentatividade manifesta-se explicitamente nos textos, mas não se observa uma reflexão mais amadurecida dos temas;
c) há assincronia entre as postagens;
d) percebe-se o planejamento textual praticamente simultâneo à produção discursiva;
e) nota-se a escolha do registro informal de linguagem e a proximidade com os gêneros discursivos orais.

A recorrência dessas especificidades sugere que elas estão se firmando como estabilidades estilísticas e composicionais desse gênero discursivo. No entanto, se a busca por uma solução coletiva para problemas de uma comunidade for tomada como uma característica essencial dos fóruns, poucas discussões no Orkut poderão ser consideradas produções desse gênero discursivo.

Xavier e Santos (2005, p. 34) avaliam que as atribuições do fórum eletrônico ultrapassam o domínio do linguístico-interacional e alcançam o político-social e o histórico, contribuindo efetivamente para a promoção da liberdade de expressão e para a consolidação da democracia como um todo. No que se refere aos fóruns do Orkut, a gradação de densidade informacional, da articulação dos argumentos e do envolvimento entre os participantes indica que, embora as suas discussões também contribuam para a promoção da liberdade de expressão, a grande maioria dos fóruns parece restringir-se ao plano do linguístico-interacional e poucos alcançam, de fato, o nível político-social.

Bibliografia

Bakhtin, M. *Estética da criação verbal*. 4. ed. São Paulo: Martins Fontes, 2003.

Bolter, J. D. *Writing Space*: the Computer Hypertext and History of Writing. Hillsdale/New Jersey: Lawrence Erlbaum, 1991.

Borges, Jorge Luis. *El libro de arena*. Buenos Aires: Emecé Editores, 1975.

Bronckart, J. P. *Atividades de linguagens, texto e discursos*: por um interacionismo sociodiscursivo. Trad. Anna Rachel Machado e Péricles Cunha. São Paulo: Educ, 1999.

Erickson, T. Social Interaction on The Net: Virtual Community as Participatory Genre. *Proceedings of the Thirtieth Hawaii International Conference on System Science*, v. 4, pp. 13-21, 1997.

Halliday, M. A. K. *Language as Social Semiotic*: The Social Interpretation of Language and Meaning. London: Edward Arnold, 1978.

Marcuschi, L. A. Gêneros textuais emergentes no contexto da tecnologia digital. In: ______; Xavier, A. C. (orgs.). *Hipertexto e gêneros digitais*: novas formas de construção do sentido. 2. ed. Rio de Janeiro: Lucerna, 2005, pp. 13-67.

Miller, C. Genre as Social Action. *Quarterly Journal of Speech*, 70, pp.151-67, 1984.

Paiva, V. L. M. de O.; Rodrigues Júnior, A. S. Fóruns on-line: intertextualidade e *footing* na construção do conhecimento. In: Machado, I. L.; Mekllo, R. de. (org.). *Gêneros*: reflexões em análise do discurso. Belo Horizonte: NAD/FALE/UFMG, 2004. pp. 171-89.

Pinheiro, N. F. A noção de gênero para análise de textos midiáticos. In: Meurer, J. L.; Motta-Roth, D. (orgs.). *Gêneros textuais e práticas discursivas*: subsídios para o ensino da linguagem. Bauru: Edusc, 2002, pp. 259-90.

Gouti, G. Intercambios en los foros de debate: algunos elementos de reflexión para un acercamiento linguístico. In: Covadonga, L. A.; Séré, A. (eds.). *Nuevos géneros discursivos*: los textos electrónicos. Madrid: Biblioteca Nueva, 2003.

Xavier, A. C.; Santos, C. F. O texto eletrônico e os gêneros do discurso. *Veredas – Revista de Estudos Linguísticos da Universidade Federal de Juiz de Fora (UFJF)*, v. 4, n. 1, pp. 51-7, jan./jun. 2000.

______; Santos, C. F. *E-forum* na Internet: um gênero digital. In: Araújo, J. C.; Biasi-Rodrigues, B. (orgs.). *Interação na internet*: novas formas de usar a linguagem. Rio de Janeiro: Lucerna, 2005, pp. 30-38.

Swales, J. M. *Genre Analysis. English in Academic and Research Settings.* Cambridge: Cambridge Univestity Press, 1990, pp. 1-65.

Toscano, M. E. S. *Orkut*: o hipertexto da socialização. Comunicação apresentada no II Simpósio Internacional de Análise Crítica do Discurso e VIII Encontro Nacional de Interação Verbal e Não-Verbal, 2007, São Paulo, Universidade de São Paulo.

Sugestões de leitura

Com o intuito de que você se familiarize um pouco mais com os gêneros midiáticos, seria produtivo ler: "Leitura, texto e hipertexto" de Antonio Carlos Xavier. In: Marcuschi, L. A.; Xavier, A. C. (orgs.). *Hipertexto e gêneros digitais*: novas formas de construção de sentido. São Paulo: Cortez, 2004, pp. 170-80.

Sugestões de atividade

1) Na atualidade (2009), nenhum outro site no Brasil possui uma participação tão intensa e de tantas faixas etárias como o Orkut. A natureza caleidoscópica dessa rede disponibiliza a seus usuários inúmeras possibilidades de interação por intermédio de vários gêneros discursivos emergentes. No entanto, cabe a você leitor contribuir para o avanço das pesquisas linguísticas nessa rede por intermédio, por exemplo, do estudo de outros gêneros que estão surgindo nesse ambiente virtual, como os *scraps* e os depoimentos. Para tanto, é possível partir dos parâmetros definidos por Marcuschi (2005) e elaborar novas ferramentas para a descrição desses textos. Dessa forma, você estará colaborando não só para a caracterização da produção linguística no ciberespaço, mas também para desvendar os mistérios que envolvem o grande sucesso dessa rede em nosso país.

2) Entre nos sites indicados a seguir e veja como participar de um fórum de debates ou mesmo criar um fórum você mesmo:

   • <http://www.directorioforuns.com/>
   O que é o diretório dos fóruns?
   É uma ferramenta de busca eficiente, que lhe permite encontrar o fórum dos seus sonhos ou uma informação dentre todos os fóruns de Forumeiros. Você pode escolher o seu modo de busca, seja com uma palavra-chave ou através das nossas categorias.

   • <http://www.forumeiros.com/index_pt.htm>
   O que é forumeiros?
   É o modo mais fácil de criar um fórum gratuito e eficaz, sem nenhum conhecimento específico de informática. Você poderá compartilhar suas discussões em Forumeiros.com graças às funcionalidades que ele oferece.

   • <http://europa.eu/debateeurope/index_pt.htm>
   Se você deseja participar dos debates sobre os rumos da Europa, entre no site indicado e participe das diversas discussões, dando sua opinião sobre os desafios que a população dessa região enfrenta atualmente. Você acha que a Europa está caminhando na direção certa? Acha que as instituições europeias estão tendo um papel significativo nas matérias verdadeiramente importantes? Acha que as instituições se intrometem em questões menores e não interferem suficientemente em outras áreas

relevantes como a criação de emprego e a defesa do consumidor? Qual é a sua posição no debate sobre as alterações climáticas?
Aproveite esta oportunidade e contribua para a definição do rumo a seguir. Veja os temas disponíveis:

- O futuro da Europa
- Alterações climáticas
- Diálogo intercultural

Notas

1 É importante mencionar que, para Marcuschi (2005), as listas de discussão representam um gênero discursivo, enquanto os fóruns de discussão são um ambiente para debate de temas específicos. Neste capítulo, seguindo a tendência dos estudos de Paiva e Rodrigues Junior (2004) e Xavier e Santos (2005), trata-se como fórum eletrônico não apenas o espaço no qual são arquivadas as discussões, mas as próprias discussões em si.

2 Os *scraps* (recados) são mensagens, normalmente breves, deixadas na página de recados dos usuários e que ficam dispostas como uma lista, para consulta do usuário, de seus amigos ou de todos os membros da rede.

Os diálogos: uma comparação entre textos falados

Luiz Antônio da Silva

"Há uma grande diferença se fala um deus ou um herói; se um velho amadurecido ou um jovem impetuoso na flor da idade; se uma matrona autoritária ou uma ama dedicada; se um mercador errante ou um lavrador de pequeno campo fértil; se um colco ou um assírio; se um homem educado em Tebas ou em Argos."

Horácio

Língua falada e conversação

Nos últimos anos, os estudos sobre interação verbal têm sido objeto de estudo não só de linguistas, mas também de sociólogos, antropólogos, psicólogos e educadores em geral. Esses estudiosos têm procurado entender os mecanismos que regem os mais diferentes tipos de conversação praticados na sociedade moderna.

Esse interesse está relacionado ao fato de a conversação ser uma prática rotineira na vida dos seres humanos e também elemento vital para a comunicação. As conversações naturais não apresentam uma simples sucessão de intervenções de interlocutores. Os analistas desse tema têm procurado mostrar que os interactantes, consciente ou inconscientemente, utilizam diversos recursos para estruturarem o diálogo e manterem a harmonia do fluxo informacional. Com essa finalidade, procuram responder a questões básicas que envolvem a interação entre falante e ouvinte: Quando duas pessoas iniciam um diálogo, como se dá a definição de quem fala e quando fala? Como alguém sabe quando começar, continuar ou parar de falar? Existe alguma convenção que estipule que o falante deva ou não continuar com o mesmo tópico, desenvolvê-lo ou mudá-lo? Como um interlocutor pode saber que ainda está na vez de falar? Falante e ouvinte fazem uso de um mesmo tipo de turno? Os estudos, orientados pela Análise da Conversação, têm procurado responder a essas questões e, felizmente, têm ido além. Sem contar os diversos trabalhos acadêmicos (dissertações de mestrado e teses de doutorado), é possível citar as publicações do projeto Nurc/SP (Projeto de Estudo da Norma Linguística Urbana Culta de São Paulo) já em oitavo volume.

Os estudos sobre língua falada, que são muito recentes, surgiram com os trabalhos orientados pela Sociolinguística e tiveram um avanço significativo nos últimos anos. Especialmente nas décadas de 1970 e 1980, a língua falada, como objeto de estudo, foi alvo de muito preconceito, pois os especialistas consideravam que apenas a língua escrita deveria ser estudada, já que era mais organizada e poderia ser encarada até como arte considerando os textos literários.

Na década de 1980, chegaram ao Brasil as novidades de um novo recorte teórico, a Análise da Conversação. A equipe do Projeto Nurc/SP, coordenada pelo professor Dino Preti,[1] participou de um seminário sobre normas de transcrição, na Unicamp, ministrado pelo professor Luiz Antonio Marcuschi.[2] A partir daí, como a equipe do Nurc/SP já se interessava por estudar a língua falada, ocorreu um avanço significativo nos estudos linguísticos, tendo como objeto de estudo um *corpus* de língua falada. Anos mais tarde, o professor Ataliba Teixeira de Castilho[3] coordenou o projeto "Gramática da Língua Falada", que utilizou o *corpus* do Projeto Nurc e reuniu linguistas de todo o Brasil.

A partir de então, pudemos observar uma série de trabalhos seguindo a linha da Análise da Conversação e a utilização de *corpus* de língua falada, isto é, os textos falados passaram a ser analisados do ponto de vista de sua própria estrutura e organização, já que, no passado, procurava-se analisar um texto falado a partir da modalidade escrita da língua.

Nossa preocupação, neste capítulo, será mostrar possibilidades de análise de um texto falado à luz dos recortes teóricos da Análise da Conversação.

Corpus

Utilizamos dois textos falados. O primeiro faz parte do acervo do projeto Nurc/SP e o segundo é uma gravação secreta, feita em 2007. Adotamos as normas de transcrição do Projeto Nurc/SP, constantes em Preti (1993, p. 11):

( ) = incompreensão de palavras ou segmentos;
/ = truncamento;
maiúscula = entonação enfática;
:: = prolongamento de vogal ou consoante;
... = qualquer pausa;
(( )) = comentários do transcritor;
[= superposição de vozes;

Inquérito 343 do Projeto Nurc/SP

O Projeto Nurc iniciou suas atividades no final da década de 1970, com o objetivo de estudar a linguagem falada culta das cinco principais capitais do Brasil, na época: Recife, Salvador, Rio de Janeiro, São Paulo e Porto Alegre. Na década de 1980, completaram-se as gravações e, em seguida, teve início a fase das análises. O grupo de São Paulo tomou a iniciativa de empreender a publicação de um *corpus* mínimo e, posteriormente, passou a publicar as análises desse *corpus*. Para uma história do Projeto Nurc, recomendamos a leitura de Silva (1996).

O Inquérito 343 é uma gravação do tipo D2, isto é, diálogo entre dois informantes. L1, do sexo masculino, com 26 anos de idade, engenheiro, e L2, do sexo feminino, psicóloga, com 25 anos de idade. L1 e L2 são irmãos, por isso o grau de intimidade entre eles é grande. A transcrição completa encontra-se em Castilho e Preti (1987).

Doc.: bom gostaríamos que vocês falassem a respeito do da
cidade e do comércio...
L1: tem saído ultimamente... de carro?
L2: ((risos)) tenho mas você diz sair... fora... sair normalmente
para a escola essas coisas?
L1: pegar a cidade ( )
L2: tenho se bem que eu acho que eu conheço pouco a cidade
né?... por exemplo se eu for comparar com...
L1: você viu se está gravando direito aí?
Doc.: está está eu já deixo no automático...
L1: ah o automático não indica velo/...
Doc.: não... ((vozes distantes))
L2: tenho saído sim... assim em termos mas eu acho por
exemplo::... de sair::... éh::... sabe sair por aí:: descobrir
[
L1: uhn

L2: lugares novos e tal acho que meu conhecimento de
São Paulo é muito restrito se comparar com papai por exemplo...
L1: eu fui:: quinta-feira... não foi terça-feira à noite fui lá no
(Taidi) né? lá na Celso Furtado
L2: éh::
L1: passei ali em frente à:: Faculdade de Direito... então estava
lembrando... que eu ia muito lá quando tinha sete nove onze...
(com) a titia sabe?... e:: está muito pior a cidade... está... o
aspecto dos prédios assim é bem mais sujo... tudo
acinzentado né?
L2: uhn:: poluição né?
L1: ruas mais ou menos sujas... ali perto da Praça da Sé da
Praça da Sé tudo esburacado por causa do metrô né?...
achei horrível... feio feio feio... e toda segunda à noite eu
passo ali do lado da faculdade certo?
L2: quando você vai pra:: para Aliança né?
[
L1: é quando eu pego o carro... e:: também é
horrível o aspecto... (parece) assim montoeira de concreto...
sem nenhum aspecto humano certo? os prédios sem::
estilo arquitetônico... ou de estilo arquitetônico tudo
desencontrado não tem não tem integração...
L2: mas isso acho que não tem né? em::... lugar nenhum da
cidade a não ser talvez... assim
[
L1: me parece que...
L2: bairro em termos de visão::
L1: me parece que está ahn:: envelhecida a cidade né?... ahn:::
muita construção... antiga não tem muita construção nova...
L2: oh eu acho que em termos de::... centro por exemplo está
começando a acontecer um negócio que... você vê normalmente
em cidade americana grande Washington Nova Iorque... que
é::... pessoal mais classe alta ir para o subúrbio... e o:: centro
bom:: em Washington por exemplo é muito gueto... né?
em Nova Iorque também... então a Tatá estava contando
[
L1: uhn
L2: outro dia né? que:: depois das seis horas da noite você
andar na cidade e o jeito dela "só tem preto... só tem preto e

bicha" né? e:::... e realmente acho que ne/ muito pouca
gente ainda mora lá assim de nível socioeconômico mais
alto né?...
L1: é porque de noite... está vazia bem vazia não tem trânsito
(mas)... é concreto com rua... asfalto... acabou né?... Lins por
exemplo não é assim né? você tem você tem... tem um
aspecto de::... de acho que parece bairro a cidade né? não
tem muito movimento... éh:: chega seis sete horas
[
L2: mas que tamanho quantos
habitantes tem lá?
L1: todo mundo na rua... ah não sei... deve ter uns::... cinquenta
cem mil...
L2: éh São Paulo acho assim uma vez o Franck sabe aquele que
é arquiteto?
L1: uhn...
L2: ele estava falando que a topografia da cidade é muito
bonita... e eu inclusive gosto né? cheio de... montes

Gravação secreta

A gravação secreta que transcrevemos abaixo foi realizada em 2007 na Faculdade de Filosofia, Letras e Ciências Humanas da Universidade de São Paulo. L1 e L2 são colegas de universidade. L1, do sexo masculino, com 23 anos de idade, cursa História, e L2, do sexo feminino, com 22 anos de idade, cursa Letras.

L1: você acha legal estudar aqui?
L2: gosto muito do *campus*... é um lugar arborizado
florido tranquilo... enfim um lugar lindo de morrer...
L1: outro dia batendo um papo com o Carlão sabe aquele que
é do grupo?
L2: que grupo?
L1: de estudos folclóricos
L2: sei
L1: então... ele estava dizendo que nem parece que estamos
em:: em::... em::
L2: São Paulo

L1: em São Paulo e que ele vem... aqui... todo mês
[
L2: uhn
L1: quer dizer todo fim de semana com:: com::
L2: sei
L1: com a mina dele sabe? isto é com a namorada
e... alugam bi/ bike bicicleta e:: né?
L2: uhn uhn
L1: e:: passam o dia...
L2: é claro que tudo aqui precisa melhorar... principalmente
aqui no:: no:: *campus* quer dizer no prédio...
L1: é verdade
L2: pois está... parece abandonado... e:: e::
[
L1: ouvi di/ desculpa pode continuar
L2: e caótico... parece que ninguém liga pra isto e::...
L1: por falar em abandono... ouvi dizer que logo vão
começar as obras de:: de::
L2: reforma...
L1: éh:: éh:: de reforma... falaram que vai ficar uma
beleza entende?
L2: uhn uhn
L1: e parece que verba não falta pra isto...
L2: eu só espero que não seja só boato...
L1: eu também... mas nunca se sabe
[
L2: é por isso que eu digo que há
nece/ necessidade de:: de:: fiscalização... tem que haver uma
marcação cerrada na administração...
L1: é mesmo... tem que ficar em cima do:: do:: né? dos homens
[
L2 masoproblema
é que as pessoas se acomodam... e ninguém fis/ fiscaliza...
fica tudo acomodado
L1: sabe o que acontece é:: é:: é:: QUE NINGUÉM RECLAma
[
L2: o problema é::
L1: porque tem medo da pressão e... às vezes do ridículo

Fundamentos teóricos

A conversação é um dos eventos mais importantes da vida diária, pois, a todo momento, estamos interagindo. A conversação é o meio básico para essa interação e representa um evento comunicativo em que duas ou mais pessoas se alternam nos papéis de falante e ouvinte.

Ela tem sido centro de atenção de diversas perspectivas científicas, tanto do ponto de vista individual como social. Por isso o termo *conversação* pode ser concebido de maneiras diversas. Há aqueles que o utilizam num sentido amplo, que recobre qualquer tipo de interação oral e, em geral, fazem distinção entre conversação informal (aquelas que são espontâneas, não planejadas) e conversação formal (aquelas que têm algum tipo de planejamento prévio (entrevistas, debates, reuniões de trabalho, apresentações em congressos etc.). Há aqueles que utilizam *conversação* num sentido mais restrito, como sinônimo de conversação espontânea, que não tem qualquer planejamento prévio. Para a equipe Val.Es.Co (Valência, Espanhol Coloquial), coordenada por Briz Gómez, a *conversação* caracteriza-se, no que se refere a outros tipos de discursos falados (debates, entrevistas), por cinco características básicas: interlocução em presença, isto é, conversação face a face; caráter atual, imediato (aqui e agora); distribuição de turnos não predeterminada; dinamismo, isto é, alternância de turnos imediata, que favorece a maior ou menor tensão dialógica; caráter cooperativo em relação ao tópico desenvolvido.

Ainda que haja diferenças e divergências, todos esses conceitos se ajustam ao material com que temos trabalhado, pois os textos falados que utilizamos encaixam-se nos padrões de conversação propriamente dita.

A conversação é uma prática cotidiana e rotineira na vida das pessoas. Por meio dela, os indivíduos se comportam como seres sociais, isto é, relacionam-se com outras pessoas e procuram conseguir seus propósitos, conversando; rompem relacionamentos conversando ou deixando de conversar. Silva (2005), ao fazer considerações sobre o termo *conversação*, apresenta a explicação etimológica:

> Etimologicamente, *conversação* é um substantivo ligado ao verbo *conversar*, que procede do latim *conversare*, encontrar-se habitualmente num mesmo local. Esse termo é composto de *com* (junto) e *versare* (dar voltas). Remete-nos, pois, à ideia de conviver com outras pessoas. A palavra *conversação* deriva do latim *conversatio, onis*, que significa convivência, ação de viver junto. A conversação é, pois, uma atividade em que duas ou mais pessoas interagem por meio da linguagem verbal e/ou não-verbal. (2005, p. 32)

Os fundamentos teóricos para se estudar um texto falado têm sido buscados na Análise da Conversação. Essa disciplina nasceu, basicamente, no campo da Sociologia e se estendeu à Linguística. As orientações da Análise da Conversação nasceram e se formaram na tradição da Etnometodologia de Garfinkel e dela são usados princípios teóricos e metodológicos. Trata-se de uma corrente criada nos finais dos anos 1950 e inícios dos anos 1960 nos Estados Unidos, em oposição à Sociologia tradicional.

Foram Harvey Sacks e seus colaboradores que deram grande contribuição para que a nova disciplina progredisse. O objeto da Análise da Conversação desenvolvida por Sacks tem por foco estudar a organização da conduta significativa das pessoas na sociedade, isto é, o modo como os indivíduos de uma sociedade realizam suas atividades e dão sentido ao mundo que os rodeia.

Para entendermos adequadamente os estudos conversacionais, é preciso esclarecer alguns conceitos teóricos.

Tópico

Quando duas ou mais pessoas conversam, elas sempre abordam um ou mais assuntos, por isso o conceito de tópico pode ser entendido como aquilo de que se fala.

O tópico é uma atividade construída de forma cooperativa, pois, quando os interactantes se reúnem para conversar, falam sobre alguma coisa, mesmo que não estejam de acordo. Fávero (1993) ressalta a importância do conceito de tópico para se entender a organização conversacional:

> A noção de tópico é de fundamental importância para o entendimento da organização conversacional e é consenso entre os estudiosos que os usuários da língua têm noção de quando estão discorrendo sobre o mesmo tópico, de quando mudam, cortam, criam digressões, retomam, etc. (Fávero, 1993, p. 39)

O fluxo informacional de uma conversa, isto é, a sucessão de assuntos desenvolvidos é organizada e, não raras vezes, é hierárquica. É possível fazer a segmentação tópica de uma conversação, por isso há *supertópico, tópicos* e *subtópicos.*

Muitas vezes, acontece de o tópico ser interrompido, passar-se a um novo tópico e, depois, voltar-se ao tópico interrompido. Trata-se de uma *digressão.* O que marca a digressão é o desvio do tópico e o retorno ao tópico interrompido. Na linha 21, L1 desenvolve o tópico "aspecto da cidade", mas desvia-se desse tópico para contar que se lembrou de que ia àqueles lugares com sua tia. Caso se queira representar graficamente a digressão, deve ser separada pelas duas barras:

passei ali em frente à:: Faculdade de Direito... // ***então estava lembrando... que eu ia muito lá quando tinha sete nove onze... (com) a titia sabe?//*** *... e:: está muito pior a cidade... está o aspecto dos prédios assim é bem mais sujo...*

Observe-se que, se tirarmos o segmento que corresponde à digressão, não haverá qualquer prejuízo para o entendimento do tópico em questão – aspecto da cidade.

Também é frequente, na conversação, haver interrupção do tópico e não se voltar a ele. Nesse caso, teremos um tópico abandonado ou abortado. Por causa do dinamismo da conversação, é comum que isso aconteça.

Turno

Em 1974, Harvey Sacks, Emanuel Schegloff e Gail Jefferson (SSJ) publicaram um artigo na revista *Language*, que se tornou um clássico no assunto desenvolvido. Nesse estudo, os autores averiguaram qual é o sistema de tomada de turno que prevalece na interação conversacional, independentemente do aspecto cultural. Dessa forma, SSJ propõem um clássico estudo sobre tomada e distribuição de turnos, deixando claro que esse sistema específico de tomada de turno é a principal característica da conversação. Os autores afirmam que estudar as conversações desse ponto de vista significa explicar os métodos que as pessoas empregam para efetuarem os intercâmbios ordenados de turno e para manifestarem um ao outro a natureza regulada, coerente e descritível de suas sequências conversacionais.

Nesse modelo, *turno* engloba tanto o direito que cada um dos interlocutores da conversação tem de tomar a palavra como a fala construída no momento em que cada um dos interlocutores toma a palavra. No momento em que um turno está sendo produzido, os ouvintes têm a capacidade de prever o momento em que a fala de seu interlocutor estará completa e, dessa forma, tomar o turno, isto é, transformar-se de ouvinte em falante. Esse ponto de possível completude é denominado *lugar relevante para a transição de turno ou LRT*.

A regra geral básica da conversação é "fala um de cada vez". Isso quer dizer que o sistema de trocas de turno é organizado e assegura que uma única pessoa fale de cada vez e que, portanto, haja alternância nos papéis de falante e de ouvinte. Embora seja um princípio básico e fundamental para não provocar uma conversação caótica, a referida regra costuma ser violada com certa frequência, ainda que por momentos breves. O mecanismo que administra a tomada de turno é um sistema localmente comandado e, assim, tem um caráter contextual e não automatizado.

Tendo como base a análise quantitativa de um grande *corpus*, constituído por conversações espontâneas, SSJ estabelecem técnicas e regras e, também, uma lista de 14 características para a tomada de turno (Cf. Silva, 2005, pp. 54-6).

Marcuschi (1986, p. 89) define turno como sendo, técnica e estruturalmente, "a produção de um falante enquanto ele está com a palavra, incluindo a possibilidade do silêncio, que é significativo e notado". O autor não considera turno a produção do ouvinte durante a fala de alguém. Cremos que, ainda que sejam tipos diferentes, essas intervenções do ouvinte podem ser consideradas turno.

Em um estudo sobre o espanhol falado em Alcalá de Henares, na Espanha, Cestero Mancera (2000) deixa claro que não é fácil definir turno, pois muitas e distintas são as definições que os analistas da conversação têm dado. Para ela, turno é "um período de tempo que se inicia quando uma pessoa começa a falar e conclui quando a referida pessoa deixa de falar" (Cestero Mancera, 2000, p.19). Com relação aos tipos de turno, enfatiza que eles desempenham funções diferentes na conversação, dependendo de forma direta da intenção do interactante que os enuncia. Dessa forma, distingue dois tipos de turno, relacionados com a função que desempenham no sistema de tomada de turno: *turnos de fala* (próprios de falante) e *turnos de apoio* (de ouvintes).

Galembeck, Silva e Rosa (1990, p. 83) consideram turno cada intervenção dos interlocutores. Os autores ressaltam, no entanto, que a "conversação não se define como uma simples sucessão de turnos alternados; apresenta, ao contrário, uma organização hierárquica complexa que permite a decomposição em níveis de estudo".

Conforme observado, há várias posições sobre a conceituação de turno. Autores diferentes buscaram diferentes formas para definirem turno, muitas vezes, discordando em parte ou totalmente das visões apresentadas. Adotamos a definição de turno de acordo com a concepção de Galembeck, Silva e Rosa (1990) pelo fato de valorizar todas as intervenções dos interlocutores, inclusive aquelas intervenções breves, usadas, muitas vezes, para o monitoramento do falante. Assim, neste capítulo, cada intervenção será considerada turno, embora cientes de que, dependendo da intervenção, poderemos encontrar turnos diferentes, em níveis diferentes e hierarquicamente diferentes.

De acordo com Galembeck, Silva e Rosa (1990), estabelecemos uma tipologia de turno que descrevemos a seguir.

Há aquelas intervenções que contribuem para o avanço do fluxo informacional e que são turnos próprios de falante. A esses turnos chamaremos de *nucleares*. Há, também, turnos próprios de ouvinte, isto é, aqueles que não contribuem significativamente para o avanço do tópico. Em geral, são os chamados "fáticos", elementos próprios da fala e que têm a função de indicar atenção, compreensão, acompanhamento, concordância. A esses chamaremos de turnos *inseridos*.

Os turnos nucleares podem ser divididos em *justapostos* e *em andamento*. Os primeiros estão interligados a outros turnos nucleares, enquanto os segundos estão entrecortados por turnos inseridos. Entre as linhas 1 e 6, do Inquérito 343, encontramos quatro turnos nucleares justapostos. Entre as linhas 9 e 19, da gravação secreta, é possível observar um grande turno de L1, entrecortado por turnos inseridos. Trata-se, portanto, de um turno nuclear em andamento.

Os turnos inseridos podem ser subdivididos em *interacionais* e *de contribuição para o tópico*. Os primeiros são os típicos fáticos, têm a função de manter o canal de comunicação aberto. Os segundos, ainda que não se caracterizem como turno de falante, têm certa contribuição no avanço do tópico, ocorrendo, especialmente, nos casos de "sintaxe a dois". Entre as linhas 12 e 19 da gravação secreta, os turnos de L2 – "uhn" (linha 13), "sei" (linha15) e "uhn uhn" (linha 18) – têm função, essencialmente, interacional. São turnos inseridos porque não contribuem para o avanço do fluxo informacional e são interacionais porque, simplesmente, indicam acompanhamento, entendimento e concordância. Entre as linhas 10 e 11 da gravação secreta, é possível ver um exemplo de turno inserido de contribuição, pois o segmento "São Paulo", enunciado por L2, completa o raciocínio de L1, ainda que essa intervenção não indique que L2 deseje tomar a palavra.

Resumindo, são quatro os tipos de turno:

Quadro 1. Tipologia de turno

Turno nuclear justaposto
Turno nuclear em andamento
Turno inserido interacional
Turno inserido de contribuição

Estratégias de gestão de turno

As estratégias de gestão de turnos dizem respeito aos procedimentos pelos quais há troca de papéis, isto é, o falante se torna ouvinte e vice-versa, ou a tentativa de prolongar o momento em que se está com a palavra. Em síntese, as estratégias de gestão de turno referem-se à maneira pela qual os turnos são distribuídos durante o processo de interação conversacional entre os interactantes. Segundo Galembeck, Silva e Rosa (1990) e Galembeck (1993), há dois tipos de estratégias de gestão de turno: *troca de falantes* e *sustentação da fala.*

A troca de falantes se dá segundo a presença (passagem) ou ausência (assalto) de pistas de LRT, que é o lugar relevante para a transição de turno, marcado pela completude sintático-semântica e que pode ser acompanhado de pausas, alongamentos ou, ainda, de marcadores conversacionais. A passagem de turno pode ser requerida ou consentida pelo falante. No primeiro caso, há uma entrega explícita, isto é, o interactante que estava com a palavra, por meio de marcadores (*né?, entende?, o que você acha?*) ou por meio da entonação ascendente (interrogação ou interpelação), sinaliza ao interlocutor que é a vez de assumir o turno. No segundo, há uma entrega implícita, isto é, há alguns indícios de que o interactante que estava com a palavra a está entregando ao parceiro conversacional. Nesse caso, pode haver marcadores suprassegmentais (pausa, entonação descendente) ou marcadores paralinguísticos (riso, gestos). Considerando o fragmento do Inquérito 343, entre as linhas 3 e 4, há uma passagem requerida de turno. Já entre as linhas 17 e 18, uma passagem consentida.

Os assaltos representam a invasão do turno do outro interactante que está com a palavra; é a violação do princípio básico da conversação, segundo o qual cada um deve falar na sua vez. O assalto pode ser "com deixa", isto é, aquele que invade o turno aproveita pistas de hesitação (pausas ou alongamentos), e "sem deixa", isto é, invasão brusca, sem qualquer sinal de hesitação. Na linha 35 da Gravação Secreta, há um exemplo de assalto sem deixa, enquanto na linha 39, um exemplo de assalto com deixa.

Frequentemente, depois de emitir uma unidade de turno, o interactante pode querer continuar com a palavra, mesmo sabendo que seu interlocutor deseja tomar o turno. Para evitar a perda do turno, o falante utiliza mecanismos de sustentação, como marcadores, alongamentos, repetições e elevação da voz. O objetivo é sinalizar ao ouvinte sua intenção de manter o turno. Trata-se de *autossustentação.* Por outro lado, é possível que o ouvinte deseje sancionar seu interlocutor como aquele que está com a palavra, quer dizer, o ouvinte não tem intenção de tomar a palavra, no entanto, deseja mostrar que não está alheio e que participa ativamente, por isso emite turnos breves que funcionam como monitoradores do falante. Na verdade, essas intervenções acabam por sustentar o turno do outro, isto é, elas reafirmam a condição de falante do interlocutor. É um caso de *heterossustentação*. Considerando a gravação secreta, na linha 42, há um exemplo típico de autossustentação, pois L1 eleva a voz, a fim de manter-se na vez de falar. Na linha

11, há um exemplo de heterossustentação, pois L2 não deseja assumir a palavra, mas apenas socorrer seu interlocutor e deixar claro que a palavra está com L1.

Em resumo:

Quadro 2. Estratégias de gestão de turno

1. Troca de falantes
1.1. Passagem de turno
a. Passagem requerida
b. Passagem consentida
1.2. Assalto ao turno
a. Assalto com deixa
b. Assalto sem deixa
2. Sustentação da fala
2.1. Autossustentação
2.2. Heterossustentação

Pares adjacentes

Outra característica fundamental do modelo de SSJ diz respeito aos *pares adjacentes*. Esse termo foi cunhado para designar uma sequência de dois turnos recorrentes na conversação, em que o primeiro projeta e requer um segundo turno complementar produzido por outro falante. São sequências de enunciados adjacentes, produzidos por falantes diferentes, ordenados com uma primeira e uma segunda parte e classificados de maneira que uma primeira parte requer uma segunda. O não-aparecimento da outra parte do par seria uma atitude inadequada. Como exemplos de pares adjacentes, citamos: pergunta/resposta; oferta/aceitação/recusa; convite/aceitação/recusa; saudação/saudação, pedido de desculpa/perdão etc.

De acordo com Schegloff e Jefferson (1973, pp. 295-6), os *pares adjacentes* são sequências de dois enunciados que:

- apresentam posição adjacente (uma intervenção sucede a outra de forma consecutiva);
- são produzidos por falantes diferentes;
- são ordenados com sequência predeterminada;
- compõem-se de uma primeira e de uma segunda parte;
- a primeira parte seleciona o próximo falante e determina sua ação;
- a primeira parte coloca o ponto relevante para a transição de turno.

Segundo Levinson (1989, p. 290), a regra que governa o uso do par adjacente é a seguinte: "Depois de produzir uma primeira parte de algum par, o falante que está com a palavra deve deixar de falar e o falante seguinte deve produzir nesse ponto uma segunda parte do mesmo par." É interessante observar que os dois textos falados, que serviram de *corpus* para este capítulo, iniciam com um par adjacente prototípico: pergunta e resposta.

Marcadores conversacionais

Quando se faz uma transcrição de um texto falado, percebe-se uma grande quantidade de partículas que, em geral, são esvaziadas de conteúdo referencial, mas fundamentais na organização geral do texto conversacional. São os *marcadores conversacionais* que, no dizer de Urbano (1993, p. 86), "amarram o texto não só enquanto estrutura verbal cognitiva, mas também enquanto estrutura de interação interpessoal". Em geral, as gramáticas normativas, usualmente voltadas para a língua escrita, ignoram essas partículas.

As funções dos marcadores conversacionais são variadas:

- ajudam a construir e dar coesão e coerência ao texto falado;
- ajudam a organizar o texto;
- amarram o texto;
- marcam as relações interacionais.

Esses marcadores podem ser linguísticos ou não linguísticos; verbais ou não verbais, como pausas, alongamentos, olhar, riso etc. Há marcadores conversacionais típicos de falantes e marcadores típicos de ouvinte (Cf. Silva, 2001).

No início da transcrição do Inquérito 343, é possível observar alguns marcadores conversacionais. No início do turno da documentadora, encontramos o marcador "bom". Repare-se que a única função é marcar o início de uma conversa, pois apenas sinaliza que começará o tópico. Esse termo – *bom* – não é o que costumeiramente conhecemos como adjetivo, oposto a *mau*. É apenas a marca do início da fala da documentadora. Esse marcador "bom" também pode aparecer no meio do turno, como se observa na linha 47 do Inquérito 343. Ao longo da transcrição, o marcador "né?" aparece inúmeras vezes. Ele pode ter a função de simples preenchedor de pausa, isto é, o falante, em um momento de hesitação por causa do planejamento, enuncia o "né?" não com o objetivo de obter uma resposta, mas simplesmente para preencher o silêncio. Outras vezes, o "né?" serve como busca de aprovação discursiva. Outras vezes, representa o que chamamos de *muleta* conversacional, pois faz parte da estrutura conversacional do falante. Nas conversações, é comum que o interactante que está com a palavra queira saber qual o grau de entendimento, de consentimento ou de interação com o interlocutor, por isso enuncia tal marcador para testar o canal de comunicação.

Procedimentos de reformulação

Uma das características básicas do texto falado é o planejamento local, isto é, no mesmo instante em que se planeja, enuncia-se o segmento planejado. Consequentemente, há marcas de hesitação, erros de planejamento e, portanto, reformulações no texto. Em geral, os interactantes utilizam processos de reformulação porque desejam garantir um melhor entendimento do tópico desenvolvido.

São dois os procedimentos de reformulação: *correção* e *paráfrase*. Os dois buscam reformular um enunciado que pode ser problemático, mas a diferença básica reside na natureza da relação semântica que existe entre o enunciado a ser reformulado e o enunciado reformulador. Na correção, há uma relação de contraste semântico entre o enunciado reformulador e o enunciado reformulado. Na paráfrase, há uma relação de equivalência semântica.

Na linha 21 da gravação secreta, encontra-se um típico caso de correção, pois L2 corrige o enunciado de "*campus*" para "prédio". Na linha 16, há um exemplo de paráfrase, pois L1 reformula seu enunciado "mina" para "namorada" (com equivalência semântica), para explicitar melhor a mensagem.

Comentários sobre o Inquérito 343

Trata-se de um fragmento simétrico, pois há alternância entre os interlocutores. A documentadora inicia o diálogo e apresenta os supertópicos: cidade e comércio. Nesse fragmento, o supertópico é *cidade*, apenas.

Documentadora, L1 e L2 dão início ao desenvolvimento do tópico por meio de um par adjacente típico: pergunta/resposta. Na linha 3, L1 propõe uma pergunta a L2: "tem saído ultimamente... de carro?". É possível perceber certo nervosismo (risos) e certo ar de desconforto entre os interlocutores, ainda que tenham intimidade, pois são irmãos. Esse nervosismo logo se dissipa; alguns minutos depois, os interactantes estarão à vontade durante a conversa.

Entre as linhas 8 e 9, há um assalto ao turno, com deixa, representada pela pausa. L1 aproveita a hesitação de L2 e, preocupado com o gravador, interrompe sua conversa com L2 e começa a dialogar com a documentadora a respeito de problemas do gravador.

Na linha 15, há um típico turno inserido interacional. Repare-se que L1, enquanto L2 desenvolve o tópico, enuncia o segmento “uhn”, sinalizando acompanhamento. O turno de L1 foi emitido em sobreposição, entretanto não se pode dizer que seja assalto ao turno, pois L1 não deseja tomar a palavra, pelo contrário, sanciona L2 como falante. É importante salientar que o turno de L1 é uma estratégia de heterossustentação, na medida em que garante a L2 o *status* de falante. Em outras palavras, L1 deixa claro ao interlocutor que pode continuar com a palavra, pois está ouvindo, entendendo, acompanhando e, além do mais, está de acordo com a situação.

Entre as linhas 18 a 30, encontramos um exemplo de turno nuclear em andamento. L1 desenvolve o tópico a respeito do aspecto da cidade e, durante o desenrolar desse turno, L2 faz algumas intervenções, não com o intuito de tomar a palavra, mas com o objetivo de sinalizar acompanhamento (“éh::”, linha 20) e concordância (“uhn:: poluição né?”, linha 26). Este último exemplo ilustra uma heteroparáfrase, pois o segmento de L2 não acrescenta nada de novo ao tópico, simplesmente resume o que L1 estava dizendo.

É possível observar, na linha 39, um caso de assalto sem deixa. L1 interrompe, bruscamente, seu interlocutor, violando a regra “fala um de cada vez”. No entanto, sabemos que, quando isso acontece, um dos interactantes deve ceder a vez ao outro. L1 não leva adiante seu intento e, com isso, L2 continua a desenvolver o tópico. L1, entretanto, não desiste de tomar a palavra e, na primeira oportunidade (hesitação de L2 na linha 40), tenta novamente, usando o mesmo segmento da linha 39 (“me parece que”, linha 41) e, dessa vez, há um assalto com deixa. L2, por sua vez, ao retomar a palavra na linha 43, emprega o mesmo segmento que foi interrompido na linha 40: “oh eu acho que **em termos de::...**”.

Sacks, Schegloff e Jefferson (1974) salientam que as sobreposições são comuns, mas não podem ser prolongadas, pois pode haver colapso na comunicação. Na linha 60, há um assalto sem deixa, produzido por L2 (“mas que tamanho quantos habitantes tem lá?”). Repare-se que os dois interactantes não cedem a vez. É um caso incomum, pois os dois completam o pensamento, em sobreposição de voz, e um entende o que o outro quer dizer. Mudando a disposição dos turnos transcritos, teríamos:

L1: ... não tem movimento... éh:: chega seis sete horas todo mundo na rua...
L2: mas que tamanho quantos habitantes tem lá?
L1: ah não sei... deve ter uns::... cinquenta mil...

Na linha 18, há um exemplo de autocorreção, autoiniciada. L1 corrige sua informação inicial, quinta-feira, para terça-feira. O mesmo ocorre na linha 22, em que L1 revela não estar seguro de sua lembrança a respeito da idade (“sete nove onze”).

Com efeito, na linha 29, encontra-se um exemplo de autoparáfrase, autoiniciada, pois L1 enuncia o termo "horrível" e, em seguida, repete a mesma ideia de forma intensificada por meio da repetição "feio feio feio".

Nem sempre o mesmo segmento nos leva à mesma tipologia de turno. Na linha 66, há um segmento, enunciado por L1, que, aparentemente, se trata de um turno inserido interacional, mas, na verdade, é um turno nuclear justaposto, pois o segmento de L1 ("uhn...") não é um simples ato de concordância ou acompanhamento, mas é uma resposta a uma pergunta de L2. Considerando as estratégias de gestão de turno, entre as linhas 65 e 66, há passagem requerida, isto é, L2 passa a palavra a seu interlocutor e a resposta deste é fundamental para os rumos do desenvolvimento do tópico.

Comentários da gravação secreta

Como é de hábito, o início do diálogo é marcado por um par adjacente: L1 faz uma pergunta ao interlocutor, L2: "você acha legal estudar aqui?". O par adjacente se repetirá e terá importância fundamental no desenvolvimento do tópico.

Entre as linhas 4 e 8, encontra-se o que Marcuschi (1986) chama de *sequência inserida*, um par adjacente inserido entre duas partes de um outro par adjacente:

P1 L1: sabe aquele que é do grupo?
P2 L2: que grupo?
R2 L1: de estudos folclóricos
R1 L2: sei

A resposta (R1) da primeira pergunta (P1) só é dada depois que foi enunciada a segunda pergunta (P2) e a resposta dessa pergunta (R2).

Na linha 3, há um exemplo de paráfrase, pois o segmento "enfim um lugar lindo de morrer" resume os segmentos anteriores: "lugar arborizado", "florido" e "tranquilo". Há, também, um marcador parafrástico – enfim – que anuncia que haverá uma síntese do que foi dito.

Entre as linhas 10 e 11, encontra-se um caso típico de "sintaxe a dois". Nesse caso, há também um turno inserido de contribuição para o tópico. L2, ao perceber a hesitação de L1, socorre-o, pois nota que seu interlocutor se encontra em um momento de hesitação e de dificuldade para completar o enunciado.

Um exemplo típico de correção pode ser encontrado na linha 14: "quer dizer todo fim de semana". Esse segmento corrige o enunciado "todo mês". Observe-se, também, a presença do marcador de correção "quer dizer".

O segmento da linha 24 – "ouvi di/ desculpe pode continuar" – foi uma tentativa de assalto, sem deixa. Como percebeu que violou a regra "fala um de cada vez", procura reparar por meio de um ato de cortesia, em que reconhece a violação, pede desculpas e cede a vez ao outro. No entanto, momentos depois, assalta novamente o turno de L2 (com deixa, representada pela hesitação). Dessa vez, não há a preocupação de reparar a infração conversacional, pois a urgência de dizer o que foi dito era grande. Observe que foi empregado o mesmo segmento da primeira tentativa (da linha 24): "ouvi dizer".

Entre as linhas 26 e 32, há um longo turno de L1, que pode ser classificado como turno nuclear em andamento, pois está entrecortado por um turno inserido de contribuição – "reforma" (linha 28) – e por um turno inserido interacional – "uhn uhn " (linha 31).

Considerações finais

Neste capítulo, propusemo-nos a apresentar os conceitos básicos que norteiam a Análise da Conversação. Também apresentamos algumas sugestões de como se pode analisar um texto falado, não a partir da estrutura da modalidade escrita, mas considerando as especificidades da língua falada.

A fim de que se possa entender melhor a organização e o funcionamento da língua falada, mas não a partir dos parâmetros teóricos da língua escrita, expusemos alguns conceitos importantes da Análise da Conversação.

Bibliografia

Barros, Diana L. P. de. Procedimentos de reformulação: a paráfrase. In: Preti, Dino (org.). *Análise de textos orais*. São Paulo: Humanitas, 1983, pp.129-56.

Briz Gómez, Antonio (org.). *El español coloquial en la conversación: esbozo de pragmagramática*. Barcelona: Ariel, 1998.

Castilho, Ataliba T. de; Preti, Dino (orgs.). *A linguagem falada culta na cidade de São Paulo*: diálogos entre dois informantes. São Paulo: T. A.Queiroz/Fapesp, 1987.

Cestero Mancera, Ana M. *El intercambio de habla en la conversación (análisis sociolinguístico)*. Alcalá de Henares: Universidad de Alcalá, 2000.

Fávero, Leonor L. O tópico discursivo. In: Preti, Dino (org.). *Análise de textos orais*. São Paulo: Humanitas, 1993, pp. 33-54.

Galembeck, Paulo de T. O turno conversacional. In: Preti, Dino (org.). *Análise de textos orais*. São Paulo: Humanitas, 1993, pp. 55-79.

________; Silva, Luiz Antônio da; Rosa, Margarete de M. O turno conversacional. In: Preti, Dino; Urbano, Hudinilson (orgs.). *A linguagem falada culta na cidade de São Paulo*: estudos. São Paulo: T.A.Queiroz/ Fapesp, 1990.

Hilgert, José Gaston. Procedimentos de reformulação: a paráfrase. In: Preti, Dino (Org.). *Análise de textos orais*. São Paulo: Humanitas, 1993, pp.103-27.

LEVINSON, S. *Pragmática*. Barcelona: Teide, 1989.

MARCUSCHI, Luiz Antonio. *Análise da conversação*. São Paulo: Ática, 1986.

PRETI, Dino (org.). *Análise de textos orais*. São Paulo: Humanitas, 1993.

SACKS, H.; SCHEGLOFF, E.; JEFFERSON, G. A Simplest Systematics for the Organization of Turn-Taking for Conversation. *Language*, 50, pp. 696-735, 1974.

SCHEGLOFF, E.; JEFFERSON, G. Opening and Closings. *Semiótica*, 8, 1973, pp. 289-327.

SILVA, Luiz Antônio da. Projeto Nurc: histórico. *Linha D'Água*, 10, pp. 83-90, 1996.

________. Monitoramento na conversação: a interferência do ouvinte. In: URBANO, H. et al. (orgs.). *Dino Preti e seus temas*: oralidade, literatura, mídia, ensino. São Paulo: Cortez, 2001, pp. 128-44.

________. Conversação: modelos de análise. In: SILVA, Luiz Antonio da (org.). *A língua que falamos, português*: história, variação e discurso. São Paulo: Globo, 2005, pp. 31-71.

URBANO, Hudinilson. Marcadores conversacionais. In: PRETI, Dino (org.). *Análise de textos orais*. São Paulo: Humanitas, 1993, pp. 81-101.

Sugestão de exercício

Transcrição de uma gravação secreta

L1: você já conhece a:: a:: a Estância?
L2: é a primeira que venho aqui... já conhecia... de nome de
[
L1: sei
L2: ouvir falar... mas nunca tinha estado aqui antes... e você?
L1: já conheço há muitos anos... meu pai sabe?
L2: uhn
L1: meu pai teve casa aqui... co/ vendeu... depois ergueu quer dizer comprou um:: terreno e:: e:: construiu uma bela casa... aí veio um período de crise... aí vendeu de novo e:: nunca
[
L2: uhn uhn
L1: mais comprou casa aqui mas... eu comprei depois...
L2: há quanto tempo você tem casa aqui?
L1: uhn::... sei lá... acho que... sei lá... uns:: seis oito anos
[
L2: deixa pra lá...
L1: eh:: já não me lembro mais...
L2: você que construiu a casa?
L1: não... eu não gosto de construção... prefiro... éh:: éh:: pronta acabada... de preferência já com tudo... até decoração
L2: e sua mulher não gosta?
L1: até gosta... mas eu não aguento aquela bagunça aquele pra lá pra cá... aquele movimento todo de entra e sai de móveis... e gente que não acaba mais

[
L2: você deveria ficar FORA DISSO e deixar sua
mulher cuidando de tudo... é:: é:: a mesma coisa que
deixar na mão de outra pessoa...
L1: sei disso... mas não suporto nem ouvir falar dessas coisas...
prefiro comprar tudo pronto e resolvido...
L2: mudando de assunto... o que você acha do condomínio...
está bom::::... precisa melhorar essas coisas...
L1: veja bem... bom bom não está... mas dá para o gasto como
se diz... especialmente na área de segurança éh:: éh:: precisa
melhorar MUITo...

Observe a transcrição e responda às questões que seguem:

1. De que maneira se dá o fluxo informacional?
2. Em que momento é possível perceber que há uma clara mudança de tópico? Comente.
3. Classifique os turnos das linhas:
   a) 3 b) 5
   c) 7 d) 19
4. Que tipo de estratégia de gestão de turno aparece entre as linhas:
   a) 1 e 2 b) 15 e 16
   c) 22 e 23 d) 10 e 11
5. Retire da transcrição um exemplo de autossustentação e um de heterossustentação.
6. Retire da transcrição um exemplo de paráfrase e um exemplo de correção.
7. Comente a função das repetições.
8. Faça um breve comentário a respeito dos marcadores conversacionais.

Notas

1 Dino Preti foi professor titular na FFLCH/USP e, atualmente, leciona na PUC/SP. Foi também um dos pioneiros nos estudos de língua falada no Brasil. É coordenador do projeto da Norma Urbana Falada Culta, o Projeto Nurc/SP. Escreveu várias obras sobre língua falada, dentre elas, *Estudos de língua oral e escrita*.

2 Luiz Antônio Marcuschi é professor da Universidade Federal de Pernambuco e um dos linguistas mais importantes da atualidade. Depois de seu retorno da Alemanha, onde concluiu o pós-doutorado, influenciou significativamente os trabalhos sobre língua falada no Brasil.

3 Ataliba Teixeira de Castilho foi professor na Unicamp e na USP e também se destacou como um dos pioneiros nos estudos linguísticos sobre língua falada. Além de ter sido um dos coordenadores do projeto Nurc, coordena um dos projetos mais significativos nos últimos anos sobre língua falada, a "Gramática da Língua Falada", que envolve os mais importantes linguistas do Brasil.

PARTE 3
FILOLOGIA

Os manuscritos e impressos antigos: a via filológica

Manoel M. Santiago-Almeida

"– Meu senhor, respondeu-me um longo verme gordo, nós não sabemos absolutamente nada dos textos que roemos, nem escolhemos o que roemos, nem amamos ou detestamos o que roemos; nós roemos."
Machado de Assis

Conceituação de Filologia

O termo *filologia* não é novo. Por isso mesmo suporta diversidade conceitual e, consequentemente, sua prática pode tomar trilhos também vários.

Vejamos o que diz apenas o *Dicionário Houaiss* (2001, p. 1.344), com a indicação da data de algumas acepções. Filologia é (1) o "estudo das sociedades e civilizações antigas através de documentos e textos legados por elas, privilegiando a língua escrita e literária como fonte de estudos". Século XVI; (2) o "estudo rigoroso dos documentos escritos antigos e de sua transmissão, para estabelecer, interpretar e editar esses textos". Século XIX; (3) o "estudo científico do desenvolvimento de uma língua ou de famílias de línguas, em especial a pesquisa de sua história morfológica e fonológica baseada em documentos escritos e na crítica dos textos redigidos nessas línguas (p. ex., filologia latina, filologia germânica, etc.); gramática histórica". Século XX; (4) o "estudo científico de textos (não obrigatoriamente antigos) e estabelecimento de sua autenticidade através da comparação de manuscritos e edições, utilizando-se de técnicas auxiliares (paleografia, estatística para datação, história literária, econômica etc.), especialmente para a edição de textos"; e (5) a "parte da linguística histórica que trata do estudo comparado das línguas, não só através de sua origem e evolução, como também do confronto com línguas modernas; gramática comparada, linguística comparada. Etimologicamente, do latim: *philologĭa,ae* 'amor às letras, instrução, erudição, literatura, palavrório'; do grego: *philología,as* 'necessidade de falar, conversação'".

A partir daí, e também conforme Auerbach (s/d), Azevedo Filho (1987), Spina (1977), Cambraia (2005) e outros – dos quais nos servimos neste capítulo –, podemos resumir o conceito de filologia em duas direções não necessariamente incongruentes.

No sentido mais amplo (*lato sensu*), a Filologia se dedica ao estudo da língua em toda a sua plenitude – linguístico, literário, crítico-textual, sócio-histórico, etc. – no tempo e no espaço, tendo como objeto o texto escrito, literário e não-literário (manuscrito e impresso). Nesse patamar incluem-se as acepções 1, 3 e 5 de *Houaiss*.

No sentido mais restrito ou estreito (*stricto sensu*), a Filologia se concentra no texto escrito, primordialmente literário (antigo e moderno, manuscrito e impresso), para estabelecê-lo, fixá-lo ou restituí-lo à sua genuinidade e prepará-lo para ser publicado. Nesse patamar, incluem-se as acepções 2 e 4 de *Houaiss*. É aqui também que encontramos o conceito de crítica textual, ecdótica ou edótica.

Objeto, interdisciplinaridade e disciplinas afins

A Filologia não subsiste sem o texto escrito (manuscrito e impresso, antigo e moderno), seu objeto. Tem como *corpus* fundamental o texto literário, e como *corpus* secundário os textos históricos, jurídicos, religiosos e filosóficos. Nesse sentido, faz fronteira com a História e a Literatura. A História se baseia primordialmente em textos históricos, jurídicos, religiosos, políticos, diplomáticos, etc., tendo como *corpus* secundário os textos literários que podem muitas vezes fornecer informações de natureza histórica; a Literatura (escrita), por sua vez, tem no texto literário o seu único objeto.

Além da História e da Literatura, outras três disciplinas são próximas à Filologia e auxiliam o trabalho do filólogo. Referimo-nos à Codicologia (estudo e descrição do livro manuscrito ou códice), à Diplomática (estudo dos diplomas, cartas e outros documentos oficiais, para determinar sua autenticidade, integridade e época ou data em que foram feitos) e à Paleografia (estudo das antigas formas de escrita, incluindo sua datação, decifração, origem, interpretação, etc.).

Objetivo e funções da Filologia

O objetivo da Filologia tem variado de acordo com a época, com os autores que com ela lidaram e ainda com os lugares em que foi praticada. Daí também se explica seu conceito polissêmico.

Embora possa parecer complexa, a atividade filológica tem seu campo determinado na medida em que se estabelece o que se pretende com seu objeto de estudo: o texto escrito. É dessa pretensão que se listam as três funções do trabalho filológico: substantiva, adjetiva e transcendente.

Assim, Spina resume as três funções da Filologia:

> 1ª) *Função substantiva,* em que ela se *concentra* no texto para explicá-lo, restituí-lo à sua forma genuína e prepará-lo tecnicamente para publicação; 2ª) *Função adjetiva,* em que ela *deduz*, do texto, aquilo que não está nele: a determinação de autoria, a biografia do autor, a datação do texto, a sua posição na produção literária do autor e da época, bem como a sua avaliação estética (valorização); 3ª) *Função transcendente,* em que o texto deixa de ser um fim em si mesmo da tarefa filológica, para se transformar num instrumento que permite ao filólogo reconstituir a vida espiritual de um povo ou de uma comunidade em determinada época. A individualidade ou a presença do texto praticamente desaparece, pois o leitor, abstraído do texto, apenas se compraz no estudo que dele resultou. É importante observar, na função substantiva do labor filológico, o seu caráter erudito; na função adjetiva, etapas da investigação literária; e na função transcendente, a vocação ensaística do filólogo, em busca da história da cultura. (1977, p. 77)

Na prática, a função substantiva tem a ver com a tarefa da crítica textual (Filologia no seu sentido mais estreito), mas podemos estendê-la a todas as acepções dessa disciplina, considerando que, qualquer que seja o objetivo do filólogo, ele terá como base o texto escrito. Daí toda decisão relacionada ao tipo e aos critérios de reprodução desse texto poderá influir no resultado do estudo almejado.

Tipos de reprodução

O tipo ou forma ou maneira de reprodução ou edição de um texto pode variar dependendo de sua finalidade, da intenção de quem edita e também do número de testemunhos existentes (cópias, edições, reproduções).

Basicamente são cinco os tipos de edição ou reprodução, diferenciando-se pelo grau de interferência do editor: I.fac-similar; II.diplomática; III.semidiplomática; IV. modernizada; e V.crítica. Essa tipologia e suas respectivas particularidades, no entanto, podem variar entre manuais e autores, dependendo da escola e tradição de cada um.

Levando em conta o número de testemunhos do documento ou texto a ser reproduzido, podemos dividir esses tipos de edição em dois grupos.

Grupo 1

Se se tratar de texto com apenas um testemunho, os tipos de reprodução aplicáveis são os quatro primeiros. A distinção entre eles, como dissemos, está assentada no grau de interferência de quem edita.

Fac-similar

(Alguns sinônimos: fac-similada, fac-símile, fotográfica, mecânica). Reprodução da imagem do texto por meios mecânicos: digitalização escaneada/escanerizada, fotografia, microfilme, xerografia e outros. Nesse tipo de reprodução, não há interferência direta do editor. Permite estudo de variada natureza, como o histórico, o linguístico em todos os níveis – incluindo a pontuação, a ortografia e a acentuação gráfica –, o paleográfico, e o de alguns aspectos codicológicos e diplomáticos.

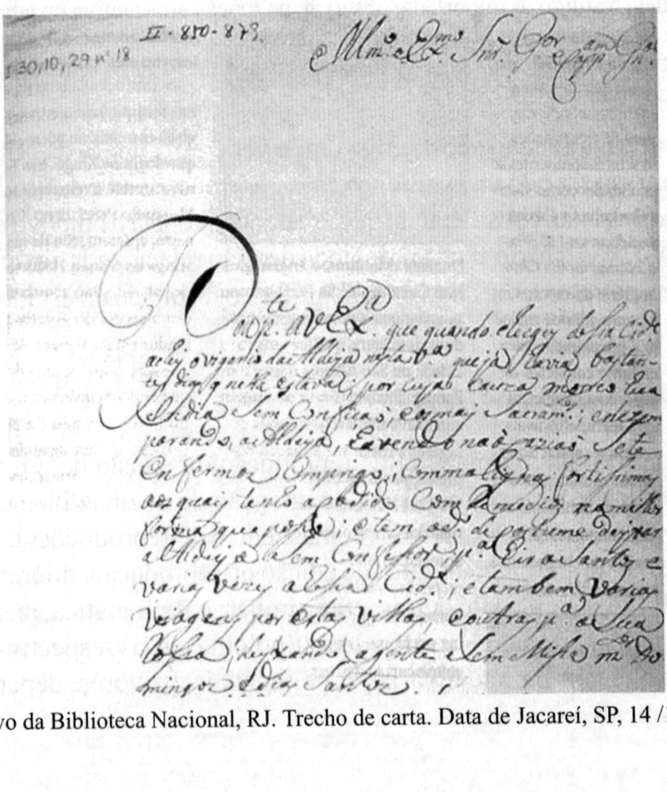

Fonte: Acervo da Biblioteca Nacional, RJ. Trecho de carta. Data de Jacareí, SP, 14 /12/1766.

Diplomática

Reprodução tipográfica em que se conservam todas as características estruturais, gráficas e linguísticas do texto, indicando inclusive as interferências de terceiros (no exemplo, entre colchetes), sinais públicos e deteriorações provocadas pelo tempo e/ou por insetos. A interferência do editor limita-se à leitura ou decodificação. Permite estudo histórico, linguístico em todos os níveis – incluindo a pontuação, a ortografia e a acentuação gráfica.

• Fac-símile

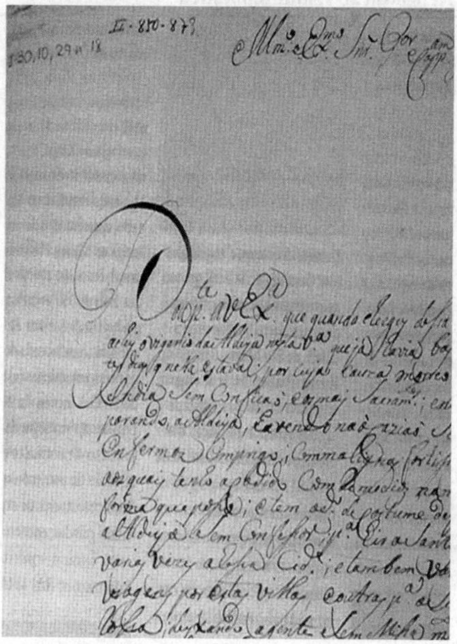

• Reprodução diplomática

• [II-850-879]
• [I-30, 10, 19 n° 18] [espaço] Illm.° eEx.mo Sñr. G.or eCapp.am Gn.al

• [espaço de + ou – oito linhas]

• Dou p.te a VEx.a que quando chegey dessa Cid.e
• achey o Vigario daAldeya nesta V.a que já havia bastan-
• tes dias q nella estava; por Cuja Cauza morreo hua
• India Sem Confiçaõ, eos mais Sacram.tos; edezem
• parando, aAldeya, havendo na òCaziaõ Sete
• enfermoz emprigo; Commalignas fortissimas
• aos quais tenho aCodido Com Remedioz namilhor
• forma que posso; e tem od.o deCostume deyxar
• aAldeya Sem Confessor; p.a hir aSantoz e
• Varias Vezes aEssa Cid.e; e tambem Varias
• Viagens por estas Villas, eoutras p.a aSua
• Rossa; deyxando a gente Sem Missas m.tos Do-
• mingoz edias Santoz.

Semidiplomática

(Alguns sinônimos: conservadora, diplomático-interpretativa, interpretativa, paleográfica, paradiplomática). Reprodução tipográfica que consiste no desenvolvimento das abreviaturas dentre outras possíveis interferências do editor. Tanto quanto a terminologia, o grau de interferência é variável, principalmente no que diz respeito à fronteira vocabular, ao emprego de maiúscula e minúscula, à justalinearidade, à eliminação de partes tachadas, às emendas (por conjectura) dos erros evidentes e das lacunas provocadas por deterioração de natureza diversa. Encontra-se concordância apenas no que se refere à manutenção de aspectos do nível linguístico (sintaxe, incluindo a pontuação;

morfologia; semântico-lexical) e ortográfico, incluindo a acentuação gráfica. Por isso mesmo, nesse tipo de reprodução, são aspectos possíveis de estudos, além do histórico. Todavia há autores que admitem, nesse tipo de edição, a possibilidade de interferência até na pontuação, além de acréscimo de notas esclarecedoras de pontos considerados difíceis para o não-especialista.

No exemplo seguinte, optamos apenas pelo desenvolvimento das abreviaturas, em itálico, e pela não-indicação de espaços.

• **Diplomática**	• **Reprodução semidiplomática**
• [II-850-879] • [I-30, 10, 19 n° 18] • [espaço] Illm.° eEx.mo Sñr. G.or eCapp.am Gn.al • [espaço de + ou – oito linhas] • Dou p.te a VEx.a que quando chegey dessa Cid.e • achey o Vigario daAldeya nesta V.a que já havia bastan- • tes dias q nella estava; por Cuja Cauza morreo hua • India Sem Confiçaõ, eos mais Sacram.tos; edezem • parando, aAldeya, havendo na òCaziaõ Sete • enfermoz emprigo; Commalignas fortissimas • aos quais tenho aCodido Com Remedioz namilhor • forma que posso; e tem od.o deCostume deyxar • aAldeya Sem Confessor; p.a hir aSantoz e • Varias Vezes aEssa Cid.e; e tambem Varias • Viagens por estas Villas, eoutras p.a aSua • Rossa; deyxando a gente Sem Missas m.tos Do- • mingoz edias Santoz.	• [II-850-879] • [I-30, 10, 19 n° 18] • Illustrissimo eExcellentissimo Senhor Governador eCappitam General • Dou parte a VossaExcellencia que quando chegey dessa Cidade • achey o Vigario daAldeya nesta Villa que já havia bastan- • tes dias que nella estava; por Cuja Cauza morreo hua • India Sem Confiçaõ, eos mais Sacramentos; edezem • parando, aAldeya, havendo na òCaziaõ Sete • enfermoz emprigo; Commalignas fortissimas • aos quais tenho aCodido Com Remedioz namilhor • forma que posso; e tem odito deCostume deyxar • aAldeya Sem Confessor; para hir aSantoz e • Varias Vezes aEssa Cidade; e tambem Varias • Viagens por estas Villas, eoutras para aSua • Rossa; deyxando a gente Sem Missas muitos Do- • mingoz edias Santoz.

Modernizada

Reprodução tipográfica que atinge o maior grau de interferência de quem edita. Nela é possível haver alteração de aspectos nos níveis linguístico e ortográfico, além dos pontos descritos na reprodução semidiplomática. Nesse caso, resta apenas a possibilidade de estudo no âmbito histórico.

No exemplo que segue, optamos pela modernização da ortografia, incluindo o emprego de maiúscula e minúscula, da acentuação gráfica, da pontuação, da fronteira vocabular, e pela exclusão das interferências de terceiro. A justalinearidade foi mantida apenas pela comodidade no cotejo.

• Semidiplomática	• Reprodução modernizada
• [II-850-879] • [I-30, 10, 19 n° 18] • Illustrissimo eExcellentissimo Senhor Governador eCappitam General • Dou parte a VossaExcellencia que quando chegey dessa Cidade • achey o Vigario daAldeya nesta Villa que já havia bastan- • tes dias que nella estava; por Cuja Cauza morreo hua • India Sem Confiçaõ, eos mais Sacramentos; edezem • parando, aAldeya, havendo na òCaziaõ Sete • enfermoz emprigo; Commalignas fortissimas • aos quais tenho aCodido Com Remedioz namilhor • forma que posso; e tem odito deCostume deyxar • aAldeya Sem Confessor; para hir aSantoz e • Varias Vezes aEssa Cidade; e tambem Varias • Viagens por estas Villas, eoutras para aSua • Rossa; deyxando a gente Sem Missas muitos Do- • mingoz edias Santoz.	• Ilustríssimo e Excelentíssimo Senhor Governador e Capitão General, • Dou parte a Vossa Excelência que, quando cheguei dessa cidade, • achei o vigário da Aldeia nesta vila, que já havia bastan- • tes dias que nela estava. Por cuja causa, morreu uma • índia sem confissão e os mais sacramentos. E desam- • parando a Aldeia, havendo na ocasião sete • enfermos em perigo, com malignas fortíssimas, • aos quais tenho acudido com remédios na melhor • forma que posso. E tem o dito de costume deixar • a Aldeia sem confessor para ir a Santos e, • várias vezes, a essa cidade. E também várias • viagens por estas vilas, e outras para a sua • roça, deixando a gente sem missas muitos do- • mingos e dias santos.

Grupo 2

Se se tratar de texto politestemunhal ou com mais de um testemunho com variantes ou diferenças entre si, o tipo de reprodução aplicável, tradicionalmente, é a crítica. A essa categoria de texto politestemunhal todas as outras edições ou reproduções também podem ser empregadas.

Crítica

Reprodução do texto primordialmente literário a ser considerado o mais próximo do original, ou seja, da última forma que lhe foi dada pelo seu autor. Tem, portanto, por finalidade a restituição do texto ou obra à sua forma genuína, dele retirando todas as alterações não autorais que possa ter sofrido no decurso de sua transmissão ao longo do tempo, do autor ao leitor. Por outras palavras, e em se tratando de obra muito antiga, cujo original estiver perdido ou deteriorado, o editor crítico objetiva reconstruí-lo a partir de indícios manuscritos ou impressos encontrados. Além de estabelecer a genuinidade do texto, o editor o torna inteligível, podendo, para isso, interferir na ortografia, pontuação, além de fazer notas elucidativas. Esse é o tipo de edição que mais exige preparo do filólogo. Aliás, há quem considere que apenas o editor crítico tem o mérito de ser considerado filólogo de fato.

Para se fazer uma edição crítica, em geral, segue-se o método considerado verdadeiramente sistemático e científico, criado pelo fundador da moderna crítica textual, o alemão Karl Lachmann (1793-1851).

A descrição desse método é complexa e mereceria muitas páginas. Reduzindo essa descrição ao essencial, para simplificar, as operações ou fases da edição crítica, de acordo com o método lachmanniano, podem ser resumidas em duas etapas.

A primeira etapa é a *RECENSÃO*, que consiste no levantamento dos testemunhos existentes. Seguem-se, nessa primeira etapa, as fases da *colação* (confronto dos testemunhos), da *eliminação* (rejeição dos testemunhos coincidentes) e da *estemática* (composição da genealogia ou da árvore genealógica dos testemunhos). A árvore genealógica ou estema representa esquematicamente as relações de conexão e derivação que se estabelecem entre os testemunhos da tradição da obra ou texto.

A segunda etapa é a *EMENDA*, que consiste na correção dos erros e seleção de variantes existentes nos testemunhos. Com base em todo o estudo realizado da obra e seu autor, o editor também faz emendas por conjectura: pontuando, mudando, eliminando e transpondo palavras, trechos etc., podendo ainda fazer notas elucidativas. Toda conjectura deve ser justificada também em notas. Nessa etapa compõe-se o *aparato crítico* ou *aparato das variantes* (conjunto de todas as notas, incluindo principalmente as referências de variantes presentes na tradição, permitindo ao leitor acompanhar a tentativa de reconstrução do texto genuíno e, ao mesmo tempo, justificando as escolhas feitas pelo editor crítico). Esse aparato é resultado da fase da *colação* (confronto) dos testemunhos, quando são identificadas todas as lições divergentes. Quer de natureza gráfica, quer de natureza linguística.

Eis um trecho da edição crítica do livro *Dom Casmurro* da Civilização Brasileira/Instituto Nacional do Livro (1977), elaborada pela Comissão Machado de Assis. No aparato crítico, no rodapé, os editores apontam as variantes encontradas nas edições cotejadas: "A" (1899), primeira edição; "B" (1900) segunda edição; e "E" (1924), quinta edição, sendo "1272", "1277", e "1278" os parágrafos do texto fixado em que ocorreu a emenda.

1272 – Não presta para nada, disse-lhe eu e como posso ter a tentação de dá-lo a imprimir, fica já destruído de uma vez. Não presta, não vale nada.
(...)
1277 -- A razão disso era acabar de cismar, e escolher uma resolução que fosse adequada ao momento. O carro andaria mais depressa que as pernas; estas iriam pausadas ou não, podiam afrouxar o passo, parar, arrepiar caminho, e deixar que a cabeça cismasse à vontade. Fui andando e cismando. Tinha já comparado o gesto de Sancha na véspera e o desespero daquele dia; eram inconciliáveis. A viúva era realmente amantíssima. Assim se desvaneceu de todo a ilusão da minha vaidade.
(...)
1278 -- Quando cheguei a esta conclusão final, chegava também à porta de casa, mas voltei para trás, e subi outra vez a rua do Catete. Eram as dpuvidas que me afligiam ou a necessidade de afligir Capitu com a minha grande demora? Ponhamos que eram as duas causas; andei largo espaço, até que me senti sossegar, e endireitei para casa. Batiam oito horas numa padaria.

1272 A, B e E: destruído de uma vez
1277 A: cismasse [espaço] vontade
1278 A, B e E: oito hora

Considerações finais

O estudo filológico oferece dois caminhos (não incongruentes) para a análise do texto escrito – objeto de estudo da filologia: o caminho largo, que permite o estudo da língua em todos os níveis de análise, do linguístico ao sócio-histórico, ou dos aspectos internos aos externos, no tempo e no espaço; e o caminho estreito, ou caminho da crítica textual, que trata do texto, primordialmente literário (antigo e moderno, manuscrito e impresso), com o objetivo de editá-lo na sua forma genuína e mais próxima do original.

Acrescentamos ainda que, de acordo com o modelo básico proposto por Spina (1977, p. 147), salvas, naturalmente, as divergências, a edição crítica completa deve ser composta de:

<table>
<tr><td colspan="2">Prefácio ou introdução: história dos manuscritos, seu valor e inter-relações; estemática; informações minuciosas sobre os procedimentos da recensão e da emenda; informações sobre a ortografia do autor ou dos manuscritos; excursos sobre a obra, seu significado estético, histórico, literário; normas de edição.
Texto apurado, seguido do aparato crítico; hermenêutica e exegese do texto (notas e comentários que têm por objetivo esclarecer ou interpretar particularidades do texto, de um trecho do texto ou de uma palavra).
Glossário.
Reprodução de fac-símiles.</td></tr>
<tr><td>Índices</td><td>onomástico (de autores e de obras)
topográfico (de lugares)
de palavras
geral</td></tr>
<tr><td colspan="2">Bibliografia</td></tr>
</table>

Para o conhecimento mais completo e informações mais circunstanciadas, além do *glossário de termos filológicos*, segue, em "sugestões de leitura", uma lista com alguns manuais de introdução à crítica textual disponíveis nas bibliotecas, bem como alguns trabalhos resultantes de pesquisa acadêmica nessa área.

Bibliografia

Machado de Assis. *Dom Casmurro*. Paris: Garnier, 1899; 1900; 1924.

_____. *Dom Casmurro*. Edição Crítica. Rio de Janeiro: Civilização Brasileira/Instituto Nacional do Livro, 1977.

Auerbach, E. *Introdução aos estudos literários*. São Paulo: Cultrix, s/d.

Azevedo Filho, L. A. de. *Iniciação em crítica textual*. Rio de Janeiro/São Paulo: Presença/Edusp, 1987.

Cambraia, C. N. *Introdução à crítica textual*. São Paulo: Martins Fontes, 2005.

Houaiss, A.; Villar, M. de S. *Dicionário Houaiss de língua portuguesa*. Rio de Janeiro: Objetiva, 2001.

Spina, S. *Introdução à edótica:* crítica textual. São Paulo: Cultrix/Edusp, 1977.

Sugestões de leitura

Acioli, Vera Lúcia Costa. *A escrita no Brasil colônia*: um guia para leitura de documentos manuscritos. Recife: UFBA/FJN/Massangana, 1994.

Blecua, Alberto. *Manual de crítica textual*. Madrid: Ed. Castalia, 1983 [reimpressão: 1990].

Candido, Antonio. *Noções de análise histórico-literária*. São Paulo: Humanitas, 2005.

Castro, Ivo. *Editar Pessoa*. Lisboa: Imprensa Nacional/Casa da Moeda, 1990.

Costa, Pe. Avelino Jesus da. *Normas gerais de transcrição e publicação de documentos e textos medievais e modernos*. 3. ed. Coimbra: Universidade de Coimbra, 1993.

Duarte, Luiz Fagundes. *A fábrica dos textos*: ensaios de crítica textual acerca de Eça de Queiroz. Lisboa: Cosmos, 1993.

Ferreiro, Manuel et al. *Normas de edición para a poesia trabadoresca galego-portuguesa medieval*. Coruña: Universidade da Coruña, 2007.

Flexor, Maria Helena Ochi. *Abreviaturas*: manuscritos dos séculos XVI ao XIX. 2. ed. São Paulo: Unesp AESP, 1991.

Higounet, Charles. *História concisa da escrita*. São Paulo: Parábola, 2003.

Houaiss, A. *Elementos de bibliologia*. Rio de Janeiro: MEC/INL, 1967.

Léon, Jacqueline. A linguística de *corpus*: história, problemas, legitimidade. *Filologia e Linguística Portuguesa*, n. 8. São Paulo: Humanitas, 2006, pp. 51-81.

Megale, Heitor. *A demanda do Santo Graal*: das origens ao códice português. Cotia: Ateliê, Fapesp, 2001.

_____. Pesquisa filológica: os trabalhos da tradição e os novos trabalhos em língua portuguesa. *Estudos Linguísticos – GEL*, n. 27, São José do Rio Preto: IBILCE/Unesp, 1998, pp. 3-28.

_____; Toledo Neto, Sílvio de Almeida (orgs.). *Por minha letra e sinal*: documentos do ouro do século XVII. Cotia: Ateliê, 2006.

Mendes Ubirajara. *Evolução das escritas*: tipos caligráficos. Boletim do Departamento do Arquivo, v. 10, São Paulo, 1953.

Santiago-Almeida, Manoel Mourivaldo; Toledo Neto, Sílvio de Almeida; Megale, Heitor. *Âncora medicinal para conservar a vida com saúde*. Cotia: Ateliê, 2004.

Spaggiari, Barbara; Perugi, Maurizio. *Fundamentos da crítica textual*. Rio de Janeiro: Lucerna, 2004.

Valente, José Augusto Vaz. *Álbum de paleografia portuguesa*. São Paulo: Edusp, 1983.

Vasconcelos, José Leite de. *Lições de filologia portuguesa*. 2. ed. Lisboa: Biblioteca Nacional, 1926.

Glossário de termos filológicos

Com base no *Dicionário de termos linguísticos* (Associação Portuguesa de Linguística e Instituto de Linguística Teórica e Computacional, Lisboa: Edições Cosmos, 1992), volume 1, listamos os termos mais frequentes nos estudos filológicos, excluindo os já mencionados com suas respectivas acepções no corpo do texto.

Autógrafo
Texto da mão do autor.

Apógrafo
Cópia de um escrito original; traslado.

Bifólio
Resultado da dobragem de uma folha em dois fólios solidários (par conjugado). É a unidade básica de um caderno.

Caderno
Grupo de bifólios ou reunião de várias folhas dobradas. É a unidade básica do códice.

Códice
Livro manuscrito organizado em cadernos solidários entre si por cosedura e encadernação.

Conjectura
Lição reconstruída pelo editor, sem apoio em testemunhos, destinado ao preenchimento de uma lacuna ou à emenda de um erro presente na tradição da obra ou do texto.

Copista
Pessoa que executa a transcrição manuscrita de um texto; escriba.

Crítica genética
Crítica textual de textos modernos e contemporâneos (séculos XIX e XX, sobretudo). Procura analisar, classificar e interpretar os espólios, medindo a distância que separa as notas, os esboços, os rascunhos, as redações transitórias (pré-textos) do texto definitivo, publicado ou não pelo autor. O objetivo último é o de traçar o processo de gênese ou criação de um texto.

Edição *princeps* (príncipe)
Primeira edição impressa de um texto ou obra.

Exemplar
Testemunho cujo texto serve de modelo para uma transcrição; testemunho ou exemplar de colação.

Filigrana
Vestígio do molde em que o papel foi fabricado, reconhecível na sua textura quando observável em contraluz. Permite identificar o respectivo fabricante e data aproximada de fabrico; marca de água.

Fólio
Cada uma das duas metades de um bifólio.

Genuíno
Diz-se do texto reproduzido que pretende ser legítimo em relação ao seu original.

Grafema
Unidade mínima do sistema da escrita; letra.

Grafia
Forma assumida pela codificação de uma unidade fonológica, morfológica, lexical e suprassegmental em um sistema de escrita. O conjunto de regras aceitas socialmente para essa codificação tem o nome de ortografia.

Ideógrafo
Manuscrito não autógrafo revisto diretamente pelo autor.

Impresso
Testemunho produzido por instrumento mecânico. É o oposto natural de manuscrito que é produzido por escrita manual.

Incunábulo
Livro impresso na Europa durante o século XV.

Instrumento de escrita
Objeto por meio do qual o copista ou escriba faz inscrição manuscrita no suporte.

Letra caligráfica
Forma de escrita em que não há ligadura ou encadeamento entre os caracteres alfabéticos ou letras: o instrumento de escrita é levantado do suporte entre o desenho de cada letra sucessiva.

Letra cursiva
Forma de escrita em que há ligadura ou encadeamento entre os caracteres alfabéticos ou letras: o instrumento de escrita é poucas vezes afastado do suporte pelo que surgem elementos de ligação entre as sucessivas letras.

Lição
Forma assumida por um texto em um determinado testemunho da sua tradição.

Manuscrito
Testemunho produzido por escrita manual. É o oposto natural de impresso que é produzido por instrumento mecânico.

Original
Texto efetivamente formulado pelo autor.

Pontusal
Vestígio deixado na folha de papel por cada um dos arames, transversais às vergaturas, que, juntamente com estas, formavam o fundo do molde usado na fabricação artesanal de papel. Os pontusais, assim como as vergaturas e a marca de água ou filigrana, são observáveis em contraluz.

Reclame
Palavra ou grupo de palavras ou ainda parte de uma palavra que, no final de uma página, de um fólio ou de um caderno, duplicam o início do texto da página, do fólio ou do caderno seguintes. Tem a função de auxiliar a ordenação das páginas, dos fólios ou dos cadernos.

Recto
Face externa de um fólio; frente; com o livro aberto, corresponde sempre à página da direita, à de número ímpar. É o oposto de verso.

Salto bordão
Erro de cópia que resulta na supressão ou na repetição de um trecho de texto, devido à proximidade relativa, no exemplar, de duas formas parecidas ou idênticas; salto do igual ao igual.

Suporte
Material capaz de receber e conservar a inscrição de um texto.

Testemunho
Forma (manuscrita, impressa, gravada) assumida por um texto em determinado suporte.

Tradição
Totalidade dos testemunhos, manuscritos ou impressos, conservados ou desaparecidos, em que um texto ou obra se materializou ao longo da sua transmissão.

Transcrição
Produção de um novo testemunho de um texto, utilizando um sistema de escrita quer idêntico, quer equivalente ao do exemplar.

Transmissão
Processo de reprodução sucessiva de um texto ou obra, cujo resultado é a tradição.

***Usus scribendi* (modo de escrever)**
Estilo literário do autor. O seu conhecimento por parte do editor permite menor margem de erro nas conjecturas.

Variante
Lugar do texto em que ocorre divergência entre dois ou mais testemunhos.

Vergatura
Vestígio deixado na folha de papel por cada um dos arames finos e muito unidos que formavam, juntamente com os pontusais, o fundo do molde usado na fabricação artesanal de papel. As vergaturas, assim como os pontusais e a marca de água ou filigrana, são observáveis em contraluz e consistem em linhas paralelas e horizontais.

Versão
Reformulação de uma redação definitiva pelo respectivo autor. Cada versão corresponde, assim, a um diferente original.

Verso
Face interna de um fólio; com o livro aberto, corresponde sempre à página da esquerda, à de número par. É o oposto de recto.

Vulgata
Versão de um texto mais comumente difundida ou aceita como autêntica.

As cantigas trovadorescas galego-portuguesas: uma análise filológica

Valéria Gil Condé

"As mudanças sociais são também mudanças de linguagem."
Julio Aróstegui

As fontes primárias e a sua importância para os estudos filológicos

Para se realizar o estudo de uma língua na área de Filologia considerando os seus estados passados, ou seja, o eixo diacrônico, é muito importante que o estudioso se baseie em fontes primárias: documentos literários e não literários, encontrados em manuscritos ou compilados em edições. As fontes documentais são consideradas as ideais para o conhecimento de uma determinada língua, pois estabelecem uma identificação entre a fonte escrita consultada e a variedade linguística falada na região. Essas fontes geralmente apresentam data, origem, autoria, condições essas que proporcionam certo conforto ao estudioso para determinar alguns aspectos linguísticos do estágio no qual se encontrava a língua à época em que o documento fora produzido. Já as fontes literárias, de feição artística, apresentam uma padronização estética às vezes importada de regiões estranhas ao local no qual foi composta, mas que após incorporação podem inovar e fornecer elementos novos que não constam da sua origem. Os filólogos estão em constante busca da origem, datação e autoria dessas fontes literárias. Nesse contexto, insere-se a lírica galego-portuguesa. Devemos, entretanto, saber extrair de cada fonte o resultado que almejamos neste capítulo.

Feitas essas considerações, podemos, a partir de um texto literário de uma época pretérita, realizar uma análise linguística na área de filologia, privilegiando os seguintes aspectos: fonético, morfológico, sintático, etimológico, semântico. Podemos fazer um recorte e selecionar apenas um desses aspectos. O filólogo pode, ainda, extrair do texto aspectos histórico-sociais da época, função também da atividade filológica denominada *transcendente*.

Cumpre ressaltar o que Maia (1986, pp. 16-7) nos diz sobre a difícil tarefa do investigador que pretende realizar estudos com base nos textos notariais, pois são muitas as variáveis que interferem e prejudicam a interpretação dos textos antigos. E nos adverte que:

> A única atitude verdadeiramente perigosa é aquela que consiste em pedir a esses documentos mais do que eles podem dar: uma imagem fiel da linguagem falada nos locais onde foram redigidos.

Cremos poder estender as suas considerações para os estudos dos documentos literários.

A terminologia galego-portuguesa

Os falantes das línguas portuguesa e galega modernas podem orgulhar-se do material linguístico-cultural contido nas cantigas trovadorescas galego-portuguesas compostas no noroeste peninsular, entre os séculos XIII e XIV. Os estudos dessa documentação tiveram início somente a partir do século XIX, quando foram descobertas as referidas cantigas. A partir de então, podemo-nos valer desses documentos literários para realizar estudos em diferentes perspectivas. Denomina-se galego-portuguesa tanto a variedade linguística da região situada a ocidente do noroeste peninsular – a qual se diferenciava da fala vizinha, chamada leonesa – quanto a língua poética usada pelos trovadores medievais. É bom lembrar que no período que nos ocupa, na porção norte da península, encontramos outras variedades linguísticas originárias também do latim, a saber, o castelhano, o aragonês e o catalão. O basco, língua não latina, é considerado de origem controversa. Trovar na península ibérica entre os séculos XIII e XIV significava valer-se da linguagem literária galego-portuguesa. Nos séculos XII e XIII, essas cantigas eram de tradição provavelmente oral; o legado escrito dessas cantigas, compiladas em cancioneiros, data de meados do século XIV. Oliveira (1995, pp. 62-3) sugere uma cronologia para a implantação dessa modalidade de composição escrita. O primeiro período fundamenta-se na importação do modelo provençal, denominado de *aclimatação*, entre 1200 e 1225; o segundo, chamado de *implantação*, entre 1225 e 1250, constitui-se da incorporação do modelo de re-elaboração para os moldes peninsulares; o terceiro, denominado de *esplendor*, entre 1250 e 1300, é o período em que as cortes régias incentivam e fomentam a sua produção e, finalmente, o *refluxo*, entre 1300 e 1350, refere-se ao final do período trovadoresco. Nesse período, na corte de D. Pedro, conde de Bacelos (morto de 1254), promover-se-á o registro escrito das cantigas líricas galego-portuguesas. Compostas em uma fase denominada arcaica, essas cantigas podem fornecer-nos vasto material para identificarmos as características linguísticas e sociais desse período.

Os documentos literários em versos

A filóloga brasileira Mattos e Silva (2001) nos chama a atenção para o fato de que a documentação da lírica trovadoresca galego-portuguesa é de muita valia para os estudos linguísticos. A afirmação transcrita a seguir nos dará segurança para fundamentar a análise com base na fonte documental literária:

> A documentação linguística fornecida pelo conjunto da lírica medieval galego-portuguesa é riquíssima: seus dados são essenciais para o conhecimento do léxico da época. O fato de serem poemas de estrutura formal em versos rimados os tornam fundamentais, no que concerne a estudos de história da língua, para o conhecimento de fatos fonéticos desse período, como sejam, por exemplo, questões referentes aos encontros entre vogais (hiatos/ditongos), ao timbre vocálico (abertura/fechamento), vogais e ditongos nasais/orais. A morfologia tanto a nominal como a verbal também encontra nessa documentação uma fonte fundamental. A questão da sintaxe aí representada deve ser considerada, tendo sempre presente que o caráter excepcional e variável é essencial na construção poética. (2001, p. 32)

A partir dessa afirmação, fundamentaremos o nosso estudo de fatos linguísticos em duas cantigas trovadorescas, perspectivando aspectos fonéticos e fonológicos. Procuraremos identificar, à luz dos estudos da cronologia do período trovadoresco, fatos linguísticos que os filiem ao período proposto.

Em um segundo momento, estabeleceremos uma comparação com as línguas galega e portuguesa modernas, herdeiras do legado sociocultural trovadoresco, para verificarmos que fonemas foram conservados nessas línguas. Esse modelo de análise irá ambientar-nos no período medieval, época do nascimento das línguas em estudo, bem como mostrará que, na atualidade, tanto o português quanto o galego guardam estreitas relações com o passado contidas nessas cantigas.

O suporte das fontes secundárias: manancial para os estudos linguísticos diacrônicos

Para realizarmos uma análise linguística de um texto antigo, devemo-nos valer de fontes secundárias que nos darão suportes para depreendermos os fatos linguísticos presentes no período em estudo.

Mattos e Silva enumera os respectivos tipos de fontes secundárias:

> edições paleográficas ou diplomáticas e edições críticas; glossários; observações linguísticas que acompanham edições de vários tipos; monografias sobre fatos linguísticos caracterizadores do português arcaico; gramáticas históricas do português, dicionários etimológicos; histórias da língua portuguesa. (2001, pp. 40-1)

Serão essas as fontes que nos auxiliarão a realizar com segurança a análise linguística.

A partir da depreensão dos mesmos fatos linguísticos, encontrados no texto em estudo e aplicando o método comparativo diacrônico, que segundo Sartory e Morlino (2002, p. 22) pretende "analisar os mesmos casos em momentos diferentes e sucessivos", partiremos para o confronto entre sucessivos momentos para se perceber quais formas linguísticas ainda se encontram em uso e quais foram preteridas.

Apresentação do *corpus*

Servindo-nos das fontes secundárias, passaremos à análise linguística de duas cantigas trovadorescas.

Trovador: Fernan Velho

Sobre a sua origem e data de atuação não há um consenso. A partir de Brea (1996, p. 333), apresentamos as seguintes informações. Para Carolina Michaelis, o trovador é originário de Portugal, filho ilegítimo de Gonçalo Perez Velho. Atuou no segundo quartel do século XIII e princípios do XIV. Para Oliveira, o trovador era natural de Viveiro na Galiza. Esteve atuante na corte de Alfonso X, entre 1260 e 1280.

Texto 1: Gênero: temática amorosa de amigo (CBN 819, CV 403)

[01] Vedes, amigo, [o] que oj'oy
dizer de vós, assy Deus me perdon,
que amades ja outra e mi non;
mays, s'é verdade, vingar-m'ey assy:

punharey ja de vus non querer ben,
e pesar-mh-á én mays que outra ren.

Oy dizer, por me fazer pesar
amades vós outra, meu traedor;
e, s'é verdade, par Nostro Senhor,
direy-vus como me cuyd'a vingar:
punharey ja de vus non [querer ben,
e pesar-mh-á én mays que outra ren].

E se eu esto por verdade sey
que mi dizen, meu amigo, par Deus,
chorarey muyto d'estes olhos meus
edirey-vus como me vingarey:
punharey ja [de vus non querer ben,
e pesar-mh-á én mays que outra ren].

Trovador: Johan Garcia de Guilhade

Segundo Brea (1996, p. 438), o trovador era um cavaleiro português, natural de Guilhade, perto de Barcelos.Viveu na corte do rei Afonso III, e antes disso na corte castelhana de Fernando III, entre 1240 e 1247. A sua última referência documental data de 1270, em que é testemunha no testamento de Lourenço Martins, também em terras portuguesas.

Texto 2: Gênero: temática amorosa de amor (CBN 419, CV 30)
Amigos, non poss'eu negar

Amigos, non poss'eu negar
a gran coita que d'amor ei,
ca me vejo sandeu andar,
e con sandece o direi:
os olhos verdes que eu vi
e fazen ora andar assí.
Pero quen **quer x'entenderá**
aquestes olhos quaes son,
e d'est'alguen se queyxará,
mais eu ja quer moyra, quer non:
os olhos verdes que eu vi
me fazen ora andar assí.

Pero non devia a perder
ome que ja o sen non á
de con sandece ren dizer,
e con sandece digu'eu ja:
os olhos verdes que eu vi
me fazen ora andar assí.

Do ponto de vista do gênero literário, essas cantigas são consideradas representantes da temática amorosa de amigo e de amor. Denomina-se cantiga "de amigo" aquela em que a voz poética que representa a mulher se dirige ao seu amado, o amigo; cantiga "de amor", quando a voz poética representa o homem que enaltece o seu amor por uma mulher.

Análise dos dados

Dentre as possibilidades de estudos linguísticos que um texto nos oferece, pretendemos explorar algumas diferenças que marcam os períodos antigo e moderno, entre as línguas galega e portuguesa. Para exemplificar, elaboramos um modelo de análise linguística a partir das consoantes do galego-português do período medieval. Abordaremos a relação entre o grafema e o valor fonológico. Para isso, seguimos as sugestões de Maia (1986, p. 308) e nos valeremos tanto das fontes secundárias quanto das variedades linguísticas atuais das regiões em estudo. Devemos considerar, além disso, que no período medieval havia mais de um grafema para representar o mesmo fonema. A partir da definição proposta por Maia (1986, p. 298) conceituamos os grafemas:

> os grafemas definem-se, pois, como as unidades mínimas pertencentes a um sistema grafemático, o qual, embora apresentando um grau de sistematização menor do que a que existe no interior dos sistemas fonológicos, tem a sua estrutura interna própria. Por outro lado, cada grafema tem uma certa porção de estrutura da língua falada associada ou subjacente.

Deve-se ressaltar, porém, que a natureza de um e a do outro são diferentes: a entidade do grafema é o signo gráfico; a do fonema, unidade fônica. Entretanto, a relação entre grafema e fonema é não biunívoca, pois um som pode ser representado por mais de um grafema, e mesmo um grafema pode ter mais de uma pronúncia. Cumpre lembrar, porém, que "no sistema de escrita alfabética, a expressão gráfica é o reflexo da expressão fônica" (Maia, 1986, p. 300).

A proposta aqui é a de acusar as possibilidades de fonemas representadas pelos grafemas encontrados no *corpus* selecionado. A partir daí, será possível ressaltar algumas características que ora se conservaram, ora foram obliteradas tanto no galego quanto no português modernos, as quais serão apresentadas no quadro a seguir. A partir de consultas em fontes secundárias de Rei (1991), Ferreiro (1996), Maia (1986), Mattos e Silva (2001), Mato (2006), Cunha e Cintra (2001), Cuesta e Luz (1971), Teyssier (2001), propomos as seguintes resoluções para as consoantes do galego-português com os respectivos desdobramentos na língua moderna galega e nas variantes europeia e brasileira do português.

a. No galego-português medieval, a grafia <b> representava o fonema /b/, bilabial oclusivo e a grafia <v> representava o fonema /β/, bilabial fricativo, como em *ben* e devia (texto 1, linha 2, linha 13 e texto 1, 5). Nesse período, segundo os estudos de Maia (1986, p. 503), os referidos fonemas eram distintos, a ausência ou a presença de oclusão é o que distinguia os dois fonemas. A perda da oposição fonológica entre os fonemas citados começa a verificar-se nesse período.

O sistema consonântico do português europeu e/ou brasileiro modernos apresenta divergências. A distinção entre /b/ e /β/, representada pelas grafias <b> e <v>, persiste nos falares do norte do português europeu; em contrapartida, os falares do centro-sul realizam a oposição entre /b/ e /v/ para as mesmas grafias. A forma registrada no centro-sul de Portugal foi a transplantada para o português brasileiro. Encontramos, entretanto, no português brasileiro a variação entre [b] e [v] como em [v]*arre* e [b]*arre*, *asso*[b]*io* e asso[v]*io*.

Já no sistema consonântico do galego moderno, encontramos a distinção antiga entre /b/ e /β/, mas as grafias <b> e <v> são mantidas por razões etimológicas. Em posição inicial absoluta, realiza-se como oclusiva após pausa e após o arquifonema /N/; e como aproximantes nos demais contextos, sirvam-nos de exemplos (Mato, 2006, p. 139), vida [ˈbið̞a] e alba [ˈɑlβ̞a].

b. No sistema consonântico medieval do galego-português registra-se a presença da africada predorsodental alveolar surda *[ts], em posição inicial e intervocálica, proveniente de <t> latino seguidos de <e> e <i>, a qual era representada no galego-português pela grafia <c> seguidos de <e> e <i>, como em *sande <c>e* (texto 2, linha 4) e <ç> diante de <a>,<o>,<u>. Encontramos também a africada predorsodental sonora *[dz], em posição inicial e intervocálica, representada pela grafia galego-portuguesa < z >, seguido de <e> e <i>, como, por exemplo, em *dizer, fazen* (texto 2, linhas 15 e 18, respectivamente). Posteriormente se perdeu o elemento oclusivo das africadas em data que não se pode precisar. Ferreiro (1996) e Mattos e Silva (2001) sugerem que essa remodelação teve início a partir do século XIII.

O sistema consonântico do português europeu apresenta a perda do elemento oclusivo inicial resultando em fonemas fricativos predorsodentais alveolares surdo [s] e sonoro [z], a partir do século XIII. Esse fenômeno de perda do traço oclusivo ocorreu em toda a extensão territorial de Portugal.

O português brasileiro não participou dessa evolução de perda do elemento oclusivo, por ter sido colonizado a partir do século XVI. Recebeu, então, os fonemas fricativos predorsodentais alveolares surdo e sonoro.

O galego perde o elemento oclusivo inicial das africadas, resultando em fonemas fricativos predorsodentais alveolares surdo [s] e sonoro [z], a partir do século XIII; após essa remodelação, o galego simplifica em favor da predorsodental surda [s]. É a partir deste que resultará o moderno fonema fricativo interdental surdo [θ], representado pelas grafias <z> e <c>. Essa é a pronúncia do galego *standard*. Há, entretanto, regiões que realizam um fenômeno denominado "sesseio", o qual consiste na realização desse fonema como predorsodental surdo [s], proveniente da fala da província da Corunha e metade sul de Pontevedra. Há ainda a pronúncia como ápico-alveolar surda [s̺] que ocorre também na província da Corunha e metade sul de Pontevedra.

c. Presenças das seguintes fricativas: ápico-alveolar surda [s̺] representada pela grafia <ss>, como em *assí* *[a'si] e *poss'* *['pɔs] (texto 2, linhas 6 e 1, respectivamente); e da fricativa ápico-alveolar sonora [z̺] representada pela grafia <s>, como em pesar *[pe'z̺ar](texto 1, linha 6) em galego-português.

Manutenção das fricativas ápico-alveolares surdas e sonoras no português europeu. A partir do século XVI, houve uma neutralização entre os pontos de articulação das fricativas ápico-alveolares [s̺] e [z̺], em favor da predorsodentais alveolares [s] e [z] nos falares do centro e do sul de Portugal. Esse fenômeno confluiu para a simplificação dos fonemas. Na atualidade, está presente na fala *standard* do português europeu. Na região noroeste até o centro-leste de Portugal, entretanto, há uma pronúncia denominada como *s beirão*. Trata-se de uma redução a dois fonemas, a partir da neutralização em favor das fricativas ápico-alveolares e em detrimento das predorsodentais alveolares. Em uma parte do Minho, Trás-os-Montes e em uma parte da Beira Alta encontramos a conservação dos fonemas ápico-alveolares, surdo e sonoro, o que favorece a manutenção do sistema de quatro sibilantes.

O português brasileiro já recebeu essa confluência de formas provenientes da fala do centro e do sul de Portugal.

Na pronúncia *standard* do galego moderno, houve a neutralização entre esses fonemas, em favor da ápico-alveolar surda [s̺]. Não se utiliza na escrita do galego atual, a grafia <ss>. Há um fenômeno bastante produtivo no galego moderno denominado rotacismo. Trata-se da realização da sibilante, na posição implosiva, ou seja, em posição interior de palavra, vejam-se os exemplos colhidos em Maia (1986, p. 161) em como [ɾ], veja-se em le[ɾ]ma <lesma>, ou ainda menos representativa a pronúncia aspirada [h] como em de[h]de <desde>, aspiração também encontrada em algumas variedades do português do Brasil.

d. Para a grafia <ch> em posição inicial ou medial de sílaba, a realização fônica era de uma africada palatal *[tʃ], proveniente da palatalização de grupos consonantais latinos, tal como se nota, por exemplo, em latim *plorare*, que resultou em galego-português *chorar*. A forma do futuro do presente galego-portuguesa constituiu-se de uma perífrase formada por infinitivo + verbo haver no presente, dessa forma, *chorare + *habeo* que resultou em *chorar + aio, que, por sua vez, confluiu para *chorarey* (texto 1, linha 15) em galego-português.

Manutenção da pronúncia africada palatal *[tʃ] até o século XVI no português europeu. Após esse período, na pronúncia *standard* de Portugal, houve a perda do traço oclusivo; dessa forma, temos a pronúncia [ʃ] representando a grafia<ch>.

Cumpre lembrar que o fonema *[ʃ] representava no período medieval a grafia <x>, causando, portanto, a confusão de pronúncia. Triunfou a fala de Lisboa sobre as outras regiões. Há, entretanto, nas províncias do norte de Portugal, a manutenção da africada palatal surda.

O português do Brasil herdou a evolução ocorrida a partir do século XVI em Lisboa, ou seja, [ʃ]. Na fala de Mato Grosso há a confusão entre [tʃ] e [ʃ], devido ao fluxo de imigração proveniente do norte de Portugal, que se vê em <chegou> [tʃe'go] e <mexer>[me'tʃe] (Santiago-Almeida, 2000, pp. 113-34).

O galego moderno realiza a mesma pronúncia do galego-português medieval, ou seja, a africada palatal [tʃ], dessa forma, para <chover>, a pronúncia é [tʃo'βeɾ].

e. Em galego-português, a fricativa palatal sonora *[ʒ] era representada pelas grafias <j> e <g>. A fricativa palatal sonora *[ʒ] remonta ao processo de consonantização da semiconsoante latina ou iode <j> seguidas de <a>, por exemplo do latim *jam,* que resultou em uma fricativa palatal sonora *[ʒ], como em <ja> (texto 2, linha 14) *['ʒa]. Representava também a grafia <g >, a partir do latim, quando seguido de <e> e <i>; veja-se o exemplo em latim *gentem*, que em galego-português resultou em *gente*, veja-se João Garcia de Guilhade, CA 235 (Brea, 1996) "ouç'eu as gentes no seu ben falar". Também representava a grafia <j> medieval como atestamos em <oj'> (texto 1, linha 1), proveniente de dental [d] seguida de iode latino, como em *hodie* > *oje* ~ *hoje*. Resultava também de uma constritiva palatal seguida de <i>, como do latim *basiare,* que resultou em *beijar*; observe em João Airas de Santiago, CV 1074, CBN 1376 (Brea, 1996) "beijou pela fendedura".

O português europeu favoreceu a fricativa palatal sonora [ʒ] para as grafias <j> e <g>.

O português do Brasil herdou a mesma realização do português europeu.

No galego moderno, encontra-se bem disseminada a fricativa palatal surda [ʃ]. O processo de ensurdecimento da fricativa palatal sonora *[ʒ] teve início no período medieval. O fonema *[ʒ] não é mais produzido e a fricativa palatal surda [ʃ] triunfou. Não se privilegiou a grafia etimológica como ocorreu com <v>, e os grafemas <j> e <g> foram substituídos por <x>, vejam-se *xa*, *reloxo*, *xente*, provenientes do latim *iam, horologium* e *gentem*, respectivamente. Na atualidade, a grafia <x> representa a antiga grafia <di> dental *[d] seguida de iode latino; veja-se em *hodie*, fruto da palatalização no período medieval e ensudercimento da fricativa, veja-se em *hoxe* [ˈoʃe].

É bastante frequente, em galego, a palatalização do [s] em posição inicial, como nos exemplos *xordo*, *xurdir*, provenientes do latim *surdum* e *surgere*. Em posição interior, ocorre também a palatalização após consoante, como em *enxergar, enxertar*, ambos provenientes do latim *insericare* e *insertare*, evoluções que também se encontram representadas no português europeu e brasileiro.

f. Para a grafia de <r>, a pronúncia realizava-se como uma vibrante simples, como nas palavras *negar, andar, verdes* (texto 2, respectivamente linhas 1, 3 e 5). Em posição inicial a vibrante múltipla era grafada por <r> , como em *ren* (texto 2, linha 15). A mesma vibrante múltipla era grafada entre vogais com o dígrafo <rr>, como demonstra o seguinte exemplo, em Afonso de Leão, CV 465, CBN 407 (Brea, 1996): "Mays estas guerras nos fazen bulir". Ou ainda, o dígrafo poderia figurar em posição inicial para indicar a vibrante múltipla. Veja-se do mesmo autor, CV 458; CBN 400 (Brea, 1996): "Vi a caualgar, indo pela rrua".

No português europeu, houve a manutenção da vibrante simples e múltipla nos mesmos contextos ocorridos no galego-português até o século XIX. Após esse período, houve uma posteriorização da vibrante múltipla. Paul Teyssier

(2001, p. 80) nos informa que "Gonçalves Viana observa que a posteriorização integra a variante individual falada em Lisboa e vinte anos após essa declaração constata que já se incorporara ao dialeto padrão". Entre vogais, continua, a exemplo do galego-português, como vibrante simples [ɾ]. Devemos observar os seguintes contextos fônicos para a realização das vibrantes. Em posição medial de palavra, depois de consoante, quando homossilábica com a consoante anterior realiza-se como [ɾ], como em ost[ɾ]a; já em início de sílaba, realiza-se como [ʀ], [ʀ]ua, ou ainda, mel[ʀ]o. Quando entre vogais, representada pelo dígrafo <rr>, realiza-se como [ʀ] ainda em posição medial. Porém, antes de vogal, realiza-se como vibrante simples [ɾ], como em co[ɾ]po, a mesma pronúncia ocorre em final de palavra. Esse fenômeno não se encontra totalmente disseminado, pois algumas variantes do norte de Portugal ainda realizam a pronúncia galego-portuguesa.

No português do Brasil, segundo Callou, Leite e Moraes (2002, p. 543), podemos observar as seguintes remodelações: as modificações dos pontos de articulações de ápico-alveolar para a posterização uvular/velar ocorreram em fins do século XIX. A forma mais disseminada é a posteriorização, com diversos modos de realizações, vejam-se os exemplos retirados de Cristófaro (2001, p. 38). Inicialmente, fricativa velar surda, em posição inicial, *rata*, [x]ata; em posição medial, porém, antes de vogal, como em *carta* ca[x]ta; em posição final de sílaba, como em *mar*, ma[x]; entre vogais, representando o dígrafo <rr>, como em *marra*, ma[x]a. Essa variedade ainda é pronunciada no dialeto carioca (Rio de Janeiro). Entre vogais, pronuncia-se como vibrante simples, como em *cara*, ca[ɾ]a.

Na atualidade, ocorre predominantemente a pronúncia fricativa glotal surda (com aspiração) nas mesmas posições que as anteriores, como em *rata*, [h]ata; *carta,* ca[h]ta, *mar*, ma[h] e *marra*, ma[h]a.

Entre vogais, registramos a pronúncia de vibrante simples, presente no seguinte exemplo, *cara* ca[ɾ]a, forma mais disseminada, podendo também ocorrer uma pronúncia alveolar ou dental (Cristófaro, 2001, p. 39). A mesma pronúncia de vibrante simples ocorre nas seguintes posições: em posição homossilábica com a consoante anterior, como em p[ɾ]ata, forma também mais disseminada. Pode ocorrer ainda, por exemplo, na variedade do português paulista, em posição final de sílaba como em ma[ɾ] e ca[ɾ]ta.

Outras pronúncias são possíveis, como a apócope em posição final de palavra, inclusive na variante oral culta. O dialeto caipira realiza a pronúncia retroflexa [ɻ] em final de sílaba, como se vê em *mar* [maɻ].

O galego moderno acusa a herança galego-portuguesa, pois mantém as vibrantes simples e múltipla na sua pronúncia.

g. As grafias <d> e <t> representavam os fonemas oclusivos dentais, sonoro e surdo, respectivamente. Dessa forma, em galego-português, tanto em posição inicial quanto em posição medial entre vogais e consoantes, ou após consoantes, a realização era como fricativa dental *[d], vejam-se em *dizer* (texto 1, linha 2), *vedes* (texto 1, linha 1).

No português europeu <t> pronuncia-se como oclusiva dental surda, a exemplo do galego-português. Já para o grafema <d> apresenta variações, como se observa no exemplo a seguir retirado de Cuesta e Luz (1971, p. 316) *dado* [ˈdaðu]. As autoras discorrem sobre a realização dos fonemas:

> é oclusivo em posição inicial absoluta, antes de pausa, depois de l, n ou r e fricativo nos restantes casos, mas não há fixidez no modo de articulação desta consoante, pelo que um mesmo sujeito a pronuncia umas vezes oclusiva, outras fricativamente e até por vezes com uma certa africação. (1971, p. 316)

No português do Brasil, <t> e <d> são oclusivos dentais. Entretanto, palatalizam-se no seguinte contexto:

> antes de vogal i ou semivogal sofrem a influência e palatalizam-se em grau menor ou maior, conforme as regiões e até as pessoas de cada região. Podem ser pronunciadas [t'] e [d'], ou realizar-se como africadas palatais [tʃ] e [dʒ]: noite [ˈnojti] ou [ˈnojtʃi], tio [t'iu], dia [ˈd'ia] ou [ˈdʒia], ódio [ˈɔd'ju] ou [ˈɔdʒju], sede [ˈsed'i] ou [ˈsedʒi]. (Cunha e Cintra, 2001, p. 45)

No galego moderno, <t> realiza-se como oclusiva dental surda, independentemente do contexto fônico ou da posição. Dessa forma, *partícula* [parˈtikula], *trato* [ˈtrato] (Mato, 2006, p. 138). Em contrapartida, a oclusiva dental sonora [d] realiza-se como oclusiva em posição inicial absoluta, após pausa e após os arquifonemas /N/ e /L/. Sirvam-nos de exemplo *anda* [ˈãnda], *caldo* [ˈkɑldo], porém com interdentalização, como em *vida* [ˈbiða].

h. Em galego-português, <l> representava a lateral alveolar *[l] como em *alguen* (texto 2, linha 9). Já o dífrafo <lh>, compare-se em <olhos> (texto 1, linha 15), representava a lateral palatal [ʎ], o qual resulta da palatalização condicionada por vogais palatais desenvolvidas entre os séculos V e VIII. Dessa forma, assistiremos à seguinte modificação: do latim *oculu* > **oc'lu* > *olho* *['oʎo]. A grafia <lh>, presente no galego-português, distingue-se sob o ponto de vista gráfico de toda a região peninsular. Foi importada do provençal, a partir do século XIII, na corte de Afonso III.

No português europeu, <l> mantém-se em posição inicial como lateral alveolar; já em posição final de sílaba, é velarizada [ɫ]. Veja-se o exemplo em Cunha e Cintra (2001, p. 45): *mal* ['maɫ]. A lateral palatal encontra-se também preservada e apresenta a grafia importada do provençal <lh>.

No português do Brasil, a lateral alveolar mantém-se em posição inicial de sílaba; já em posição final de sílaba, vocaliza-se em [w], ou sofre rotacismo, como em *maldade*, ma[w]dade por ma[h]dade (Amaral, 1976, p. 153). Já a lateral palatal realiza-se como tal, veja-se *melhor* [me'ʎɔh], ou ainda sofre a vocalização no dialeto caipira, como em *meio* [me'jɔ] e *mio* [mi'ɔ] (Amaral, 1976, p. 153).

Em galego, a lateral alveolar preservou-se como em galego-português, tanto em posição inicial quanto em posição final de sílaba. A lateral palatal [ʎ], representada pela grafia <ll>, segundo Ferreiro (1996, p.190), pode vocalizar-se em [j], ou ser articulada como uma fricativa sonora como [j̠], esta última recorrente entre os mais jovens.

Considerações finais

Para concluir, chamamos a atenção para a importância de se recorrer às fontes secundárias com o fim de elaborar um trabalho filológico. Observamos, dessa forma, que o nosso *corpus* forneceu subsídios para traçar o caminho percorrido pelas línguas galega e portuguesa na modernidade, bem como foi possível perceber que coube a cada uma delas preservar algumas características fônicas a partir da sua origem comum, a saber, a galego-portuguesa. Em alguns pontos, houve consonância na manutenção, o que contribuiu para denunciar o passado comum. É igualmente importante considerar as inovações peculiares em cada uma das línguas.

Constatamos, também, ao nos aproximarmos de um texto antigo, que não é uma tarefa impossível realizar estudos sobre os fatos linguísticos do período, desde que estejamos amparados por fontes secundárias. Amparados por copistas e gramáticos, um filólogo poderá cotejar textos escritos pertencentes a épocas diferentes para, a partir daí, traçar a evolução de fatos linguísticos presentes em uma língua e depreender as suas variantes.

Bibliografia

AMARAL, A. *O dialeto caipira*. São Paulo: Hucitec/Secretaria da Cultura, Ciência e Tecnologia, 1976.

AROSTEGUI, J. *A pesquisa histórica*: teoria e método. Bauru: Edusc, 2006.

BREA, M. *Lírica profana galego-portuguesa*. Santiago de Compostela: Xunta de Galicia, Centro Ramón Piñeiro, 1996.

CALLOU, D.; LEITE, Y.; MOURA, J. Processo(s) de enfraquecimento consonantal no português do Brasil. In: ABAURRE, M. B. M.; RODRIGUES, A. C. S. (orgs.). *A gramática do português falado*. Campinas: Unicamp, 2002, pp. 537-55.

CRISTÓFARO, T. *Fonética e fonologia do português*. São Paulo: Contexto, 2001.

CUESTA, P. V.; LUZ, A. *Gramática da língua portuguesa*. Lisboa: Edições 70, 1971.

CUNHA, C. F.; CINTRA, L. *Nova gramática do português contemporâneo*. Rio de Janeiro: Nova Fronteira, 2001.

FERREIRO, M. *Manual de gramática histórica galega*. Santiago de Compostela: Laiovento, 1996.

MAIA, C. A. *História do galego-português*. Lisboa: Calouste Gulbenkian/Junta Nacional de Investigação Científica e Tecnologia, 1986.

MATO, X. R. F. *Gramática da língua galega*: fonética e fonoloxia. Vigo: A Nosa Terra, 2006.

MATTOS E SILVA, R.V. *O português arcaico*: fonologia. São Paulo: Contexto, 2001.

OLIVEIRA, A. R. *Trobadores e Xograres. Contexto histórico*. Vigo: Xerais, 1995.

REI, F. F. Dialectoloxía da Lingua Galega. Vigo: Xerais de Galicia, 1991.

SANTIAGO-ALMEIDA, M. M. Mato Grosso: Pontos de Inquéritos. In: MEGALE, H. (org.). *Filologia bandeirante*: estudos. São Paulo: Humanitas, 2000, v.1, pp. 113-34.

SARTORI, G.; MORLINO, L. (orgs.). *Las comparaciones en las ciencias sociales*. Madrid: Alianza, 2002.

TEYSSIER, P. *História da língua portuguesa*. São Paulo: Martins Fontes, 2001.

Sugestões de leitura

Para pesquisa em fontes secundárias sugerimos:

- Gramática histórica:

  SAID ALI, M. *Gramática histórica da língua portuguesa*. São Paulo/ Brasília: Melhoramentos, Universidade de Brasília, 2001.

- Manual de etimologia:

  VIARO, M. E. *Por trás das palavras*: manual de etimologia portuguesa. São Paulo: Globo, 2003.

- Dicionário etimológico:

  CUNHA, A. G. *Dicionário etimológico Nova Fronteira da língua portuguesa*. Rio de Janeiro: Nova Fronteira, 1996.

- História da língua:

  TEYSSIER, P. *História da língua portuguesa*. São Paulo: Martins Fontes, 2001.

- Gramáticas contemporâneas:

  MATEUS, M. H. et al. *Gramática da língua portuguesa*. Coimbra: Almedina, 1983.

  CUNHA, C.; CINTRA, L. *Nova gramática do português contemporâneo*. Rio de Janeiro: Nova Fronteira, 2001.

Sugestões de atividade

- Como herdeiros do latim, os verbos em galego e em português apresentam a seguinte estrutura: radical, voga temática, seguidos dos morfemas pessoais de modo-tempo e número. Tente depreender essa estrutura nas línguas citadas comparando-as ao latim e busque descrever as semelhanças e diferenças com o galego-português.
- Depreenda, a partir de um texto medieval, palavras do léxico que ainda são usadas e palavras que caíram em desuso.
- Verifique se as palavras gramaticais sofreram grandes mudanças no português moderno. Para tal, compare-as com o galego-português.

Não se esqueça de selecionar um *corpus* para verificar as ocorrências!

As organizadoras

Beatriz Daruj Gil é mestre em Didática pela Faculdade de Educação da Universidade de São Paulo e doutora em Linguística pela Faculdade de Filosofia, Letras e Ciências Humanas da Universidade de São Paulo, onde atua como docente na área de Filologia e Língua Portuguesa e coordena a área de Português do Centro de Línguas. Desenvolve pesquisas sobre o léxico na perspectiva discursiva com base nas teorias sociocognitivistas da Análise Crítica do Discurso.

Elis de Almeida Cardoso é mestre e doutora em Letras pela Faculdade de Filosofia, Letras e Ciências Humanas da Universidade de São Paulo, onde atua como professora na área de Filologia e Língua Portuguesa. Tem desenvolvido pesquisas em Morfologia, Lexicologia e Estilística. É autora de vários artigos científicos que exploram, sobretudo, a formação neológica e os aspectos expressivos da criatividade lexical e também é coordenadora do projeto de pesquisa intitulado "Criação Lexical Estilística".

Valéria Gil Condé, doutora em Letras Clássicas pela Universidade de São Paulo, é professora na área de Filologia Românica e diretora da Cátedra de Estudos Galegos da Universidade de São Paulo. Integra os grupos de pesquisa intitulados "Línguas Românicas" e "Morfologia Histórica do Português". Realizou, como bolsista do Centro para a Investigação em Humanidades Ramón Piñeiro (2000), pesquisas de estudos comparados entre as línguas galega e portuguesa. Desenvolve pesquisas e escreve vários artigos na área de Filologia Românica, com ênfase nas línguas ibero-românicas e na romània nova.

Os autores

Alessandra Ferreira Ignez é mestre e doutoranda em Letras, na área de Filologia e Língua Portuguesa, pela Faculdade de Filosofia, Letras e Ciências Humanas da Universidade de São Paulo. Dedicou-se no mestrado e dedica-se, atualmente, no doutorado à pesquisa da expressividade alcançada por criações lexicais em textos literários. Sua pesquisa envolve três áreas: Morfologia, Estilística e Lexicologia. É integrante do projeto de pesquisa "Criação Lexical Estilística", desenvolvido na USP.

Álvaro Antônio Caretta é mestre e doutorando em Linguística, na área de Semiótica e Linguística Geral, pela Faculdade de Filosofia, Letras e Ciências Humanas da Universidade de São Paulo. Atualmente, dedica-se a pesquisas sobre o discurso da canção popular brasileira e à produção de artigos científicos sobre o tema. É também professor universitário de Língua Portuguesa e Linguística.

Flávia Sílvia M. Ferraz é mestre e doutoranda em Letras pela Universidade de São Paulo. Atua como professora de língua em contextos bilíngues e possui experiência acadêmica na área de Linguística, com ênfase em teoria e análise linguística. Sua pesquisa visa a análise da hipertextualidade como uma instância das relações dialógicas do enunciado.

José da Silva Simões é professor da área de Língua e Literatura Alemã da Faculdade de Filosofia, Letras e Ciências Humanas da Universidade de São Paulo. Desde 2004, atua como pesquisador no projeto "Para a História do Português Brasileiro" e, desde 2006, no projeto "Para a História do Português Paulista", para os quais reuniu e transcreveu documentos manuscritos de três séculos. Especialista em Sintaxe, sua tese de doutorado trata dos processos de gramaticalização das orações de gerúndio em textos brasileiros dos séculos XVIII, XIX e XX. Sua atuação como pesquisador também agrega conhecimentos das áreas de Análise do Discurso, Análise da Conversação, Linguística de Texto e Tradições Discursivas.

Karin Gutz Inglez é doutora em Letras, na área de Filologia e Língua Portuguesa, pela Faculdade de Filosofia, Letras e Ciências Humanas da Universidade de São Paulo. No doutorado, dedicou-se ao estudo dos conectores textuais. Possui artigos em revistas especializadas e participa dos projetos "Gramática Contrastiva Alemão-Português: Conectores", coordenado pelo professor doutor Hardarik Blühdorn, no Institut für Deutsche Sprache (IDS), em Mannheim (Alemanha), e "Oralidade e Escrita: Características e Usos dos Gêneros Midiáticos", coordenado pelas professoras doutoras Maria Lúcia C. V. O. Andrade (USP-SP) e Leonor Lopes Fávero (USP e PUC-SP).

Luiz Antônio da Silva é doutor pela Faculdade de Filosofia, Letras e Ciências Humanas da Universidade de São Paulo, onde leciona na área de Filologia e Língua Portuguesa. Participa do grupo de pesquisadores do Projeto Nurc/SP e tem desenvolvido pesquisas na área de Análise da Conversação e Sociolinguística Interacional. Realizou estudos de pós-doutorado na Universidade de Alcalá de Henares e na Universidade de Valência, na Espanha. É autor de livros na área e de vários artigos em revistas especializadas.

Manoel M. Santiago-Almeida é doutor em Letras pela Universidade de São Paulo, onde atua como docente e pesquisador. É sócio-correspondente da Academia Brasileira de Filologia – ABF (RJ). Na linha de pesquisa filológica, recentemente fixou e anotou *Dom Casmurro*, de Machado de Assis. É autor e co-autor de livros na área de Linguística.

Maria Lúcia C. V. O. Andrade é professora da área de Filologia e Língua Portuguesa na Universidade de São Paulo, onde se doutorou em Semiótica e Linguística Geral. Trabalhou como pesquisadora auxiliar no "Projeto da Gramática do Português Falado no Brasil". Desde 1998 é pesquisadora do Projeto Nurc/SP, tendo publicado artigos na coleção organizada por Dino Preti. É pesquisadora, desde 2002, do "Projeto para a História do Português Brasileiro", coordenado por Ataliba T. de Castilho. Atualmente, é coordenadora do subprojeto "Tradições Discursivas na Imprensa Paulista: Constituição e Mudança dos Gêneros Discursivos numa Perspectiva Diacrônica" (Projeto Temático da FAPESP – "Projeto Caipira"). É autora de livros na área e de vários artigos em revistas especializadas.

Marli Quadros Leite é professora livre-docente da Universidade de São Paulo, área de Filologia e Língua Portuguesa do Departamento de Letras Clássicas e Vernáculas. Doutorou-se na mesma Universidade, pelo Departamento de Linguística, onde também fez seu mestrado. Realizou estudos de pós-doutorado na University of Pennsylvania (EUA) e na Université de Paris VII – Denis Diderot (França), em associação com a École Normal Supérieure de Lyon e o Laboratoire d'Histoire des Théories Linguistiques. As principais atividades científicas da autora provêm de sua participação em projetos de pesquisa, tais como: o Projeto Nurc/SP e o Laboratório de Estudos da Intolerância (LEI). Pela Editora Contexto publicou *Preconceito e intolerância na linguagem*, 2008. É autora de diversas obras na área.

Rosane de Sá Amado leciona na área de Filologia e Língua Portuguesa do Departamento de Letras Clássicas e Vernáculas da Universidade de São Paulo, onde defendeu mestrado e doutorado em Semiótica e Linguística Geral, tendo trabalhado com aspectos fonológicos e morfofonológicos de uma língua timbira, o gavião-pykobjê. Desenvolve pesquisa na área de português como segunda língua entre comunidades indígenas, atuando em projetos de educação indígena no Maranhão. É diretora do Centro de Línguas da Universidade de São Paulo desde 2007, tendo coordenado a área de Português para Estrangeiros nos anos de 2006 e 2007. É autora de diversos artigos científicos em revistas e anais de eventos.

Sheila V. Camargo Grillo é professora, pesquisadora e orientadora na área de Filologia e Língua Portuguesa do Departamento de Letras Clássicas e Vernáculas da Universidade de São Paulo. Doutora em Linguística pela mesma universidade, realizou, durante seu doutoramento, estágio na Universidade de Paris X-Nanterre. Recentemente, fez seu pós-doutoramento na Universidade de Paris X-Nanterre, atuando como pesquisadora associada no laboratório Modyco (Modèles, Dynamiques, Corpus) – CNRS-Paris X. Na área de Linguística e Língua Portuguesa, atua principalmente nos seguintes temas: Círculo de Bakhtin, teoria dialógica, gêneros discursivos, gêneros jornalísticos, divulgação científica, língua portuguesa.

Zilda G. O. Aquino é professora do Departamento de Letras Clássicas e Vernáculas da Universidade de São Paulo, onde atua na área de Filologia e Língua Portuguesa. É mestre em Língua Portuguesa pela Pontifícia Universidade Católica de São Paulo e doutora em Linguística Geral pela Universidade de São Paulo. Integra o "Projeto da Norma Urbana Culta da Cidade de São Paulo" (Nurc-SP) e o "Projeto para a História do Português do Brasil" (PHPB), no que diz respeito a São Paulo ("Projeto Caipira"). Sua linha de pesquisa volta-se aos estudos do discurso na fala e na escrita, com trabalhos direcionados à Teoria da Argumentação, à Análise Crítica do Discurso e às Tradições Discursivas.

GRÁFICA PAYM
Tel. (011) 4392-3344
paym@terra.com.br